평화의 경제적 결과

평화의 경제적 결과

The Economic
Consequences of
the Peace

존 메이너드 케인스

박만섭 옮김

Ⓗ

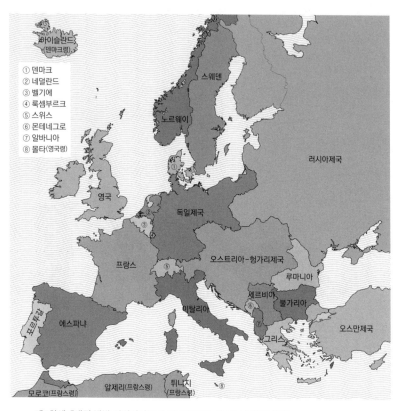

아이슬란드
(덴마크령)

① 덴마크
② 네덜란드
③ 벨기에
④ 룩셈부르크
⑤ 스위스
⑥ 몬테네그로
⑦ 알바니아
⑧ 몰타(영국령)

스웨덴

노르웨이

러시아제국

영국

①

독일제국

②

③

프랑스

⑤

오스트리아-헝가리제국

루마니아

세르비아

⑥

불가리아

이탈리아

⑦

그리스

오스만제국

에스파냐

알제리(프랑스령)

튀니지
(프랑스령)

⑧

모로코(프랑스령)

제1차세계대전 발발 직전의 유럽과 북아프리카, 옛 오스만제국 지역

종전 뒤 베르사유조약으로 독립한 국가와 관할권

제1차세계대전의 유명한 전투 중 하나인 베르됭전투(1916). 프랑스군 병사들이 참호에서 나와 전진하려 한다. 제1차세계대전으로 발생한 사상자는 연합국과 동맹국을 통틀어 약 3,888만 명으로 추산된다. 제1차세계대전은 '모든 전쟁을 끝내는 전쟁'이라는 표현과 정반대로 종전 21년 뒤 제2차세계대전으로 이어졌다.

1917년 4월 2일 우드로 윌슨 미국 대통령(가운데 연단)이 미 의회에서 독일에 선전포고한 뒤 질의를 받고 있다.

1919년 11월 7일 모스크바, 10월혁명 2주년을 기념하는 자리에 모인 군중. 한가운데에 혁명가 블라디미르 레닌과 레온 트로츠키가 서 있다.

"1919년의 첫 몇 달 동안 인류의 축소판이 된" 4인방(Big Four). 왼쪽 부터 영국의 데이비드 로이드 조지, 이탈리아의 비토리오 오를란도, 프랑스의 조르주 클레망소, 미국의 우드로 윌슨.

1919년 1월 베를린, 스파르타쿠스 봉기에 가담한 민병대. 베를린의 노동자들은 1918년 11월 독일혁명 이후 급진적인 변혁을 지향했고, 신생 공화국 정부는 자유군단 등의 준군사 조직을 동원해 봉기를 잔혹하게 진압했다.

1919년 6월 28일 베르사유조약을 체결하는 장면을 그린 윌리엄 오펜(William Orpen)의 회화. 그림 한가운데에 우드로 윌슨, 조르주 클레망소, 로이드 조지가 앉아 있고, 화면을 등지고 앉은 독일 측 대표자 요하네스 벨이 조약에 서명하고 있다.

옮긴이의 말

《평화의 경제적 결과(The Economic Consequences of the Peace)》
는 1919년에 출간되었다. 이 책은 케임브리지대학교와 런던의 지
식인 사교계에 한정되어 있던 케인스의 이름을 일약 전 세계에 알
린 그의 초기 저서다. 그러나 이 사실 하나만으로는 원본 발간 후
105년이나 지난 현재 시점에 우리말로 옮겨 발간하는 이유를 충분
히 설명할 수 없다.

제1차세계대전은 세계사의 흐름을 바꿨다. 그렇다면 이 책이
세계사의 흐름을 바꾼 사건을 다룬 투키디데스의《펠로폰네소스
전쟁사》나 에드워드 기번의《로마제국 쇠망사》같은 역사 연구의
고전에 속하는 것일까? 혹자는 출간 이후 끼친 영향의 측면에서 이
책을 에드먼드 버크의《프랑스혁명에 관한 성찰》에 비견하기도 한
다(젊은 시절에 케인스는 버크의 사상에 큰 영향을 받았다). 그렇다면 이
책이 버크의 책이나 홉스의《리바이어던》혹은 루소의《인간 불평
등 기원론》같이 사람들 삶의 형식으로서 정치 체계를 체계적으로
다룬 저서일까? 케인스는 1936년《고용, 이자 및 화폐에 관한 일반
이론》을 출간해 경제학 이론의 역사에 큰 획을 긋고, 자본주의 황금

기인 1950~1960년대에 많은 자본주의 국가가 채택한 경제정책의 방향에 결정적 영향을 끼친 경제학자다. 그렇다면 이 책은 1936년의 주저를 향한 여정에서 케인스의 초기 관점을 담은 경제이론서일까? 이 책에서 독자들은 화려한 문학적 표현으로 가득 찬 케인스의 필치와 마주한다. 그렇다면 이 책은 호메로스의《오디세이아》, 베르길리우스의《아이네이스》, 단테의《신곡》, 괴테의《파우스트》같이 수천 년, 수백 년이 지나도 사람들이 애독하는 고전의 반열에 속하는 것일까?

케인스의《평화의 경제적 결과》가 역사, 정치, 경제, 문학에서 위와 같은 고전에 버금가는 평가를 받아야 한다고 주장한다면 그것은 크게 과장된 언술일 것이다. 그러나 독자들이 이 책에서 위와 같은 고전의 모습을 (비록 제한된 범위에서지만) 골고루 경험할 수 있다는 평가에 동의한다면 공정한 평가가 가능하다. 이 책은 경제학자가 쓴 책에 걸맞게 통계와 엄격한 수치 계산으로 가득 차 있다. 그러나 전문 경제학자가 통상 보이는 건조함과 달리, 이 책의 문장은 수려한 문학작품의 문체와 다르지 않다. 책의 구석구석에서 셰익스피어, 워즈워스, 하디, 셸리 등이 기막히도록 적절하게 인용되고, 심지어 이후 표준적 은유로 정착한 표현을 처음으로 선보이기도 한다. 파리평화회의의 주역들에 대한 묘사는 전기 작가가 쓰듯이 정교하면서도 풍자 작가가 쓰듯이 용의주도하고 신랄하다. 케인스는 현장을 취재하는 기자처럼 평화회의의 모습을 생생하게 기록한다. 그리고 그 모습에 대해 역사학자가 하듯이 단호하게 평가를 내린다. 그는 경제이론을 명시적으로 제공하지 않지만, 전후 유럽의 경제가 어떤 모습으로 다시 태어나야만 번영을 확보할 것인지 확신에 찬 말로 펼쳐낸다. 또한 정치 체계를 체계적 이론의 형태로 논의하지 않지만, 안정적인 사회 질서가 무엇인지를 두고 확고한 신념 위에서 사태를 분석한다. 무엇보다도 유럽, 더 나아가 세계가 더 이상 전쟁이라는 반인류적 사태를 겪지 않고 영구적인 평화를 이룩하길 바라는 인류애가 책의 처음부터 끝까지 스며들어 있다.

그러나 이 평가도 현재의 우리말 번역에 대한 이유를 온전히 포괄하지는 않는다. 1989년 말 베를린 장벽이 무너지고 1991년 말 소비에트연방이 와해된 사건은 제2차세계대전 이후의 세계를 특징 짓는 냉전 시대를 종식하고 세계에 평화를 약속하는 듯 보였다. 게다가 긴 잠에서 깨어난 중국이 세계의 새로운 경제 엔진으로 작동하면서 세계 경제는 1960년대에 누렸던 호황을 다시 오랫동안 누릴 것처럼 보였다. 그러나 2024년 말 현재, 두 번이나 세계대전의 발상지였던 유럽에서는 20여 년 전에 하나의 연방에 속해 있던 러시아와 우크라이나가 벌써 2년 넘게 전쟁을 하고 있고, 중동에서는 수천 년에 걸친 갈등이 거대한 인종 말살의 모습으로 전개되고 있다. 소비에트연방의 몰락 이후 세계의 패권을 양분하고 있는 미국과 중국은 신냉전의 시대에 돌입했고, 연방 와해 이전의 세계 지배력을 복구하려는 러시아의 시도는 무모함의 경계에 서있다. 이 와중에 일본도 제2차세계대전 패망 전까지 누렸던 정치적·군사적 지위를 되찾으려고 기회를 엿보고 있다. 자유무역의 상징처럼 여겨지던 미국은 보호주의 무역정책을 강화하고 있고, 중국의 경제 엔진이 꺼지는 가운데 이런 보호주의는 세계 경제에 어두운 그림자를

드리우고 있다. 영국의 유럽연합 탈퇴는 두 번의 세계대전 경험에 대한 반성으로 상호 평등 다자주의를 추구하며 뭉쳤던 유럽이 다시 분열할지도 모른다는 우려를 키운다. 자국의 이해를 우선하는 민족주의가 모든 국가를 관통하는 특징이 된 지도 오래다. 2011년 '월스트리트를 점령하라' 운동으로 표출되기도 했던 사회계층 간 극심해진 소득격차는 전 세계적으로 사회를 불안정하게 만들고 있다.

이런 상황에서 오스만제국의 약화와 독일의 발흥으로 유럽의 정치적 지형이 격변하는 가운데 민족주의와 보호주의 무역이 팽배했던 제1차세계대전 직전의 모습을 확인하는 일은 그리 어렵지 않아 보인다. 물론 현재의 이런 상황이 110년 전처럼 세계대전으로 귀결되리라 단정하는 것은 무리한 논리적 비약일 수 있다(비약이기를 바란다). 그러나 1914년 6월 28일 사라예보에서 울린 총성이 세계대전의 시발점이었던 것처럼, 이토록 불안정한 시기에 중국-타이완 관계, 그리고 바로 우리가 살고 있는 한반도의 상황이 비극적 폭발의 촉매제로 작동하지 않으리라는 보장은 절대적이지 않아 보인다. 현 시점에서《평화의 경제적 결과》는 책의 발간 100주년 기념 논문집의 편집자가 말한 대로 "예지(豫知)의 경고"로 작동할 수 있다. 우리가 다시 이 책에 주목해야 할 이유이고, 지금 번역을 출간하는 또 다른 이유이기도 하다.

*

일찍이 자신의 문학적 능력에 한계가 있음을 깨닫고 그런 능력을 필수로 요구하지 않는 학문인 경제학을 전공의 길로 선택한 옮긴이에게 《평화의 경제적 결과》의 번역은 '시련'이자 '희열'의 과정이었다. 전형적인 경제학 글과 달리 화려한 수사로 점철된 케인스의 문장을 내용과 느낌에서 케인스가 원래 의도했던 바대로 우리말로 옮기는 일은 시련이었다. 다른 한편으로, 케인스가 당연한 것처럼 적어놓은 사건의 내용과 배경을 역사 전문가가 아닌 사람으로서 인터넷과 문헌을 뒤져가며 확인할 때, 케인스가 무심코 종이에 옮겨놓은 듯한 표현 밑에 거대한 수사의 빙하가 숨어있음을 깨달을 때, 그리고 그런 확인과 깨달음을 상세한 옮긴이 주로 마련할 때 옮긴이는 희열에 빠졌다. (많은 부분에서, 그리고 상세하게 옮긴이 주를 마련한 것은 케인스의 원본이 주는 맛깔난 표현을 제대로 옮기지 못할 수 있다는 우려를 다른 방식으로나마 조금이라도 누그러뜨려보고 싶었던 옮긴이의 바람 때문이다.) 이 번역을 읽는 독자가 옮긴이의 희열을 나눠 가진다면 그것은 옮긴이가 즐길 또 다른 희열일 것이다. 그리고 그럴 가능성의 존재는 이 번역이 《평화의 경제적 결과》의 다른 한글 번역과 차별되는 지점이기도 하다.

휴머니스트 출판사는 옮긴이가 현직에서 은퇴하고 새로운 직장에 자리 잡는 과정에서 오랫동안 번역 작업이 지체되었음에도 인내심을 갖고 기다려줬고, 편집 작업에서 전문성을 바탕으로 최상의 도움을 줬다. 휴머니스트 편집진에게 깊은 감사를 표한다.

일러두기

이 책은 John Maynard Keynes, *The Collected Writings of John Maynard Keynes Vol. 2, The Economic Consequences of the Peace*, Austin Robinson and Donald Moggridge eds., Cambridge: Cambridge University Press, 1973을 저본으로 옮겼다. 본문의 통계 수치는 원서를 따랐다. 각주 중 옮긴이가 덧붙인 부분은 '옮긴이 주'로, 원서의 이탤릭은 모두 굵은 글씨로 표기했다.

차례

서문

이 책의 지은이는 세계대전 기간에 잠시 영국 재무성에 속해 있으면서 1919년 6월 7일까지 파리평화회의에서 재무성 공식 대표로 일했고, 최고 경제 자문 회의에 재무 장관 대행으로도 참석했다. 평화조약 초안에 명시된 조건을 상당히 수정할 수 있으리라는 희망이 더는 지속될 수 없음이 확실해졌을 때 그는 이 직책들에서 사임했다. 이 책은 여러 장의 글을 통해, 평화조약에 대한 그의 반대, 아니 더 폭넓게 말하면, 유럽의 경제 문제에 대해 평화회의가 취한 정책 전반에 걸쳐 그가 반대하는 근거를 펼칠 것이다. 그 근거는 전적으로 공적인 성격을 지녔으며 세상에 널리 알려진 사실에 기초해 있다.[1]

1919년 11월
케임브리지 킹스칼리지
존 메이너드 케인스

---

[1] **옮긴이 주** 현재의 최종 모습으로 출간된 이 서문은 원래 작성되었던 초안에 비해 절반 정도의 양이다. 초안에서 케인스는 1919년 10월에 우드로 윌슨 미국 대통령이 뇌졸중을 겪은 사실을 언급하면서, 비록 자신이 이 책에서 윌슨 대통령의 입장을 비판하고는 있으나 평화회의에서 그가 공정하고 비이기적인 태도를 견지하려고 노력했음을 잊어서는 안 될 것이라 말한다.

제 1 장

서론

주변 환경에 익숙해지는 능력이야말로 인간이 지닌 두드러진 특성이다. 지난 반세기 동안 서유럽이 그 안에서 삶을 영위해온 경제조직은 매우 특이하고 불안정하고 복잡하고 신뢰할 수 없으며 일시적인 성격을 지녔다. 그러나 그 성격을 확실하게 인지하는 사람은 그리 많지 않다. 사람들은 최근에 겪은 유리한 상황 중에서 가장 특정적이고 일시적인 것 일부를 자연적이고 지속적인 것으로, 그래서 의지해야 할 것으로 받아들이고 그에 맞춰 삶의 계획을 설계한다. 이 모래 같은 잘못된 토대 위에 사회 발전을 위한 계획을 구상하고, 정치적 무대를 꾸미고, 적대감을 부추기고, 특정한 야망을 추구하면서, 모두 만족스러운 삶을 살고 있다고 느낀다. 그러나 이런 상황은 유럽 시민 사이의 갈등을 해소하기보다 오히려 조장할 여지가 크다. 병적인 망상과 무모한 자존감으로 가득 차 있던 독일인은 유럽인 모두가 쌓아왔던 삶의 토대를 뒤집어버렸다. 이미 전쟁은 유럽의 모든 인민이 안정적인 고용을 통해 삶을 영위해갈 수 있는 유일한, 섬세하고도 복잡한 경제조직을 흔들고 무너트렸다. 그런데 지금 프랑스 국민과 영국 국민의 대변자들은 독일이 시작한 파괴를 완결지을 위험한 계획을 진행하고 있다. 그들이 추구하는 평화가 만에 하나 그 경제조직을 복원할 수만 있다면 그것을 신장하겠지만, 현실에서는 실제로 시행되는 경우 경제조직의 작동을 저해할 것이 틀림없기 때문이다.

이미 한 시대가 끝났다. 그러나 영국에서 겉으로 나타나는 삶의 모습만으로 그 사실을 조금이나마 느끼거나 깨닫기란 불가능하다. 영국인은 삶의 실타래를 떨어뜨렸던 바로 그 자리에서 다시 그 실타래를 집느라 바쁘다. 이전과 이후의 유일한 차이점은 많은 사람이 전보다 훨씬 더 부유해진 것처럼 보인다는 것뿐이다. 전쟁 전에 수백만 파운드를 지출하던 곳에 이제는 수억 파운드를 지출하면서도 그런 지출로 인해 문제를 겪지 않을 수 있다는 사실을 배워버렸다. 경제적 삶의 여러 가능한 모습을 이전에는 최대로 현실화하지 못했음이 확실해졌다. 그에 따라 영국인은 1914년의 안락으로 되돌아가는 것뿐 아니라 그 안락을 훨씬 더 넓히고 강화하기를 바라고 있다. 따라서 모든 계층이 각자의 계획을, 즉 부유 계층은 지출을 늘리고 저축을 줄이려는 계획을, 빈곤 계층은 지출을 늘리고 일하는 시간을 줄이려는 계획을 세우고 있다.

그러나 이토록 세상의 흐름을 읽지 못해도 되는 곳은 영국(그리고 미국)뿐이다. 유럽 대륙에서 지축의 흔들림과 붕괴의 굉음을 듣지 못하는 사람은 어디에도 없다. 그곳에서 이것은 단순히 사치나 '노동쟁의'의 문제가 아니다. 삶과 죽음의 문제, 아사와 생존의 문제, 죽어가는 문명에 발생한 무시무시한 발작의 문제다.

휴전협정이 이뤄진 후 6개월의 기간 중 상당 부분을 파리에서 보낸 사람에게 가끔 있었던 런던 방문은 낯선 경험이었다. 영국은 여전히 유럽의 외부에 자리 잡고 있다. 유럽이 겪는 소리 없는 전율은 영국에까지 전해지지 않는다. 유럽은 멀리 떨어져 있고, 영국은 유럽의 몸통에 속하지 않는다. 영국은 이 전쟁에서 (비록 미국보다 그 정도는 덜하지만) 막대한 양의 기여를 했고 막대한 양의 희생을 치렀음에도 경제적으로 유럽 몸통의 외부에 서 있었다. 대조적으로 유럽은 견고하게 하나의 몸통을 이루고 있다. 프랑스·독일·이탈리아·오스트리아 그리고 네덜란드·러시아·루마니아·폴란드는 하나의 심장으로 같이 박동하고 있으며 그들의 사회구조와 문명은 본질적으로 같다. 이 국가들은 같이 번영했고, 전쟁에서도 같이 흔들렸으며, 아마도 같이 무너질 것이다. 바로 여기에 파리평화회의가 지닌 파괴적인 의의가 있다. 유럽의 내전에서 승리한 프랑스와 이탈리아가 이 승리로 얻은 한시적인 힘을 마음껏 휘둘러서 현재 패전으로 몸을 가누지 못하고 있는 독일과 오스트리아-헝가리 제국을 완전히 파괴한다면, 이것은 스스로 자신의 파멸을 불러들이는 것과 마찬가지다. 이 승전국들이 눈에 보이지 않는 심리적-경제적 유대 관계를 통해 전쟁의 피해국들과 아주 깊은 뿌리부터 그리고 떼려야 뗄 수 없는 고리로 서로 연결되어 있기 때문이다. 어쨌거나 파리평화회의에 참여한 몇 달 동안 연합국¹ 최고 경제 자문 회의 위원으로 활동했던 한 영국인은 그의 삶에서 새로운 경험을 맞이할 수밖에 없었다. 관심과 전망에서 유럽인이 된 것이었다. 파리에서, 즉 유럽 체계의 신경중추에서, 영국인으로서 그가 갖고 있던 일차적 관심은 대부분 멀리 떨쳐내야 했고, 그는 다른 좀 더 암울한 망령에 쫓길 수밖에 없었다. 파리는 악몽이었다. 그리고 그곳에 있던 사람들은 모두 소름 끼치도록 병적이었다. 경박한 풍경 위로 금방이라도 파국이 엄습할 것 같은 느낌이 솟아올랐다. 거대한 사건 앞에서 허무감과 왜소함의 느낌이 사람들에게 닥쳐왔다. 내려지는 결정의 중요성과 비현실성이 서로 교차했다. 경솔함, 맹목성, 오만함, 외부로부터 들려오는 혼란한 울부짖음. 고대 비극의 모든 요소가 그곳에 있었다. 실제로 마치 극장처럼 웅장한 장식으로 꾸며진 프랑스의 정부 회의장에 앉아있는 사람에게 한결같은 용모와 변함없는 표정을 지닌 윌슨[2] 대통령과 클레망소[3] 수상의 비범한 얼굴은 과연 그것이 진짜 사람의 얼굴인지 아니면 어떤 이상한 연극

---

1   **옮긴이 주** 제1차세계대전은 1914년 7월 28일 오스트리아-헝가리제국이 세르비아를 침공하면서 공식적으로 시작되었다. 전쟁이 일어나기 전에 유럽은 한편으로 영국·프랑스·러시아로 구성된 '우호조약 3국(Triple Entente)'과 다른 한편으로 독일·오스트리아-헝가리·이탈리아로 구성된 '연합 3국(Triple Alliance)'으로 나뉘어 있었다. 전쟁이 발발하자 이탈리아는 처음에는 중립을 지켰으나 1915년 우호조약국 쪽에 합류했다('우호조약 4국'). 일본은 이미 1914년 8월 23일에 우호조약국 쪽에 합류했다('우호조약 5국'). 일본과 이탈리아가 합류한 우호조약국은 이후 보통 '연합국(The Allies)'으로 불렸다. 1917년 연합국 편에 합류한 미국은 공식적으로 '(중심) 관련국(Associated Power)'으로 불렸다. 연합국 편에 속하는 다른 '소속 관련국(Associated Members)'에는 세르비아, 벨기에, 몬테네그로, 포르투갈, 루마니아(1918년 이전에는 동맹국 편), 그리스, 아르메니아, 룩셈부르크, 중국, 샴(태국), 파나마, 쿠바, 브라질, 과테말라, 니카라과, 코스타리카, 온두라스, 아이티, 라이베리아 등이 있었다. 조약에서 사용되는 '주요 연합국과 관련국(the Principal Allied and Associated Powers)'이라는 표현은 연합국 5개국과 미국을 지칭한다. '연합국과 관련국(the Allied and Associated Powers)'이라는 표현은 형식적으로는 '소속 관련국'도 포함하지만, 조문의 내용은 대부분 '주요 연합국과 관련국'에 적용된다. 광범위한 의미의 연합국에는 연합국의 식민지도 포함된다. 케인스는 본문에서 연합국을 제외한 미국과 소속 관련국을 단순히 '관련국들(associates)'로 표현한다.

평화의 경제적 결과

이나 인형극에 나오는 희비극적 가면은 아닌지 하는 의심을 불러일
으킬 수 있었다.

    2 옮긴이 주 우드로 윌슨(Woodrow Wilson, 1856~1924)은 1913~1921년에
미국 대통령을 역임했다. 대통령으로 선출되기 전에는 프린스턴대학교 총장
(1902~1910), 뉴저지주 주지사(1910~1913)로 활동했다. 대통령 당선 즉시 강력
한 개혁 정책을 시행했다. 국내 정책과 관련해서는 관세를 인하하는 대신 소득세
를 올리는 조세정책을 시행하고, 미국의 특유한 중앙은행 제도인 연방준비제도
(Federal Reserve System)를 발족시켰다. 연방 거래 위원회(Federal Trade Com-
mission)를 설립해 독과점 규제를 강화했고, 아동 노동 사용을 제한하는 법령을
제정했다. 국제적으로는 식민지정책에 반대해 필리핀의 점진적인 자치와 독립을
위한 절차를 진행했고, 제1차세계대전 이후 유럽인의 이주를 긍정적으로 받아들
였다. 그러나 라틴아메리카와의 관계에서는 상당히 제한적이었다. 1914년에는
니카라과를 보호령으로 만들었으며, 멕시코혁명(1910~1917) 과정에서 1910년
쿠데타로 정권을 잡은 빅토리아노 우에르타(Victoriano Huerta, 1850~1916) 정
권과 군사적으로 대치했다. 제1차세계대전 초반에는 중립을 지켰으나, 독일의
무제한 잠수함 공격으로 미국 상선들이 침몰하는 사건을 계기로 1917년 연합국
편으로 참전했다. 대표적인 외교정책으로 '14개 조항' 제안, 국제연맹 창설 등의
공을 세웠다(그러나 국제연맹이 1920년 발족했을 때 정작 미국은 의회의 반대로
국제연맹 회원국이 되지 못했다).

    3 옮긴이 주 조르주 뱅자맹 클레망소(Georges Benjamin Clemenceau, 1841~1929)
는 1906~1909년, 1917~1920년 두 기간에 걸쳐 프랑스 수상을 역임했다. 수상이
되기 전에는 언론인으로 활약했는데, 1894년에서 1907년에 걸친 '드레퓌스 사건
(Dreyfus Affair)'에서 그가 한 역할은 그의 성격과 정치적 성향을 잘 보여준다.
이 사건은 1894년 알자스 지역 프랑스 포병부대 장교인 알프레드 드레퓌스(Al-
fred Dreyfus, 1859~1935) 대위가 독일 간첩이라는 이유로 투옥되었고 후에 그
가 간첩이 아니라는 증거가 나왔음에도 군과 집권층이 진실을 은폐한 사건이다.
이 사실이 알려지면서 프랑스 사회는 사법 정의, 반유대주의(드레퓌스가 유대인
이었기 때문이다)와 관련해 크게 분열되었다. 언론인으로서 클레망소는 최종적
으로 드레퓌스가 사면된 1906년까지 드레퓌스를 옹호하는 글을 665편이나 신문
에 기고했고, 1898년에는 자신이 편집장으로 있던 신문《로로르(L'Aurore)》에
(후세에 이 사건의 상징으로 받아들여지는) 에밀 졸라(Émile Zola, 1840~1902)
의 글 "나는 고발한다(J'Accuse)"를 제1면에 실었다. 첫 번째 수상 시절에는 경찰
조직을 쇄신하고 노동운동을 억압하는 정책을 시행했다. 1,000여 명의 광부가 사
망하는 사태를 계기로 시작된 광부 파업과 1907년의 와인 제조업자 파업을 무력
으로 진압했다. 1907~1908년에 영국과 '우호 협정(Entente cordiale)'을 맺어 프

파리평화회의의 모든 회의는 이렇게 비범한 중요성과 사소함의 기운을 동시에 지니고 있었다. 여기서 내려지는 결정은 인류의 미래에 발생할 중요한 결과를 가득 담고 있는 것처럼 보였다. 그러나 공중에서 들려오는 속삭임은 달랐다. 속삭임은 그 결정이 피가 흐르고 아픔을 느끼는 몸뚱이가 아니라 단지 말에 불과하다고, 쓸데없고 사소하며 아무런 효과도 없고 밖에서 진행되는 사건에서 완전히 괴리되어 있다고 말해줬다. 여기서 사람들은 현실에서 일어나고 있는 사건이 회의실에서 이뤄지는 정치가들의 대뇌 작용에 아무런 영향도 받지 않고 거기에 아무런 반응도 하지 않는, 이미 운명에 의해 결정된, 최종 상태를 향해 나아가고 있다는 인상을 매우 강하게 받았다. 이런 인상은 톨스토이(Leo Tolstoy)가《전쟁과 평화(War and Peace)》에서, 혹은 하디(Thomas Hardy)가《통치자들(The Dynasts)》에서 묘사한 인상이기도 하다.[4]

시대의 정령

보라. 이 무리는 넓은 시야와 자기 명령을
모두 잃어버렸구나. 악령의 힘 안으로 밀려들어 갔구나,

랑스를 유럽 정치의 중앙에 위치시켰다. 1909년 수상직에서 내려온 클레망소는 다시 언론인으로 활동하면서, 제1차세계대전 초반에 당시 수상 폴 팽르베(Paul Painlevé, 1863~1933)가 전쟁을 승리로 이끌려고 충분히 노력을 기울이지 않는다고 비판했고, 특히 1917년 독일과 단독으로 평화협정을 맺으려는 팽르베의 시도에 강력히 반대했다. 1917년 11월 클레망소는 다시 수상으로 선출되었다. 그가 파리평화회의에서 견지한 입장은 케인스의 책에 상세히 기술되어 있다. 전쟁 중에 보인 강력한 리더십으로 클레망소는 '승리의 아버지(Père la Victoire)', '호랑이(Le Tigre)'라는 별명이 붙었다.

내재하는 부주의에 의해. 아무것도 남지 않았도다,

한쪽에서는 강한 자들의 복수가,

다른 쪽에서는 약한 자들의 무력한 분노 말고는.

연민의 정령

어찌해 의지는 이토록 무의미한 일을 행하는가?

시대의 정령

그대에게 이미 말했노니, 의지는 자기도 모르는 사이에 그렇게 작
    동한다오.

판단을 내리는 게 아니라 마치 귀신에 들린 것처럼.

파리에서 최고 경제 자문 회의와 관련된 사람들은 연합군에
속하건 적군에 속하건 중부 유럽과 동부 유럽의 전역에 걸쳐 일어
나고 있던 극심한 고통, 커다란 혼란, 피폐해지는 사회구조에 대한

---

4 옮긴이 주 서사 희곡 3부작《통치자들》제3부 7막 8장은 워털루전투에서 최
종적으로 나폴레옹(Napoléon Bonaparte, 1769~1821)이 패전하는 모습을 그린
다. 패배가 확실해지자 나폴레옹은 말을 타고 사라지고 프랑스군의 장군 캉브론
(Pierre Cambronne, 1770~1842)이 전사하는 장면이 그려진 후 시대의 정령과
연민의 정령이 대화하는 장면이 나오는데, 케인스는 바로 이 장면을 인용한다.
케인스가 이 장면을 인용한 이유는 토머스 하디의 철학, 즉 인간이 어떤 결정을
하건, 그것은 하디가《통치자들》을 포함한 일부 작품에서 '내재적 의지(Imma-
nent Will)'라 부르는, 무의식적인 우주의 힘에 의해 이미 운명이 결정되어 있다
는 철학에 기대어 파리평화회의의 진행 과정과 결과를 평가하기 위한 것이다. 인
용문에서 '시대의 정령'이 내재적 의지를 대변한다. 이 책의 제6장에서 케인스는
'내재적 의지'라는 표현을 명시적으로 사용한다.

보고를 거의 매시간 전달받았다. 그들은 독일과 오스트리아의 금융 대표자들의 입을 통해 이들 국가가 당하고 있는 무지막지한 탈진 상태에 대해 반박할 수 없는 증거를 전해 들었다. 반면에 윌슨 대통령이 묵고 있던 파리 거처의 덥고 건조한 방에서는 '4인방(Big Four)'이 공허하고 무미건조한 간계 속에서 자신들의 운명을 완결 짓고 있었다.[5] 이런 상황에서 가끔이나마 그 방을 찾아가는 일은 악몽의 느낌을 더해줄 뿐이었다. 그곳 파리에서 유럽의 문제는 끔찍하고 절박했고, 런던은 그런 문제에 거의 신경을 쓰지 않았다. 그런 런던에 가끔 돌아올 때면 어쩔 수 없이 약간이나마 불편함을 느낄 수밖에 없었다. 런던의 시각에서 그런 문제는 멀리서 일어나는 것이었고, 자신들에게 발생하는 사소한 문제만 심기를 불편하게 만들 뿐이었다. 런던은 파리가 일을 엉망으로 만들고 있다고 믿었지만, 그것을 자기 관심 밖의 일로 돌리고 있었다. 그런 분위기 속에서 영국민은 평화협정을 읽어보지도 않고 받아들였다. 그러나 이 책은

5 **옮긴이 주** 파리평화회의 기간에 윌슨 대통령은 회의가 공식적으로 시작된 1919년 1월 중순부터 (사전 회의를 포함하면 1918년 12월 중순부터) 베르사유 조약이 체결된 1919년 6월 말까지 파리에 머물렀다. 이 기간에 윌슨 대통령은 두 곳의 거처를 사용했다. 첫째는 뤼 뒤 몽소(Rue du Monceau)에 있는 뮈라 왕자 가문의 맨션인 '오텔 뒤 프랭스 뮈라(Hôtel du Prince Murat)'였다. 1919년 3월 초 2주 동안 미국에 다녀온 윌슨은 당시의 미국 대사관에 가까이 있던 플라스 데 제타 지니(Place des États Unis) 광장의 11번지에 있는 '오텔 비쇼프샤임(Hôtel Bischoffsheim)'을 제2의 거처로 삼았다. 회의 진행이 지지부진하자 결정을 신속하게 내리려고 윌슨 대통령, 로이드 조지 수상, 클레망소 수상, 오를란도 수상으로 구성된 '4인 위원회(Council of Four)'가 1919년 3월 말에 구성되었고, 4인 위원회 회의는 주로 윌슨 대통령의 플라스 데 제타 지니 거처 서재에서 열렸다. François Bouchet and Frances Wilson Huard, *American Footprints in Paris*, George H. Doran Company, 1921, pp. 52~53 참조.

평화의 경제적 결과

런던이 아니라 파리의 영향 속에서, 영국인이기는 하나 스스로 유럽인이라고 느끼는 사람이 쓴 책이다. 이 책의 지은이는 최근에 겪은 너무도 생생한 경험 때문에, 현존하는 위대한 제도를 파괴하겠지만 또한 새로운 세계를 창조할 수도 있을 이 시대의 위대한 역사적 드라마에 대해 초연할 수 없다.

제2장

전쟁 전의 유럽

1870년 이전에 조그만 유럽 대륙의 여러 지역은 각자가 특화한 재화를 생산하고 있었다. 그러나 대륙 전체로 볼 때 유럽은 상당 부분 자급하고 있었다. 그리고 인구 규모는 그런 상황에 조정되어 있었다.

　　1870년 이후 이전에 없었던 상황이 대규모로 발생했고, 그 후 50년 동안 유럽의 경제 상황은 불안정하고 특이했다. 이전까지 인구 규모가 식량에 가하는 압력은 미국에서 공급되는 식량에 대한 접근성 덕분에 균형이 맞춰져 있었다. 그러나 이제 역사 기록이 시작된 이후 처음으로 관계가 확연히 역전되었다. 인구가 증가할수록 오히려 식량은 더 쉽게 확보되었다. 생산 규모가 증가하면 그것보다 더 높은 비율로 수확이 증가하는 현상은 이제 제조업뿐 아니라 농업에서도 사실이 되었다. 한편 유럽의 인구가 증가하자 더 많은 사람이 신대륙으로 이주해 그곳의 땅을 경작했다. 다른 한편 유럽에는 새로운 고향을 맞이한 신대륙 이주자들의 생활을 유지하기 위한 공산품과 자본재를 마련하려고, 그리고 그 먼 곳에서 식품과 원료를 유럽으로 가져오기 위한 철도와 선박을 건설하려고 더 많은 노동자가 고용되었다. 1900년경에 이르기까지 제조업에서 한 단위의 노동은 매년 더 많은 식량을 확보할 수 있는 구매력을 창출해냈다. 이 과정이 역전되기 시작한 때는 1900년쯤인 것으로 보인다. 사람의 노력에 대해 자연이 제공하는 수확의 감소가 다시 모습을 드러내기 시작했다. 곡물 생산의 실질 비용이 상승 경향을 보였다. 그러나 그런 경향은 다른 기술 개선으로 상쇄되었다. 그리고 새롭게 발생한 일 중 하나인데, 역사상 처음으로 열대 아프리카의 자원이 대규모로 사용되면서 기름 종자 교역이 크게 늘었고, 그 결과 인류의 가장 기본적 식량 종류 중 하나가 새롭고 값싼 형태로 유럽의 탁상에 놓이기 시작했다. 이전 경제학자들의 시각에서 본다면 지금 사람 대부분은 이런 경제 엘도라도에서, 이 경제 유토피아에서 삶을 누리고 있다.

이런 행복의 시대에, 정치경제학의 기초를 세운 경제학자들을 깊은 우울감으로 가득 채웠던 세계의 모습은 사람들 눈에 보이지 않았다. 18세기 이전에 인류는 허황한 희망을 품지 않았다. 맬서스는 악마 하나를 세상에 보여주면서, 18세기 후반에 사람들 사이에 유행했던 환상의 분위기를 가라앉혔다.[1] 이후 반세기 동안 신중한

---

1 옮긴이 주 케인스는 연구 초기부터 인구문제에 깊은 관심을 보였고, 그의 시각은 초지일관 토머스 로버트 맬서스(Thomas Robert Malthus, 1766~1834)의 인구론에 기초해 있었다. 맬서스는 당대에 팽배해 있던 유토피아적 사고를 비판하면서 인구와 식량(혹은 '인간'과 '자연') 사이에 있는 역동적 관계를 설명하려 시도했다. 맬서스의 '인구 원리'는 "인구가 기하학적으로 증가하는 반면, 자연이 제공하는 식량은 산술적으로 증가한다."라고 말한다. 그런데 현실에서는 인구가 무한정으로 식량을 초과해 증가하지 않는다. 맬서스에 따르면, 그것은 인구가 식량에 비해 과도하게 증가하면 인구 증가를 억제하는 두 가지 힘이 작동하기 때문

평화의 경제적 결과

경제학적 문헌이라면 모두 그 악마를 명명백백한 시각 속에 바라보았다. 그 후 반세기 기간에 악마는 사슬에 묶여 시야에서 사라져버렸다. 현재에 이르러 악마는 다시 풀려난 듯이 보인다.

1914년 8월에 막을 내리고 말았으나 그 시대가 인류의 경제적 진보 과정에서 얼마나 경이로운 시간이었는지! 사람 대부분이 힘들게 일했고 낮은 수준의 생활을 영위했던 것은 사실이다. 그러나 겉으로 나타난 모습을 찬찬히 살펴보면 사람들은 그런 생활에 상당히 만족하고 있었다. 평균보다 높은 능력과 특성을 가진 사람이라면 누구나 중간층 혹은 상류층으로 상승할 가능성이 있었다. 이 시대의 중간층 혹은 상류층은 낮은 비용과 가능한 한 적은 문제를 겪으면서, 다른 시대에 가장 부유하고 가장 강력했던 왕족이 누렸던

이다. 우선 전쟁이나 기근, 역병 등을 통해 사망률을 높이는 적극적 억제력이 있다. 다른 한편으로 산아제한, 만혼(晩婚) 제도, 순결 제도 같은 도덕적·규범적 제도를 통해 출산율을 낮추는 예방적 억제력이 있다. 케인스는 여러 저술과 토론, 강연에서 이런 맬서스의 시각을 '맬서스의 악마(Devil of Malthus, Malthusian Devil)'라고 요약했다. 식량이 상대적으로 부족한 상태에서 인구가 억제되는 상황을 악마가 사슬에 매여있는 (혹은 암흑 속에 갇혀있는) 모습으로, 그리고 인구가 식량에 비해 과도하게 증가하는 상황을 악마가 사슬에서 풀려난 (혹은 깊은 구렁에서 풀려난) 모습으로 그리는 비유는 성경에서 따온 것이다(기독교에서 악마는 타락한 천사다). 〈유다서〉 1장 6절에 따르면 "(하나님은) 또 자기 지위를 지키지 아니하고 자기 처소를 떠난 천사들을 큰 날의 심판까지 영원한 결박으로 흑암에 가두셨"다. 또한 〈베드로후서〉 2장 4절에 따르면 "하나님이 범죄한 천사들을 용서하지 아니하시고 지옥에 던져 어두운 구덩이에 두어 심판 때까지 지키게 하셨"다. 그리고 〈요한계시록〉 9장 13~15절에 따르면 "여섯째 천사가 나팔을 불매 내가 들으니 하나님 앞 금 제단 네 뿔에서 한 음성이 나서 / 나팔 가진 여섯째 천사에게 말하기를 큰 강 유브라데에 결박한 네 천사를 놓아주라 하매 / 네 천사가 놓였으니 그들은 그 년 월 일 시에 이르러 사람 삼분의 일을 죽이기로 준비된 자들"이다. 개역개정판 《신약성서》 참조.

범위를 넘는 편의성과 안락함 그리고 쾌적함을 누리고 있었다. 런던 거주자들은 침대 안에서 아침 차를 홀짝이면서 전 세계의 여러 제품을 자신이 원하는 양만큼 전화로 주문하고 그 물건들이 자신의 문 앞까지 최대한 빨리 배달될 것이라 기대할 수 있었고, 그런 기대는 무리가 아니었다. 그와 동시에, 그리고 그것과 같은 방법을 통해, 런던 거주자들은 세계 어느 구석에 있건 천연자원과 신생 기업에 자신의 부를 투자할 수 있었고, 자신이 얻을 미래의 투자 결과와 이득을 커다란 노력이나 어려움 없이 다른 사람과 공유할 수 있었다. 또 그들은 공상이건 객관적 정보건 그것이 가리키는 방향에 있는, 세계의 어떤 대륙에 존재하건, 웬만한 규모의 지방 정부라면 그곳 사람들의 신망에 자신이 가진 부의 안전을 같이 엮어 매겠다고 결정할 수도 있었다. 그들은 원한다면 여권 같은 형식적 요구 사항에 얽매이지 않고 어느 나라건 어느 기후의 지역이건 갈 수 있는 값싸고 편리한 이동 수단을 즉각 확보할 수 있었다. 근처에 있는 은행에 하인을 보내 값비싼 금속을 원하는 만큼 얼마든지 인출해서 바다 건너에 있는 외지로, 그곳의 종교나 언어 혹은 관습을 알 필요도 없이, 자기 몸에 동전을 가득 지니고 갈 수 있었다. 그 와중에 조그마한 간섭이 있으면 그것을 몹시 불편하게 여기고 그런 게 있다는 사실에 놀라곤 했다. 그러나 무엇보다 더 중요한 사실은, 이런 상황을 그들은 정상적이고 확실하고 영원한 것으로, 오직 더 나아지는 방향으로만 나아갈 것으로, 그리고 거기에서 벗어나는 것은 어떤 것이든지 일탈적이고 남부끄러운 일이며 피해야 할 일이라 생각했다는 것이다. 군국주의와 제국주의, 종교적·문화적 갈등, 독점과 제한

평화의 경제적 결과

과 배제 같은 기획과 정치 상황은 후에 이런 천국에서 사탄의 뱀 역할을 하게 될 것이었지만, 그들에게는 매일 배달되는 신문의 흥밋거리 기사 이상의 것이 아니었다. 그런 것들은 실생활에서 거의 국제화의 완결 단계에 이른 사회적·경제적 삶의 일상적인 경로에 거의 아무런 영향도 끼치지 않는 것처럼 보였다.

전쟁이 발발했을 때 이미 유럽의 경제적 삶에 존재하고 있던 주요 불안정 요소 중 일부를 조금 더 상세히 설명한다면, 우리가 우리의 적에게 부과한 평화의 성격과 결과가 갖는 의의를 파악하는 데 도움이 될 것이다.

I. 인구

1870년 독일의 인구는 약 4,000만 명이었다. 1892년에 이르러 인구수는 5,000만 명으로 늘었고, 1914년 6월 30일에는 6,800만 명 수준으로 증가해 있었다. 전쟁 발발 바로 전 연도를 보면 연 증가 규모는 85만 명 정도였고, 그중 매우 작은 부분이 외국으로 이주했다.[2] 인구가 이렇게 크게 증가할 수 있었던 것은 이 나라의 경제 구조가 큰 규모로 변했기 때문이다. 이전에 농업 중심으로 자급자족적이었던 상태에서 독일은 거대하고 복잡한 산업 기계로 탈바꿈

---

2 1913년 독일에서 이주해 나간 사람의 수는 2만 5,843명이고, 그중 1만 9,124명이 미국으로 이주했다.

했고, 그 작동은 독일 내부는 물론 외부에 있는 수많은 요소의 균형적 상황에 의존했다. 이 기계를 연속적으로 그리고 최대 수준으로 가동해야만, 증가하는 인구를 국내에서 모두 고용하고 그들을 위한 생필품을 외국으로부터 구매할 수단을 확보할 수 있었다. 독일이라는 기계는 균형을 유지하려고 점차 빠르게 돌아가야만 하는 팽이와 같았다.

오스트리아-헝가리제국에서 인구는 1890년에 4,000만 명 정도였다가 전쟁 발발 즈음에는 적어도 5,000만 명으로 증가했다. 여기에서도 독일과 비슷한 경향이 존재했으나 그 정도는 조금 약했다. 연간 출생자가 사망자보다 약 50만 명 더 많았으나, 그중 연간 25만 명 정도가 외국으로 이주했다.

현재 상황을 이해하려면 독일어 권역 체제의 전개 상황으로 인해 중부 유럽이 어떻게 그토록 특별한 인구 중심이 되었는지를 명백하게 파악해야 한다. 전쟁 전에 독일과 오스트리아-헝가리의 인구는 합했을 때 미국의 인구보다 훨씬 많았을 뿐 아니라 북아메리카 전체의 인구와 거의 비슷했다. 밀집된 공간에 그토록 많은 사람이 있었다는 사실이 동맹국[3]이 지닌 군사적 힘의 원천이었다. 그러나 이 인구는 전쟁을 거치면서도 규모가 현저하게 줄어들지 않았고[4], 그렇기 때문에 이런 규모의 인구는 비록 그들이 전쟁으로 생활 수단을 잃었다 하더라도 유럽의 질서에 결코 사소하지 않은

---

3 옮긴이 주 동맹국(The Central Powers)은 제1차세계대전에서 연합국과 싸웠던 세력이다. 1914년 8월 1일 독일제국과 오스트리아-헝가리제국이 형성한 후, 그해 10월에 오스만제국, 그리고 다음 해 10월에 불가리아 왕국이 참여했다.

위험으로 계속 남아있다.

유럽 쪽 러시아는 독일보다 더 큰 폭으로 인구가 증가했다. 1890년에 1억 명이 채 되지 않는 수준에서 전쟁이 발발한 즈음에는 1억 5,000만명으로 증가했다.[5] 1914년 직전 연도에서 러시아의 출생자는 연간 사망자 수 대비 200만 명을 초과하는 놀라운 규모였다. 러시아의 이런 과도한 인구 증가는 영국에서는 잘 느끼지 못했으나 최근에 발생한 가장 중요한 사실 중 하나였다.

역사상 커다란 사건은 종종 인구 증가의 추세적 변화, 그리고 다른 근본적인 경제적 원인에 기인한다. 이런 변화와 원인은 점진적으로 발생하기 때문에 당대 사람들은 이를 시야에서 놓치고는 정치가의 바보 같은 짓이나 무신론자의 광기로 그 원인을 돌린다. 따라서 지난 2년 동안 러시아에서 일어난 놀라운 사건, 즉 정부 형태와 사회 계급 위계는 물론이고 종교, 재산 근간, 토지소유권 등 매우 안정적으로 보이던 것을 모두 뒤집어버린 커다란 사회변혁[6]은

---

4 1914년 초에 비해 출생률은 하락하고 사망률은 증가해 1918년 말 독일의 인구 순 감소 폭은 약 270만 명으로 추산된다.

5 폴란드와 핀란드를 포함하지만, 시베리아와 중앙아시아, 코카서스는 제외한다.

6 옮긴이 주 여기서 케인스가 언급한 '지난 2년 동안의 사회변혁'은 1917년의 러시아혁명('2월혁명'과 '10월혁명')과 그 이후 러시아 사회에 일어난 변화를 말한다. 혁명의 한편에는 지난 300여 년간 제정러시아를 통치해온 로마노프(Romanov)왕조의 니콜라이 2세(Nikolai Alexandrovich Romanov, 1868~1918)가, 다른 한편에는 사회주의 이론가이자 혁명가인 블라디미르 레닌(Vladimir Lenin, 1870~1924)이 있었다(레닌의 본명은 블라디미르 일리치 울리야노프[Vladimir Ilyich Ulyanov]다. '레닌'은 그가 1900년부터 사용한 필명이다). 1904~1905년 러일전쟁으로 인해 러시아의 경제 상황은 극도로 악화했다. 율리우스력 1905년 1월 황제 근위대는 니콜라이 2세에게 청원하러 온 군중의 평화 시위를 무력으로 진압했다('피의 일요일'). 니콜라이 2세는 전국으로 퍼진 민중의 분노('1905년혁명')를 잠재우려

레닌이나 니콜라이 황제보다는 인구 증가가 미친 깊은 영향 때문일 수 있다. 그리고 오랜 관행에 따른 결속력을 폭파해버리는 데 국가 전반에 걸친 과도한 출생이 가져오는 파괴력은 사고의 힘이나 전제

고 '10월 선언(October Manifest)'을 통해 입헌 의회(두마; Duma)를 구성하고 어느 정도 시민권을 보장했다. 니콜라이 2세의 개혁으로 러시아는 상당히 안정되었다. 그러나 제1차세계대전 참전으로 다시 경제가 피폐해졌고, 1917년 2월 상트페테르부르크(제1차세계대전 발발 후 '페트로그라드'로 개명)에서 식량 부족과 작업 환경 악화를 이유로 공장 노동자들이 파업을 시작했다. 얼마 지나지 않아 파업과 격렬한 시위가 러시아 전역으로 확대되었다. 2월혁명의 결과로 니콜라이 2세는 폐위되고 임시정부가 수립되었다. 자유주의자와 온건파 사회주의자를 중심으로 구성된 임시정부는 민주주의적 선거를 통한 입헌 의회 구성을 목표로 했다. 니콜라이 2세의 체포령을 피해 스위스에 망명해 있던 레닌은 러시아에 돌아와, 임시정부가 차르 체제와 마찬가지로 부르주아 중심적이고 제국주의적이라 비판하면서 유럽 전역에 걸친 프롤레타리아혁명을 주창했다. 레닌의 선동에 힘입어 1917년 7월에는 군인과 공장 노동자 들이 임시정부에 반대해 무장봉기를 일으켰다. 임시정부는 봉기를 무력으로 진압했다. 임시정부가 민중의 신뢰를 잃으면서 권력의 주변에 머물러 있던 볼셰비키가 다시 세력을 얻었다. 임시정부의 체포령을 피해 핀란드에 머물던 레닌은 페트로그라드에 돌아와 볼셰비키 전당대회에서 무장봉기를 통한 정부 전복을 강하게 주장했다. 드디어 10월 25일 수만 명이 넘는 병사들의 지지 속에서 볼셰비키 적위대(Red Guards)는 정부 청사를, 그다음 날에는 임시정부 본부인 겨울궁전을 점령하면서 무혈혁명에 성공했다. 10월혁명으로 러시아는 '러시아 소비에트 연방 사회주의 공화국(Russian Soviet Federative Socialist Republic)'으로 바뀌었다. 레닌은 초대 국가원수로 추대되었다. 레닌은 국가원수로서 러시아를 공산주의 사회로 개조하기 시작했다. 국가권력을 노동자-농민 평의회(councils of workers and peasants)에 부여했고, 모든 사유재산과 은행을 국유화하고 토지 지주제를 폐지했으며, 러시아 사람들은 신분의 구분 없이 모두 '인민'으로 불리도록 했다. 교육과 정치를 종교에서 분리하고, 여성에게 남성과 동등한 권리를 부여했다. 그러나 혁명의 기운이 채 가시기도 전에, 레닌을 지지하는 볼셰비키의 '적군(Krasnaya Armiya; Red Army)'과 반볼셰비키 세력의 연합인 '백군(Belaya Armiya; White Army)' 사이의 내전이 옛 제국 전역을 휩쓸었다. 양측 모두 엄청난 인명 피해를 입은 후 내전은 최종적으로 1923년 적군의 승리로 끝났다(전투로 인한 군인의 사망 외에도 적군과 백군은 각각 수만 명에서 수십만 명으로 추산되는 민간인 학살을 자행했고, 1921년에는 대기근으로 약 500만 명이 아사했다).

평화의 경제적 결과

군주의 실수보다 더 큰 역할을 했을 수 있다.

II. 경제조직

　이 나라 사람들이 의지하며 살았던 정교한 경제조직은 부분적으로 체계에 내재하는 요소를 바탕으로 유지되었다.

　국경과 관세를 통한 개입은 최소한으로 줄어들었고, 3억이 조금 안 되는 인구가 러시아와 독일, 오스트리아-헝가리 세 제국에 살고 있었다. 각 제국의 통화는 금과, 또한 각국과 연계되어서 안정적으로 유지되었고, 그 덕분에 자본과 무역의 흐름이 매우 쉽게 이뤄졌다. 현재 그런 편의성에서 얻을 수 있는 여러 이점을 우리가 잃어버린 상태에서 그 가치는 지금에서야 비로소 완전히 인지되고 있다. 이 방대한 지역에서 재산과 인격체에 대해 거의 절대적인 안전이 보장되었다.

　이런 질서·안전·균일성이라는 요소가 유럽에서 그토록 넓고 인구가 많은 지역에 걸쳐, 혹은 그토록 오랜 기간에 걸쳐 향유된 적은 없었다. 그런데 이제 그 요소는 운송, 석탄 분배, 대외무역의 거대한 메커니즘을 갖춘 조직을 마련하는 길을 터주었고, 그 덕분에 사람들이 밀집해 살고 있는 도시 중심에서 새로운 인구가 산업적 형태의 삶을 살 수 있게 되었다. 이런 사실은 너무 잘 알려져서 수치적 자료를 통해 구체적으로 상세히 보일 필요조차 없다. 그러나 석탄에 관한 자료를 예시로 드는 것도 괜찮을 듯하다. 석탄은 영국 못지않게 중부 유럽에서도 산업 성장의 관건이었다. 독일의 석탄 생산은 1871년 3,000만 톤에서 1890년 7,000만 톤으로, 1900년에는 1억 1,000만 톤으로, 그리고 1913년에는 1억 9,000만 톤으로 증가했다.

독일을 중심 버팀목으로 삼아 나머지 유럽의 경제 체계가 형성되었고, 독일의 번영과 경제에 기대어 유럽 대륙의 나머지 국가들의 번영이 좌우되었다. 독일의 빠른 성장 덕분에 주변국은 생산물의 출구를 찾았고, 독일의 상업 기업들은 낮은 가격으로 주변국에 필요한 중요 물자를 공급했다.

독일과 주변국 사이의 경제적 상호의존성에 대한 통계는 압도적이다. 독일은 러시아·노르웨이·네덜란드·벨기에·스위스·이탈리아·오스트리아-헝가리의 첫 번째 최대 수입국이었고, 영국·스웨덴·덴마크에는 두 번째 최대 수입국, 프랑스에는 세 번째 최대 수입국이었다. 독일은 러시아·노르웨이·스웨덴·덴마크·네덜란드·스위스·이탈리아·오스트리아-헝가리·루마니아·불가리아에 첫 번째 최대 수출국이었고, 영국·벨기에·프랑스에 두 번째 최대 수출국이었다.

영국은 인도에 대한 수출 다음으로 세계 어느 국가보다도 독일에 가장 많이 수출했고, 미국에서 수입해오는 것 다음으로 세계 어느 국가보다도 독일에서 가장 많이 수입했다.

독일의 서부에 있던 국가들을 제외하고, 자국의 무역 총량의 4분의 1 이상을 독일과 교역하지 않는 유럽 국가는 없었다. 러시아·오스트리아-헝가리·네덜란드의 경우, 그 비율은 훨씬 더 높았다.

독일은 이 나라들과 교역만 한 것이 아니었다. 몇몇 나라의 경

　　　　　　　　　　　　　　　平화의 경제적 결과

우, 독일은 그 국가들의 경제발전에 필요한 자본의 큰 부분을 제공했다. 독일의 전쟁 전 대외투자는 총 12억 5,000만 파운드에 가까웠는데, 그중에 5억 파운드는 러시아·오스트리아-헝가리·불가리아·루마니아·오스만제국[7]에 투자되었다. '평화적 침투(peaceful penetration)'[8] 체계에 따라 독일은 이들 국가에 자본뿐 아니라 그에 못지않게 그들에게 필요했던 것, 즉 경제조직을 제공했다. 라인강 동쪽의 유럽 전 지역이 독일의 산업 반경 안에 들어갔고, 이 지역의 경제적 삶도 그에 맞춰 조정되었다.[9]

그러나 이런 내적 요소만으로는 이 지역 인구가 자족하는 데 충분하지 않았다. 외적 요소, 그리고 유럽 전체에 공통으로 존재하던 어떤 일반적인 기질이 함께 작동했다. 앞에서 이미 살펴봤던 상

---

7 옮긴이 주 원문은 '터키(Turkey)'라고 표기했다. 국명 '튀르키예'는 1923년 무스타파 케말 아타튀르크(Mustafa Kemal Atatürk, 1881~1938)에 의해 '튀르키예 공화국(Republc of Turkuye)'이 성립된 이후 사용된 명칭이고, 제1차세계대전 당시에는 '오스만제국(Ottoman Empire)'으로 불렸으므로 '터키'는 모두 '오스만제국'으로 옮겼다.

8 옮긴이 주 1873년에 있었던 세계적 불경기로 인해 보호무역이 강화되었다. 영국을 중심으로 한 자유무역 경향은 점차 예외가 되어가고 있었다. 당시 최근에 통일을 이룬 독일은 정부가 주도하는 보호무역을 강하게 추진했다. 그 결과 제1차세계대전이 일어나기 전 독일의 국제 교역은 이전에 영국이 장악하고 있던 지역으로 급속하게 확장했다. 당시의 영국 언론은 이런 상황을 독일이 실제로 '전쟁'을 하지는 않지만 '평화적 침투' 방식으로 대영제국의 영토를 잠식하고 있다고 표현했다. 이 표현은 제1차세계대전 후반에는 다른 맥락에서 사용되었다. 1918년 독일군의 춘계 대공세가 실패로 끝난 후 독일군의 전선은 많이 약화했고, 연합군은 저항 없이 독일군의 후방으로 쉽게 침투할 수 있었다. 1918년 4월 이후 오스트레일리아군은 이렇게 후방으로 침투한 후 독일군 전선의 진지를 함락하는 전략을 폭넓게 사용했다. 오스트레일리아군은 이 전략을 '평화적 침투'라 불렀다.

황 중 많은 것이 유럽 전체에도 해당되었고, 중부 유럽에만 특이하게 존재하는 것이 아니었다. 다음에 기술하는 내용도 모두 유럽 체계 전체에 공통으로 존재하는 것이었다.

III. 사회의 심리 상태

유럽의 사회적·경제적 조직은 자본을 최대로 축적할 수 있는 구조였다. 인구 대부분의 일상생활에서 삶의 개선이 계속 일어나고 있었던 반면, 증가한 소득의 큰 부분이 그것을 거의 소비하지 않는 사회 계급의 통제 속으로 향하도록 사회의 틀이 잡혀있었다. 19세

9 **옮긴이 주** 다음 표는 1918년부터 1922년까지 각 연도의 영국 파운드화에 대비한 미국 달러화, 프랑스 프랑화, 독일 마르크화의 환율, 그리고 소비자 물가 인플레이션을 고려했을 때 영국 1파운드의 2023년 현재 가치다. (독자들은 책에서 케인스가 모든 금액을 영국 파운드화로 표시하면서 가끔 이 금액을 프랑스 프랑화로도 표시함을 볼 수 있을 것이다. 이때 케인스는 1파운드당 25프랑의 비율로 계산한다.)

	미국 달러	프랑스 프랑	독일 마르크	1파운드 2023년 가치
1918	4.76	25.96	n/a	68.54
1919	3.81	41.25	181.54	62.28
1920	3.49	59.00	254.92	53.91
1921	4.16	52.98	790.44	59.05
1922	4.61	63.76	33,895.59	68.54

환율은 Archival Currency Converter, 1916~1940, https://canvasresources-prod.le.unimelb.edu.au/projects/CURRENCY_CALC 참고. 각 환율은 해당 연도 12월의 환율이다. 1918~1922년도별 1파운드의 2023년 가치는 CPI Inflation Calculator, https://www.in2013dollars.com 참고.

기의 신흥 부자들은 대규모 지출을 하도록 길러지지 않았다. 그들은 즉각적인 소비가 주는 쾌락보다 투자가 그들에게 부여하는 권력을 선호했다. 이 시대를 다른 모든 시대와 구분하는 특징은 고정적 부와 자본 개선이 대규모로 축적되었다는 것이다. 이것을 가능하게 한 것이 바로 부의 분배에서 존재한 **불균등**이었다. 실제로 바로 이것이 자본주의 체제를 정당화하는 중심 근거다. 만일 부자들이 자신의 향락을 위해 자신의 새로운 부를 탕진했다면, 세계는 이미 오래전에 그런 체제를 참지 못했을 것이다. 그러나 부자들은 꿀벌처럼 저축하고 쌓아뒀다. 부자들은 그저 자기 재산을 불린다는 좁은 목적에 충실했지만 공동체 전체에 이득이 발생했다.

전쟁 전 반세기 동안 형성된 고정자본은 인류에게 커다란 혜택을 줬다. 이런 고정자본의 엄청난 축적은 부가 균등하게 분배된 사회에서는 결코 가능하지 못했다. 그 시대에 건설된 세계의 철도는 후세에 남길 기념비로서 이집트의 피라미드에 못지않다. 이는 노동이 만든 작품이지만, 정작 그것을 지은 노동자는 즉각적인 쾌락 속에서 자신의 노력에 대한 완전한 등가물을 소비하지 못했다.

따라서 이 놀라운 체제가 성장하는 데에는 이중의 허세 혹은 기만이 필요했다. 한편으로 노동자계급은 무지로 인해, 혹은 힘의 부재로 인해, 혹은 관습과 관행과 기존 권력과 견고한 사회질서에 의해, 생산한 케이크에서 자신의 몫을 거의 요구하지 못하는 상태 속에서 그들 자신과 자연 그리고 자본가들이 서로 협력해 케이크를 생산했다고 인정하도록 강제되거나 설득되거나 회유되었다. 다른 한편으로 자본가들은 케이크 대부분을 자기 것이라 주장하도록 허락받았고, 실제로는 그것을 거의 소비하지 않는다는 근본적 전제 위에서 이론적으로는 그것을 소비할 자유가 있었다. '저축'의 의무는 자본가가 지닐 덕목 중 열의 아홉 비율을 차지했고, 사회가 생산하는 케이크의 증가는 진정한 종교나 지닐 목표가 되었다. 케이크를 소비하지 않는다는 계명을 중심으로, 다른 시대에는 속세에서 물러나서 향락의 기술은 물론 생산의 기술도 무시했을 청교도적 본능이 자라났다. 그 결과 케이크의 크기는 커졌다. 그러나 어떤 목적을 위해 케이크의 크기를 키웠는지에 대해서는 아무도 명확한 입장을 지니지 못했다. 사람들은 절제하기보다 뒤로 남겨두기를, 안전과 예상이라는 쾌락을 함양하도록 부추겨졌다. 저축은 노년이나 후세를 위한 것이었다. 그러나 이런 생각은 모두 이론에 머물렀다. 케이크가 지닌 덕목은 당신이건, 아니면 당신 후에 나타날 당신의 자식들이건, 그것을 소비하면 결코 안 된다는 것이었다.

이렇게 말한다고 해서 내가 그 세대가 행한 일을 폄하하는 것은 아니다. 자기 존재의 무의식적 뒤안길에서 사회 전체는 그것이 무엇인지를 알고 있었다. 케이크는 소비에 대한 갈망에 비해 터무니없이 작았다. 그 케이크를 모든 사람이 나눠 갖는다면 케이크를 잘라 나눠 갖는다고 더 나아질 사람은 아무도 없었다. 사회는 오늘의 조그만 쾌락을 위해서가 아니라 종족 전체의 미래 안전과 삶의 개선을 위해서, 즉 '진보'를 위해 작동했다. 케이크가 잘게 잘려 나뉘지 않고 맬서스가 예측한 인구의 기하학적 비율로 증가하도록 허락된다면, 어쩌면 모든 사람에게 골고루 나눠줄 충분한 양이 존재하고 후세대가 현재 우리 세대의 노동에 따른 향락을 즐길 날이 올 수도 있다. 그런 날에는 과도한 노동, 과도한 인구, 불충분한 섭생은 끝날 것이고, 사람들은 육체의 편안함과 필요를 확보하고 몸의 기능을 좀 더 우아하게 작동시킬 수 있을 것이다. 한 기하학적 비율은 다른 기하학적 비율을 상쇄시킬 수 있다. 19세기는 복리법이라는 현기증 나는 덕목을 관조하면서 인류라는 종의 번식력을 망각할 수 있었다.

이런 전망에는 두 개의 함정이 있었다. 아직 인구가 자본 축적을 앞서는 상황에서 우리 자신의 자제는 행복을 촉진하기보다 숫자만 키운다는 것, 그리고 종국에 가서는 그런 모든 희망의 궁극적 소비자인 전쟁 속에서 케이크가 모두 시기상조로 소비되어 없어진다는 것.

그러나 이런 생각은 현재 내가 목적하는 바와 너무 멀리 떨어져 있다. 다만 지금 나는, 불평등에 근거한 자본 축적의 원리는 전쟁 이전의 사회질서에서, 그리고 그 당시에 우리가 이해하던 의미의 진보 개념에서 중추적 위치를 차지하고 있음을 지적하고, 이 원리가 불안정한 심리적 상태에 좌우되며 이 심리적 상태를 다시 살려내는 일은 불가능하다는 점을 강조하고자 한다. 인구 중 삶의 편리함을 즐기는 사람의 수가 그토록 작은 상태에서 사람들이 그토록 큰 규모로 자본을 축적하는 일은 그리 자연스러운 일이 아니다. 전쟁은 모든 사람에게 소비의 가능성을, 그리고 많은 사람에게 절제의 허무함을 알려줬다. 따라서 허세가 나타났다. 노동자계급은 이제 더는 그렇게 많이 절제할 의향이 없어졌고, 미래를 더는 낙관하지 못하게 된 자본가계급은 자신들이 할 수 있는 소비의 자유를 좀 더 완전하게 즐기려 하면서 자신들의 재산이 쪼그라드는 시간을 앞당겼다.

IV. 구세계와 신세계의 관계

전쟁 이전에 유럽이 보인 자본 축적 행동 유형은 유럽의 평형을 유지한 가장 중요한 외적 요소의 필수 조건이었다.

유럽이 축적한 잉여 자본 중 많은 양이 외국으로 수출되었다. 이들 국가는 잉여 자본의 투자에 힘입어 식량·재료·운송에서 새로운 자원을 사용할 수 있게 되었다. 그와 동시에, 구세계는 신세계의 풍요로운 자연과 전인미답의 가능성에 소유권을 주장할 수 있게 되었다. 이 후자의 요소는 매우 중요한 역할을 한다. 구세계는 그 권리에서 얻을 수 있는 연간 공물을 사용해 엄청난 이득을 얻었다. 잉여 자본으로 인해 가능해진 새로운 발전으로 값싸고 풍부한 공급이 이뤄졌고, 이 공급의 이득은, 사실대로 말하면, 이후로 연기되지 않고 즉시 향유되었다. 그러나 이 대외투자에서 발생한 화폐 이자의 많은 부분이 재투자되어 자본 축적으로 이어졌다. 이것은 유럽의 산업 부문 노동이 더는 그렇게 값싼 조건으로 다른 대륙의 생산물을 구매하지 못하게 되고, 한편으로 대대로 이어온 문명과 다른 한편으로 다른 기후와 환경 속에서 급증하는 종족 간의 적절한 균형이 위협받는, 지금보다 낙관적이지 못한 시간에 대비한 (당시 사람들이 그렇게 희망한) 예비 조치였다. 이렇게 해서 유럽의 종족은, 자신의

평화의 경제적 결과

문화를 구세계 안에서 추구하건 혹은 신세계에서 모험을 하건, 새로운 자원의 개발로부터 모두 비슷하게 이득을 얻었다.

그러나 옛 문명과 새로운 자원 사이에 이렇게 형성된 균형은 전쟁 전부터 위협받고 있었다. 유럽이 번영할 수 있었던 이유는 첫째, 아메리카 대륙에서 획득한 잉여 식량의 대규모 수출 가능성에 힘입어 유럽 자신이 생산하는 수출품에 필요한 노동을 기준으로 측정했을 때 싼 가격으로 식량을 구매할 수 있었고, 둘째, 이전에 행했던 자본의 투자 가치의 결과로 반대급부를 전혀 지급하지 않으면서 매년 상당한 양의 이득을 주장할 수 있었다는 사실 때문이다. 이 중 둘째 요소는 위협받지 않는 것처럼 보였으나 첫째 요소는 외국, 특히 미국에서 일어난 인구 증가의 결과로 그리 안전하지 않았다.

아메리카의 미개척지가 처음 결실을 맺었을 때, 그 대륙 자체의 인구 비율, 따라서 국지적으로 그들에게 필요한 식량은 유럽과 비교해서 매우 작은 규모였다. 1890년경에 유럽의 인구는 북아메리카와 남아메리카 대륙을 합한 인구의 세 배였다. 그러나 1914년에 미국에서 밀에 대한 국내 수요는 생산량에 맞먹을 정도였고, 예외적으로 작황이 좋은 해에만 잉여가 발생해 수출할 수 있게 될 상황이 멀지 않다는 것이 확실했다. 실제로 현재 미국의 국내 식량 수요는 1909~1913년 5년 동안 미국에서 발생한 평균 작황의 90퍼센트를 넘는 것으로 추산된다.[10] 그러나 그 시기에 이미 엄중한 상황으로 향하는 기운이 모습을 드러내기 시작했다. 그 기운은 더는 풍작이 발생하지 않는 모습이 아니라 실질 생활비가 꾸준히 상승하는 모습으로 나타났다. 다시 말하면, 세계 전체를 볼 때 밀의 생산은 부족하지 않았으나, 밀의 적절한 공급을 이끌어내려면 더 높은 실질 가격을 제시해야 했다. 이런 상황을 타개할 가장 바람직한 요소는 중부 유럽과 서유럽이 러시아와 루마니아의 수출 가능한 잉여 곡물로 식량을 얼마나 확보하는가에서 찾을 수 있었다.

간단히 말해서, 신세계의 자원에 대한 유럽의 권리 주장은 위태로운 상태에 빠지고 있었다. 수확 체감의 법칙이 마침내 다시 위력을 발휘하고 있었고, 그 결과 유럽은 같은 양의 빵을 확보하려고 해마다 점점 더 많은 양의 다른 상품을 제공해야 했다. 따라서 유럽은 식량 공급의 주요 원천 중 어느 하나라도 와해되는 상황을 결코 용납할 수 없었다.

1914년 유럽 경제가 보인 특수한 모습을 그리려 할 때 다른 많은 내용도 이야기할 수 있을 것이다. 나는 서너 가지의 불안정 요소를 선택해 강조했다. 과도하게 많은 인구가 복잡하고 인위적인 조직에 생계 수단을 의존하기 때문에 발생하는 불안정성, 노동자계급과 자본가계급이 보이는 심리적 불안정성, 유럽이 신세계의 식량 공급에 절대적으로 의존하는 상황에 덧붙여 그 식량 공급에 대한 유럽의 권리 주장에서 발생하는 불안정성이 그것이다.

---

10 1914년 이후에도 미국의 인구는 700만에서 800만 명 정도가 증가했다. 1인당 연간 밀 소비량은 6부셸(bushel)보다 작지 않으므로, 미국의 전쟁 전 생산 규모가 현재의 국내 수요를 상당한 정도로 웃도는 해는 5년 중 1년 정도에 불과하다. 현재 우리를 구한 것은 1918년과 1919년의 풍작으로, 이 풍작은 허버트 후버(Herbert Hoover, 1874~1964)의 가격 보장에 힘입었다. 그러나 값을 지급하지 못하는 유럽에 밀을 제공하려고 미국이 자국의 생활비를 상당한 크기로 무한정 계속 증가시킬 수 있으리라 기대할 수는 없다. **옮긴이 주** 1부셸은 약 27~28킬로그램이다.

평화의 경제적 결과

전쟁은 유럽의 생명을 모두 위험에 빠뜨릴 정도로 이 체계를 흔들어놓았다. 유럽 대륙의 매우 큰 지역이 병들고 죽어가고 있었다. 이 지역 사람들은 사용할 수 있는 생계 수단에 비해 그 수가 너무 많고, 경제조직은 파괴되었으며, 운송 체계는 망가졌고, 식량 공급은 심각하게 훼손되었다.

파리평화회의의 임무는 약속을 존중하고 정의를 충족하는 것이었다. 그러나 그에 못지않게 사람들의 삶을 다시 세우고 상처를 보듬는 것도 그들의 임무였다. 이 임무들은 신중함을 따라, 그와 동시에 고대 사람들의 지혜가 전쟁의 승자에게 인정한 것 같은 관대함을 따라 지켜져야 할 것이었다. 이어지는 장에서 평화의 현실적 특성을 살펴보기로 하자.

제3장

파리평화회의

이 책의 제4장과 제5장에서는 독일과 체결한 평화조약에서 경제 및 재정과 관련한 조항을 상세히 살펴볼 것이다. 그러나 먼저 그 조항을 준비하는 과정에서 영향력을 행사한 인물들의 개인적 요소를 살펴보기로 하자. 그렇게 할 때 평화조약의 조항 중 많은 것이 실제로 어떤 상황에서 출발했는지를 이해하기 쉬울 것이기 때문이다. 이 과제를 시도할 때 불가피하게 동기의 문제를 건드리지 않을 수 없다. 그런데 동기의 문제에 관해서 당사자가 아닌 사람들은 곧잘 실수를 저지르며, 최종 판단을 내려야 하는 책임을 자신에게 부여할 자격도 갖고 있지 않다. 독자들의 눈에 이 장에서 가끔 내가 역사학자들은 습관적으로 택하지만 보통 사람들은 동시대 사람들에 관해 더 많이 알고 있음에도 그들에게 적용하기를 망설이는 재량을 행사하는 듯이 보일 것이다. 그러나 세계가 자신의 운명을 이해하려면 인간의 의지와 목적의 복잡한 투쟁, 아직도 끝나지 않은 그 투쟁을 밝혀줄 빛이 아무리 미약하고 선명하지 않더라도 얼마나 필요한가를 상기하는 독자라면 나를 양해해줄 것이다. 이제껏 찾아볼 수 없던 방식으로 네 명의 개인에게 집중된 투쟁으로 인해, 1919년의 첫 몇 달 동안 그들은 인류의 축소판이 되었다.

이 장에서 내가 관심이 있는 조약의 부분을 주도한 측은 프랑스였다. 가장 분명하고 가장 극단적인 제안을 제일 먼저 한 나라가 주로 프랑스였다는 의미에서다. 이것은 부분적으로는 전략의 문제였다. 최종 결과가 타협으로 마무리될 것으로 예상될 때, 한쪽으로 치우친 위치에서 시작하는 것이 종종 신중한 결정이다. 다른 대부분의 나라와 마찬가지로 프랑스는 처음부터 이중의 타협 과정을 예상했다. 무엇보다도 먼저 연합국과 관련국의 의견을 조율하는 과정, 둘째로 독일과 진행하는 평화 협상 자체의 과정이 그것이었다. 이 전략은 실제 진행된 협상 과정에서 효과가 입증되었다. 클레망소 수상은 가끔 자신의 장관들이 마련한 좀 더 극단적인 제안을 내던져버리면서 지적으로 공명정대한 것처럼 처신했고, 이를 통해 위원회의 동료들 사이에 중용의 귀감이 되어 명성을 얻었다. 그러나 미국과 영국이 당연하게도 무엇이 문제인지 명확히 모르는 내용에서는, 또는 미국과 영국이 프랑스의 우방국들로부터 줄기차게 비판을 받아서 마치 자신들이 부당한 주장을 하고 있고 언제나 적국의 편을 들면서 적국의 입장을 옹호하는 것처럼 보이는 내용에서는 많은 것이 통과되었다. 따라서 자국의 중대한 이익이 걸리지 않은 곳에서 영국과 미국의 비판은 느슨해졌다. 그런 가운데 프랑스 자신도 그리 중대하다고 판단하지 않은, 독일과 어떠한 논의도 허용하지 않는다는 회의 막판의 결정 때문에 수정의 기회를 박탈당한 일부 조항이 통과되었다.

그러나 전략과 별도로 프랑스는 확실한 방침을 갖고 있었다.

평화의 경제적 결과

클레망소는 클로츠나 루쉐르 같은 사람[1]의 주장을 몇 마디 말도 없이 폐기할 때나 프랑스의 이득이 더는 문제가 되지 않는 논의에서는 마치 피곤한 것처럼 눈을 감고 있을 때도 무엇이 결정적으로 중요한지 알고 있었고, 그런 사항에 관해서는 거의 양보하지 않았다. 평화조약의 중심적인 경제 조항에 지적인 사고가 담겨있다면, 그것은 프랑스의 사고, 클레망소의 사고다.

클레망소는 4인 위원회(Council of Four)에서 가장 이름이 알려져 있던 위원이었고 다른 동료 위원들의 속을 훤히 꿰뚫고 있었다. 어떤 견해를 갖고 있고 그 견해가 불러올 모든 결과를 고려하는 위원은 클레망소뿐이었다. 그의 나이·성격·위트·외모가 한데 어우러져, 그는 객관적인 인물, 혼돈된 상황에서도 매우 명확한 외곽선을 지닌 인물이라는 평가를 받았다. 사람들은 클레망소를 경멸하거나 싫어할 수 없었다. 단지 교양 있는 사람의 본질이 무엇인지 다시 생각해보거나, 적어도 다른 희망을 품는 정도였다.

클레망소의 생김새와 태도는 이제 많은 사람에게 친숙해져 있는 그 모습이었다. 4인 위원회에서 그는 끝자락이 사각형으로 마무리된, 고품질의 두꺼운 검정색 브로드클로스(broadcloth) 외투를 입었다. 회색 스웨이드 장갑을 끼었는데 회의에서 한번도 손이 밖으로 드러나는 일이 없었다. 그의 구두는 두꺼운 검정 가죽으로 만들

---

[1] 옮긴이 주 루이-뤼시앵 클로츠(Louis-Lucien Klotz, 1868~1930)는 프랑스 재무 장관 자격으로 파리평화회의에 참석했다. 루이 루쉐르(Louis Loucheur, 1872~1931)는 프랑스 산업부흥 장관으로 파리평화회의에서 클레망소 수상의 수석 경제 자문 역할을 했다.

어진 것이었고, 매우 값비쌌으나 시골풍이었다. 흥미롭게도 구두의 앞부분은 가끔 끈이 아니라 버클로 조여있었다. 4인 위원회는 윌슨 대통령 파리 거처의 한 방에서 정기적으로 모여 회의했다. (이 회의 와는 별개로 아래층에 있는 작은 회의실에서는 참관인 없이 자기들만 모 여 회의하고는 했다.) 이 방에 있는 클레망소 수상의 자리는 벽난로를 바라보는 반원형 공간의 한가운데에 놓인 사각형의 비단 의자였다. 그 왼쪽에는 오를란도[2] 이탈리아 수상이, 그리고 그 왼쪽으로 벽난 로 옆에 윌슨 대통령이, 클레망소 수상의 오른쪽으로 벽난로의 다 른 쪽 옆에 로이드 조지[3] 영국 수상의 자리가 있었다. 클레망소는

2　옮긴이 주 비토리오 에마누엘레 오를란도(Vittorio Emanuele Orlando, 1860~ 1952)는 1917~1919년에 이탈리아의 수상을 역임했다. 정치에 입문하기 전에 는 시칠리아의 팔레르모대학에서 법학 교수로 활동했다. 정치적으로는 자유주 의자로서, 1903년 조반니 졸리티(Giovanni Giolitti, 1842~1928) 내각에서 교 육 장관으로, 1907년에는 법무 장관으로 일했다. 1914년에는 안토니오 살란드라 (Antonio Salandra, 1853~1931) 내각에서 법무 장관을, 1916년에는 파올로 보젤 리(Paolo Beselli, 1838~1932) 내각에서 내무 장관을 역임했다. 1917년 10월 카 포레토(Caporetto)전투에서 이탈리아군이 참패한 책임으로 보젤리 수상이 사 임하면서 수상직을 이어받았다. 그는 이탈리아군에 이전보다 개선된 연금과 휴 가 정책을 제공하는 등 군 개혁을 통해 사기를 북돋웠다. 파리평화회의에서 '4인 방' 중 한 명이었으나 영어를 구사하지 못하고 국내에서 정치적 입지가 약화하 면서, 같이 이탈리아 대표로 참석한 외무 장관 시드니 손니노(Sidney Sonnino, 1847~1922)에게 중심 역할을 넘겨줬다. 평화회의에서 이탈리아가 목표로 삼았 던 달마티아(Dalmatia)나 퓨메(Fiume) 지역을 양도받지 못한 책임으로 1919년 6월 수상직에서 사임했다.
3　옮긴이 주 데이비드 로이드 조지(David Lloyd George, 1863~1945)는 1916~ 1922년에 영국의 수상직을 수행했다. 1890년에 웨일스 카나번(Caernarfon) 지 역구에서 자유당(Liberal Party) 하원 의원으로 당선된 후 55년 동안 의원직을 유 지했다. 1908년에 허버트 헨리 애스퀴스(Herbert Henry Asquith, 1852~1928) 가 수상직을 맡자 그를 이어 재무 장관(Chancellor of the Exchequer, 행정부 제 2인자)으로 임명되었다. 그는 복지 정책의 개혁을 시도했고 '1911년 국민보험

종이나 서류를 갖고 다니지 않았고 개인 비서도 데리고 다니지 않았다. 다만, 안건으로 올라온 특정 사항에 필요한 장관들과 관리들이 그의 주변에 앉아있고는 했다. 그의 걸음걸이, 그의 손짓, 그의 목소리가 박력이 없지는 않았지만 특히 암살 시도[4]가 있었던 후에는 중요한 경우를 위해 힘을 아끼고 있는 노인의 면모를 보였다. 그는 좀처럼 말을 하지 않았다. 프랑스에 관한 안건이 있는 경우 최초 진술은 그의 장관들이나 관리들이 발언하도록 했다. 종종 눈을 감은 채 양피지 같은 무표정의 얼굴로 의자 깊이 몸을 기대고는 했다. 회색 장갑을 낀 그의 두 손은 몸 앞으로 깍지를 끼고 있었다. 그가 말하는 짧은 문장은 어떤 때는 단호하고 어떤 때는 냉소적이었으나 대체로 충분한 효과를 발휘했다. 그 문장은 질문 형식을 띠거나, 프랑스 장관들의 체면 따위는 전혀 고려하지 않으면서 그들의 견해를 일거에 날려버리거나, 퉁명스럽게 던지는 몇 개의 영어 단어로 완고함을 더욱 두드러지게 하는 말들이었다.[5] 그러나 필요할 때는 말

법(National Insurance Act 1911)'을 통과시켜 영국의 현대적인 복지국가 체제를 수립했다. 1915년에는 군수부의 장관으로서 전쟁에 필요한 무기를 신속하게 확보했다. 1916년 12월에는 애스퀴스를 이어 수상직에 올랐다. 1918년 11월 독일의 항복을 받아낸 후광으로 1918년 12월에 시행된 총선에서 대승을 거뒀고, 1922년까지 수상으로 활약했다(당시 자유당 세력은 급속하게 약화하고 있었다. 그래서 로이드 조지는 자유당과 보수당의 연합을 시도했고, 애스퀴스는 연합을 반대했다. 연합을 반대한 자유당 후보는 대부분 낙선했다. 로이드 조지는 수상직을 역임한 마지막 자유당 의원이 되었다).

4 옮긴이 주 무정부주의자 에밀 코탱(Émile Cottin, 1896~1936)이 1919년 2월 19일 클레망소 수상을 총으로 암살하려 했다. 총알 하나가 클레망소 수상의 갈비뼈 사이에 박혔고, 총알을 제거하는 수술이 매우 위험하다는 판단에 클레망소는 1929년에 죽을 때까지 총알을 몸에 지니고 있어야 했다.

과 열정을 마다하지 않았다. 갑자기 쏟아지는 말은 종종 가슴을 쥐어짜는 듯한 갑작스러운 기침을 동반했고, 설득을 통하기보다는 강요와 기습 공격의 방식으로 사람들에게 인상을 남겼다.

많은 경우 로이드 조지 수상은 영어로 연설을 마친 다음 영어가 프랑스어로 통역되는 사이에 벽난로 앞 양탄자를 가로질러 윌슨 대통령에게 다가가고는 했다. 그러고는 특정 개인에 관해 사적 대화를 나누면서 자신의 주장을 강화하려 하거나 타협의 근거를 마련하려 했다. 이런 그의 행동으로 인해 회의장 전체가 소란과 무질서에 빠지는 일이 간혹 있었다. 먼저 윌슨의 보좌관들이 그를 에워쌌고, 잠시 후에 영국의 전문가들이 이야기의 결과가 무엇인지 알려고 회의장을 종종걸음으로 가로질러 왔다. 그다음에 프랑스인들이 다른 나라가 자기들 뒤에서 무슨 일을 꾸미지나 않나 하는 의심

5 네 명의 위원 중에서 프랑스어와 영어를 모두 말할 수 있는 사람은 클레망소 수상뿐이었다. 오를란도 수상은 프랑스어로만, 로이드 조지 수상과 윌슨 대통령은 영어로만 말했다. 오를란도 수상과 윌슨 대통령이 서로 직접 의사를 소통할 방법이 없었다는 사실은 역사적으로 중요하다. **옮긴이 주** 오를란도 수상은 이탈리아의 수석대표였으나 영어를 말할 수 없었다. 당시 오를란도 수상은 이탈리아 국내 정치에서 세력이 약화한 상태이기도 했다. 반면에, 대표단에 참여한 외무 장관 시드니 손니노는 어머니가 웨일스 사람이었기에 영어에 능통했다. 따라서 평화회의에서 실질적으로 더 큰 힘을 발휘한 사람은 손니노였다. 오를란도 수상은 1915년 연합국과 체결한 비밀 조약에서 약속받은 (현재 크로아티아의 아드리아 해 연안 지방인) 달마티아를 포기하고 그 대신 이탈리아에서 퓨메라 불리는 리예카(Rijeka)를 할양받기를 주장했으나, 손니노는 원래 런던조약에 따라 달마티아를 할양받아야 한다고 주장했다. 이탈리아 내부에서도 합의가 이뤄지지 않았고, 윌슨 대통령이 국가 간에 비밀로 체결된 모든 조약이나 협약을 인정하지 않는다고 주장했기에, 최종적으로 이탈리아는 조약에서 달마티아도 퓨메도 할양받지 못했다. 베르사유조약이 최종 체결되기 며칠 전에 이탈리아에서 오를란도는 수상직을 사임했고, 손니노 외무 장관이 이탈리아를 대표해 조약에 서명했다.

평화의 경제적 결과

속에서 그곳으로 모여들었고, 이제 회의장은 그들의 발소리로 가득 차고 대화가 두 나라 언어로 진행되는 경우가 보통이었다. 나에게 마지막으로 그리고 가장 생생하게 남아있는 기억은 바로 그런 장면이다. 윌슨 대통령과 로이드 조지 수상을 중심으로 무리가 점차 커지면서 회의장은 소리의 바벨탑[6]이 되었다. 어쨌거나 비현실적인 문제에 대해서 엄청난 양의 열정적인 타협과 절충이 그 자리에서 즉흥적으로 만들어졌지만, 그 소란과 격노는 아무 의미도 없는 것이었다. 이 와중에 클레망소는 한구석에서 혼자 조용히, 예의 회색 장갑을 끼고 비단 의자에 마치 왕처럼 앉아있었다. 프랑스의 안전을 건드릴 문제가 전혀 없었기 때문이다. 그의 영혼은 메말라 있고 모든 희망을 잃어버린 것같이 보였다. 늙고 지친 모습이었다. 그러나 그는 회의장에서 일어나는 일을 냉소적이고 거의 장난꾸러기 같은 모습으로 꼼꼼히 뜯어보고 있었다. 드디어 회의장이 조용해지고 사람들이 자기 자리로 돌아갈 때면, 그는 이미 사라지고 없었다.

---

6 옮긴이 주 케인스가 사용한 표현("a babel of sound")은 보통 '왁자지껄한 소리'를 뜻하는 관용구다. '소리의 바벨탑'으로 번역한 이유는 여기서 케인스가 바벨탑(Tower of Babel)과 연결되는 은유를 사용하고 있기 때문이다. 〈창세기〉 11장에 따르면, 처음에 세상은 "온 땅의 언어가 하나요 말이 하나"였다. 그러나 사람들이 (한 언어로 소통하면서) 하늘에 닿는 탑을 쌓으려는 오만함을 보이자 여호와는 이것이 "이 무리가 한 족속이요 언어도 하나이므로" "그들의 언어를 혼잡하게 하여 그들이 서로 알아듣지 못하게" 만들었다. 케인스는 '소리의 바벨탑'이라는 표현을 통해, 파리평화회의에서 대표들이 서로 다른 언어를 사용하면서 소통하지 못하는 사실 외에도 각자 자국의 이해만을 추구하면서 분열되어 있는 모습을 은유한다. 개역개정판 《구약성서》 참조.

클레망소가 프랑스에 대해 느끼는 감정은 페리클레스[7]가 아테네에 대해 느낀 것과 같았다. 프랑스가 지닌 고유한 가치 외에 아무것도 중요하지 않았다. 그러나 그의 정치 이론은 비스마르크[8]의 정치를 닮았다. 그에게는 하나의 환상이 있었다. 프랑스라는 환상. 그리고 하나의 환멸이 있었다. 프랑스인을 포함하는, 자기와 지금 같이 일하는 사람들도 예외가 아닌, 인류에 대한 환멸. 평화를 위한 그의 원리는 간단하게 표현될 수 있다. 무엇보다도 그는 독일인의 심리에 관한 견해 하나를 굳건히 믿고 있었다. 독일인은 협박 외에는 아무것도 이해하지 않고 이해할 수도 없으며, 협상에서 어떤 관용이나 후회도 보이지 않고, 상대방을 기회 삼아 이득을 얻을 수 있으면 반드시 그렇게 하며, 이익이 되는 것이라면 그것을 위해 자신을 낮추는 일도 서슴지 않고, 명예나 자존심이나 자비심이 전혀 없다

---

7 옮긴이 주 페리클레스(Perikles, 기원전 495?~기원전 429)는 '아테네 황금기'를 이끈 아테네의 정치가이자 군인이다. 기원전 461년에서 기원전 429년까지 아테네를 통치했고, 생애 말기에는 스파르타와 치른 펠로폰네소스전쟁(기원전 431~기원전 404) 초기에 아테네를 이끌었다. 통치 기간에 예술과 문학을 장려했고, 아테네를 고대 그리스 문명의 중심지로 만들었다. 그의 통치 기간에 아테네는 고대 민주주의의 발상지가 되었다. 역사가 투키디데스는 페리클레스를 '아테네의 제1 시민'으로 불렀다.

8 옮긴이 주 오토 폰 비스마르크(Otto von Bismarck, 1815~1898)는 '철의 재상(the Iron Chancellor)'으로 알려진 독일의 정치가다. 1806년 신성로마제국이 와해된 후, 제국에서 독일어를 사용하던 지역은 1871년 독일제국(Deutsches Kaiserreich, 1871~1918)으로 통일되었다. 비스마르크는 1871년 이전에는 프로이센 정치가로 덴마크(1864), 오스트리아(1866), 프랑스(1870)와 전쟁을 일으켰고 모두 승리했다. 이 승리를 통해 독일제국이 탄생했고, 비스마르크는 1871년부터 1890년까지 독일제국의 최초 재상을 역임했다. 비스마르크는 민주주의를 믿지 않았고, 전통적인 지주계급인 융커계급을 중심으로 한 강력한 관료제를 운영했다.

평화의 경제적 결과

는 견해가 그것이다. 따라서 독일인과 협상하거나 독일인을 달래는 일은 절대로 하면 안 되고, 그들에게는 명령이 가장 좋은 방법이었다. 명령이 아닌 다른 조건에서는 그 조건이 어떤 것이든 독일인은 상대방을 존경하지 않으며, 그들이 상대방을 기만하는 일을 막기란 불가능하다. 그러나 그가 이런 성질이 독일인에게 얼마나 특유하다고 생각했는지, 다른 나라에 대한 그의 견해가 과연 이와 근본적으로 다른지에는 의문의 여지가 많다. 다시 말하면, 그의 철학에는 국제 관계에서 '감성'이 차지할 공간이 전혀 없었다. 국가는 실질적인 존재다. 즉, 사람들은 특정한 하나의 국가만을 사랑하고 나머지 다른 국가들은 무차별한 존재, 혹은 증오의 대상으로 느낀다. 자신이 사랑하는 국가가 영광을 얻는 것은 바람직한 목표다. 그러나 이것은 대체로 옆 나라의 희생을 통해 이뤄진다. 힘의 정치가 불가피하다. 이번의 전쟁이나 그 전쟁이 삼은 목표가 무엇인지에 대해서는 새롭게 배울 것이 없다. 영국은 지난 세기마다 그랬듯이 무역 경쟁국을 파괴했고, 독일의 영광과 프랑스의 영광 사이의 세속적 갈등에 관한 이야기에는 하나의 장이 장엄하게 마무리되었다. 신중함을 기하려고 어리석은 미국과 위선적인 영국의 '이상'을 어느 정도 입 발림해줄 필요가 있었다. 그러나 현실 그대로의 세계에서 국제연맹(the League of Nations) 같은 사항이 끼어들 공간이 충분히 있다고, 혹은 민족자결의 원칙이 자국의 이익을 확보하려고 힘의 균형을 재배치하기 위한 기발한 공식이라는 점 외에 다른 의미를 갖는다고 믿는다면, 그것은 어리석은 짓일 것이다.

　　그러나 이런 것은 일반적인 사항에 관한 이야기다. 클레망소가 프랑스의 힘과 안보에 필요하다고 생각한 평화조약의 실용적인 상세 조항을 추적하려면 그의 생애 기간에 일어났던 역사적 원인으로 거슬러 올라가야 한다. 프랑스-독일전쟁[9] 이전에 프랑스와 독일의 인구는 얼추 같았다. 그러나 독일의 석탄·철·선박 산업은 아직 유아기에 머물렀고, 프랑스의 국부는 독일에 비해 훨씬 더 컸다. 프랑스가 알자스-로렌 지역을 독일에 잃고 난 후에도 두 나라 사이에 실질적 자원에는 거의 차이가 없었다. 그러나 그 이후 전쟁 전까지 두 나라의 상대적인 위치는 완전히 뒤바뀌었다. 1914년에 이르자 독일의 인구는 프랑스 인구보다 70퍼센트나 더 많아졌다. 독일은 제조업과 무역업에서 세계에서 가장 큰 규모의 나라 중 하나가 되었고, 생산 기술력과 미래 국부 생산을 위한 수단에서 독일을 능가하는 나라는 없었다. 반면에, 프랑스는 인구가 정체되어 있거나 감소하고 있었고, 국부의 규모와 국부를 생산해낼 능력에서 다른 나라에 비해 심각하게 뒤져있었다.

따라서 현재의 투쟁에서 (이번에는 영국과 미국의 도움으로) 프

---

9 옮긴이 주 프랑스-독일전쟁(Franco-German War)은 프로이센-프랑스전쟁(Preussen-France War)으로도 불린다. 1870년 7월부터 1871년 1월까지 프랑스 제2공화국과 북독일연방(프로이센을 중심으로 당시 독일어권의 독립국가였던 바덴과 뷔르템베르크, 바이에른, 헤센-다름슈타트가 결성한 연방) 사이에 있었던 전쟁을 일컫는다. 1866년 프로이센이 오스트리아와의 전쟁에서 승리하자 유럽의 패권이 프로이센으로 넘어갈 것을 염려한 프랑스가 프로이센을 침략하면서 발발했다. 전쟁 중에 비스마르크는 오스트리아와 독일어권 스위스를 제외한 독일어권의 독립국가들을 통일해 독일제국을 만들었다. 전쟁은 북독일연방의 승리로 끝났고, 독일은 전쟁배상금을 받는 것 외에 알자스 지역과 로렌 지역 일부를 독일에 합병했다.

평화의 경제적 결과

랑스가 승리했을지라도 유럽의 내전은 언제나 있는 일이거나 적어도 계속 반복될 것임을 받아들여야 하며, 지난 100여 년 동안 조직적인 강대국들 사이에서 벌어진 투쟁이 반드시 다시 일어날 것이라고 믿는 사람들의 눈에 프랑스의 미래가 차지할 위치는 매우 불안해 보였다. 이런 견해에서 볼 때, 유럽의 역사는 영원히 지속되는 내기 싸움이어서 이번에는 프랑스가 이겼으나 이번이 마지막 싸움이 되지 않으리라는 것이 분명했다. 프랑스와 클레망소의 정책은, 구질서는 항상 똑같은 인간 본성에 기초해 있으므로 본질적으로 바뀌지 않는다는 믿음, 그러므로 국제연맹으로 대표되는 원칙은 모두 믿지 못하겠다는 태도에서 논리적으로 도출되었다. 왜냐하면 윌슨 대통령의 14개 조항[10] 같은 '이데올로기'에 기초한 관용의 평화, 즉 모든 당사국이 공정하고 평등하게 대우받는 평화는 독일이 회복하는 기간을 단축하고 독일이 다시 더 많은 인구, 그리고 더 뛰어난 자원과 기술력을 바탕으로 프랑스를 침략할 날을 재촉하는 효과만을 가질 수 있기 때문이다. 따라서 '보증'이 필요했다. 그리고 그렇게 해서 설정된 보증 하나하나는 독일을 점점 더 자극하고 독일이 후에 보복 조치를 할 가능성을 키웠기 때문에, 이제는 아예 독일을 짓밟아버릴 추가적인 조치가 필요해졌다. 이런 세계관이 채택되고

---

10 옮긴이 주 14개 조항(Fourteen Points)은 국가 간 전쟁을 종식하고 평화를 유지하는 데 필요하다고 윌슨 미국 대통령이 1918년 1월 미국 의회 연설에서 천명한 14개 원리를 말한다. 국가 간 비밀 조약 폐기, 군축, 식민지 정치 조정, 무역 장벽 제거, 민족자결 등의 내용을 담았고, 종합적으로 "세계의 크고 작은 모든 국가의 정치적 독립과 통치 영역의 온전성"을 보장하기 위한 국제기구(즉, 국제연맹)의 창설을 주장했다.

다른 세계관이 폐기되면 카르타고식 평화(Carthaginian Peace)[11]에 대한 요구는 불가피해진다. 현재 한시적인 힘밖에 갖고 있지 않은 국가가 그런 평화를 강제할 정도로, 최대로, 말이다. 클레망소는 자신이 14개 조항에 얽매여 있다고 시늉할 생각이 전혀 없었고, 가끔 윌슨의 양심이나 체면을 지켜주는 데 필요한 정도의 급조된 계획은 주로 다른 사람들이 발언하도록 만들었다.

따라서 가능한 한 최대로 시곗바늘을 거꾸로 돌려놓는 것, 1870년 이후 독일이 발전하면서 이뤄놓은 것을 모두 원상 복귀시키는 것이 프랑스의 정책이었다. 영토를 할양하는 등의 방법을 통해 독일의 인구는 줄어들 것이었다. 그러나 독일이 새로운 국력을 키우는 바탕이 된 경제 체계, 즉 철강·석탄·운송 산업을 기초로 세워진 방대한 조직을 먼저 와해해야만 했다. 만일 강제로 독일이 내놓는 것을 일부나마 프랑스가 차지할 수 있다면 유럽의 패권을 노리는 두 경쟁국 사이에 존재하는 힘의 불균형이 앞으로 많은 세대에 걸쳐 바로잡혀져 있을 것이었다.

바로 여기에서 다음 장에서 살펴볼 매우 조직적인 경제 체계를 파괴하기 위한 조항이 겹겹이 나왔다.

이것은 한 노인의 정책이다. 이 노인이 지닌 가장 생생한 인상

---

11 **옮긴이 주** 지중해의 패권을 놓고 로마와 카르타고는 크게 세 번의 전쟁(포에니전쟁)을 치렀다. 기원전 149년에서 기원전 146년의 기간에 치른 제3차 포에니전쟁에서 로마는 카르타고 도시를 완전히 초토화하고 그곳 사람들을 대부분 죽이거나 노예로 삼았다. 이렇게 패전한 쪽을 잔혹한 방식으로 다뤄서 얻는 '평화'를 지칭하기 위한 표현으로, 케인스가 처음 사용했다.

평화의 경제적 결과

과 가장 활기찬 상상은 과거의 것이지 미래의 것이 아니다. 그는 문제를 프랑스와 독일의 차원에서 본다. 그에게 문제는 인류의 문제도 아니고, 새로운 질서를 향해 고군분투하는 유럽 문명의 문제도 아니다. 전쟁은 우리 영국인의 의식을 뜯어먹은 것과 다소 다른 방식으로 그의 의식을 뜯어먹었다. 그에게는 인류가 새로운 시대의 문턱에 서 있다는 기대나 희망이 전혀 없다.

그러나, 실제로 그랬듯이, 문제가 되는 것은 이상적인 질문만이 아니다. 이 책에서 나의 목적은 카르타고식 평화는 실천의 면에서 옳거나 가능하지 않음을 보이는 것이다. 카르타고식 평화의 이론적 원천이 되는 사상은 경제적 요인은 알고 있으나 미래를 지배할 좀 더 깊은 곳에서 흐르는 경제적 경향을 도외시하고 있다. 시곗바늘은 되돌릴 수 없다. 중부 유럽은 1870년으로 되돌려놓을 수 없다. 그렇게 한다면 유럽의 구조에는 엄청난 압박이 가해지고 인간적 힘과 정신적 힘이 느슨하게 풀려서, 그 압박과 힘은 국경과 민족을 넘어서 당신 프랑스와 프랑스를 위한 '보장'뿐 아니라 프랑스의 제도 그리고 프랑스 사회의 기존 질서마저 압도해버릴 것이다.

어떤 술수로 이 정책이 14개 조항을 대체하고, 어떻게 윌슨은 그것을 받아들였는가? 이 질문에 대한 대답은 쉽지 않다. 대답은 당사자들의 성격과 심리 상태의 요소에, 그리고 주위 환경의 미묘한 영향에 따라 달라진다. 그런데 그런 것은 확인하기 힘들고 묘사하기는 더욱 힘들다. 그러나 만일 단 한 명 개인의 행동이 중요하다면, 그것은 윌슨의 실패다. 윌슨의 실패는 역사에 결정적인 도덕적 사건 중 하나로 기록될 것이다. 그렇기에 나는 그 실패에 관해 설명하지 않을 수 없다. 윌슨 대통령이 '조지 워싱턴'호를 타고 유럽에 건너왔을 때 세계는 그에게 얼마나 큰 애정과 희망을 보였는가! 유럽의 승리가 보이기 시작한 시기에 그토록 위대한 인물이 유럽에 건너왔다니!

1918년 11월 포슈[12] 장군의 군대와 윌슨의 연설은 우리 유럽인이 중요시하는 것을 모두 삼켜버리고 있던 상태로부터 우리를 해방했다. 상황은 기대를 훨씬 뛰어넘는 수준으로 유리해 보였다. 승리가 워낙 완벽했기에 전쟁 후 합의에서 공포는 아무런 역할을 할 필요가 없었다. 적(敵)은 평화조약의 일반적 성격을 담은 엄숙한 약속을 믿고 무기를 내려놓았다. 그들에게는 이 약속의 조항이 정의와 아량에 근거한 합의, 그리고 현재의 파괴된 삶이 복구될 것이라는 무리 없는 희망을 보장하는 것으로 보였다. 이런 보장을 확실한 것으로 만들려고 윌슨 대통령이 자기 작품에 최종 도장을 찍으러 직접 유럽으로 오고 있었다.

워싱턴을 떠날 때 윌슨은 세계 곳곳에서 역사에 유례가 없을 정도로 명망이 높았고 도덕적 영향을 미치고 있었다. 대담하고 치밀한 그의 말은 유럽 사람들에게 유럽의 정치인들이 하는 말보다 더 가깝게 들렸다. 적국의 사람들은 윌슨이 그들과 한 약속을 이행할 것이라 믿었고, 연합국 사람들은 그를 단순히 승리자가 아니라

---

12 옮긴이 주 페르디낭 포슈(Ferdinand Foch, 1851~1929)는 프랑스의 장군으로, 제1차세계대전에서 1918년 3월부터 연합군 최고사령관으로 활약했다. 독일의 봄철 총공세에 맞서 연합군의 반격을 총지휘해 최종 승리를 굳혔고, 1918년 11월 휴전협정을 이끌어냈다.

평화의 경제적 결과

거의 예언자로 받아들였다. 이런 도덕적 영향력에 덧붙여 정치적 힘의 실재적 상황도 그의 손안에 있었다. 미국 군대는 그 숫자·군기·장비에서 최고 수준에 있었다. 유럽은 미국의 식량 원조에 완전히 의존하고 있었고, 재정에서는 그보다 더 절대적으로 미국의 자비에 목을 매고 있었다. 유럽이 미국에 지고 있는 부채는 이미 유럽이 갚을 수 있는 수준을 넘어섰다. 그뿐 아니라 지금보다 훨씬 더 많은 원조가 있어야만 유럽은 기아와 재정 파산을 피할 수 있었다. 역사상 그 어떤 철학자도 세상의 군주들을 그런 방식으로 옭아맬 무기를 가져본 적은 없었다. 유럽 여러 나라의 수도에서 얼마나 많은 군중이 윌슨 대통령이 탄 마차로 모여들었던가! 모든 호기심과 불안감과 희망을 품은 채 사람들은 그들의 운명을 정할 사람이 지닌 모습과 태도를 보기 원했다. 서쪽에서 이곳으로 온 이 사람이야말로 문명의 옛 부모가 당한 상처를 치료하고 그들에게 미래의 토대를 마련해줄 사람이었다.

기대는 너무도 완벽하게 무너졌다. 신뢰를 보냈던 사람 중 일부는 그것에 대해 말하는 것마저 꺼렸다. 그게 정말 사실일 수 있을까? 파리에서 돌아온 사람들에게 질문이 쏟아졌다. 평화조약이 지금 알려진 대로 그렇게 엉망인가? 윌슨에게 도대체 무슨 일이 일어났는가? 어떤 약점, 어떤 불행 때문에 윌슨이 이토록 정도에서 벗어나고 전혀 바라지 않았던 배신을 한 것일까?

그러나 배신의 원인은 평범하고 인간적이었다. 윌슨 대통령은 영웅도, 예언자도 아니었다. 철학자는 더욱 아니었다. 그냥 아량 넓은 의도를 지녔으면서 다른 사람들처럼 수많은 약점을 지닌 한 명의 인간이었을 뿐이다. 그가 위원회에서 얼굴을 맞보며 협상하던 사람들은 속도전으로 서로 주고받는 게임에서 힘과 개성이 눈부시게 부딪치는 가운데 게임의 승자로 올라선 교묘하고 위험한 웅변가였다. 윌슨은 이런 사람들을 다루는 데 필요한, 좌중을 압도하는 지적 자질을 갖추고 있지 않았다. 그는 그런 게임에 전혀 경험이 없었다.

실제로 사람들은 윌슨에 대해 상당히 잘못 생각하고 있었다. 그가 혼자서도 잘 지내고 초연한 심성을 지녔다고 알고 있었고, 의지가 매우 강하고 고집이 세다고 믿었다. 사람들은 그가 세부 사항에 강한 사람이라고는 생각하지 않았다. 그러나 몇몇 중심 아이디어에 대해 그가 견지했던 명료함을 보고는, 그 명료함이 그의 끈기와 결합하면 그가 거미줄 같은 협상 과정을 시원하게 휩쓸고 지나갈 수 있으리라 생각했다. 이런 장점 외에도 사람들은 그가 객관적이고, 교양 있고, 학자로서 가질 폭넓은 지식을 지녔다고 생각했다. 그의 유명한 연설 각서[13]에서 나타난 멋진 언어적 특성은 그가 출중하고 박력 있는 상상력을 지닌 사람이라는 인상을 주었다. 그의 초상화를 보면 그는 멋진 풍채와 좌중을 압도하는 연설가처럼 보였다. 이 모든 특성을 통해 그는 정치가의 기교를 그냥 지나치지 않는

---

13 옮긴이 주 여기서 케인스가 언급하는 연설은 윌슨 대통령이 1918년 1월 8일 의회에서 한 연설을 말한다. 윌슨은 이 연설에서 세계 평화를 위한 '14개 조항' 프로그램을 제안했다. 여기서 윌슨은 속기로 적은 메모(각서)를 사용했다. 이 속기 사진은 다음 웹페이지에서 볼 수 있다. https://history.iowa.gov/history/education/educator-resources/primary-source-sets/world-war-i-evaluating-americas-role-global/woodrow-wilson-14

나라에서 점차 권위를 높여가면서 최고의 자리를 획득하고 유지했다. 현재의 문제를 푸는 데 적합한 성질이 멋지게 모여있는 것처럼 보였다. 사람들이 불가능한 결과를 기대한 것이 아니었다.

밀폐된 공간에서 윌슨이 보여준 첫인상은 이런 환상을 일부 무너뜨렸다. 그러나 환상 전부가 없어진 것은 아니다. 그의 머리와 풍채는 조각칼로 깎은 듯했고 사진에서 보는 것과 똑같았다. 목의 근육과 머리의 움직임은 두드러져 보였다. 그러나 오디세우스처럼, 윌슨은 앉아있을 때 더 현명해 보였다.[14] 그의 손은 솜씨 좋고 상당히 강했으나 예민함이나 섬세함은 없었다. 다른 것은 모르겠지만 대통령을 처음 봤을 때 그의 기질이 근본적으로 학생이나 학자의 기질은 아니라는 것, 그리고 그것을 넘어 클레망소 수상이나 밸푸어[15] 장관을 자기 계급과 세대를 대표하는, 우아한 교양을 갖춘

---

14 옮긴이 주 이 언급은 오디세우스와 세이렌에 관한 것이다. 오디세우스의 배가 섬 근처로 오자 세이렌들은 다음처럼 노래한다. "아카이아의 자랑인 오디세우스여, 이리로 오세요. 그리고 우리의 노래를 들으세요. 우리 섬에 머물러 마음을 휘어잡는 달콤한 우리 노래를 들으세요. 그렇지 않고 지나간 배는 지금까지 하나도 없었답니다. 우리 노래를 듣는 사람들은 황홀경에 빠질 뿐 아니라 더 현명해져서 가던 길을 갑니다. 우리는 트로이아전쟁 이전에 아르고스와 트로이아 사람들에게 신들이 없어준 모든 불행을 알고 있기 때문이지요. 게다가 세상에서 일어날 일을 모두 당신에게 말해줄 수 있어요." 그러나, 잘 알려져 있듯이, 오디세우스는 자기를 제외하고 선원들을 모두 밀랍으로 귀를 막게 하고 자신은 돛대에 묶어놓아 세이렌의 노래를 들으면서도 그들의 섬으로 가까이 가지는 않는다. 오디세우스가 자신을 묶어놓는 (즉, 자리에 앉아있는) 결정은 세이렌이 말한 '더 현명함'을 뛰어넘는 현명함을 보인다. 또 이 표현은 윌슨 대통령의 파리 저택에 모여 진행한 4인 위원회 회의에서 윌슨이 거의 항상 자신의 의자에 앉아있었다는 사실을 배경에 깔고 있다. 윌슨이 자리에서 일어나 발언한 예외적인 예는, 어느 날 오전 다른 위원들이 그를 '친독일'이라 비판하자 그날 오후 자신이 왜 '친독일'이 아니고 자신의 입장이 세계와 인류를 위한 것인지에 대해 연설했을 때 정도다.

인물로 보이게 하는 것 같은 세상의 교양조차 갖추지 못한 것 같다는 인상을 받았다. 그러나 이런 것보다 더 심각한 사실이 있다. 윌슨은 자기 외부에 있다는 의미에서 주위 환경에 무감각했을 뿐 아니라, 자신을 둘러싼 모든 것에 무관심했다. 그런 사람이 어떻게 자기 근방에 있는 모든 사람에게 거의 영매(靈媒)처럼 빈틈없는 섬세함을 보인 로이드 조지 수상을 감당할 수 있었겠는가. 로이드 조지 영국 수상은 평범한 사람들에게는 없는 제6의 혹은 제7의 감각으로 주위 사람들을 관찰하고 그들의 성격과 동기와 잠재의식 속 충동을 판단했다. 그 사람들 각자가 어떤 생각을 하고 있는지, 심지어는 각자가 다음에 무슨 말을 할지 파악했다. 그러고서는 텔레파시 같은 본능으로, 자기 주위에 있는 청중의 허영심이나 약점 혹은 이기심에 가장 적합한 내용으로 호소하거나 논의를 이끌었다. 그런 로이드 조지였기에 그는 윌슨 대통령이 이 파티에서 불쌍하게도 까막잡기(blind man's buff) 놀이의 술래 역할을 하리라는 점을 알아챘다. 회의장에 발을 들여놓은 사람 중에 로이드 조지 수상의 마지막 성과를 장식할 희생물로 윌슨보다 더 완전하고 운명이 예정된 사람은 없었다. 어쨌든 구세계는 사악함에 있어 강력했다. 구세계의 돌 같은 심장은 그 어떤 용감한 방랑 기사(knight-errant)의 아무리 날카로운 칼날이라도 무디게 만들었을 것이다. 그런데 앞도 보지 못

---

15 **옮긴이 주** 아서 제임스 밸푸어(Arthur James Balfour, 1848~1930)는 로이드 조지 정부에서 외무 장관직을 맡았다. 1917년 팔레스타인 지역에 '유대인의 고향'을 인정한 밸푸어선언으로 유명하다. 1902년에서 1905년 사이에는 수상으로 활동했다.

평화의 경제적 결과

하고 소리도 듣지 못하는 이 돈키호테는 재빠르고 반짝이는 칼날이 적의 손에 들려있는 동굴로 들어가고 있었다.

월슨 대통령이 철학자 왕이 아니라면 어떤 존재였을까? 모든 것을 따져봤을 때, 월슨은 삶의 대부분을 대학에서 보낸 사람이었다. 그는 결코 기업가도 아니고 평범한 정당 정치인도 아니었다. 그는 박력 있고 개성 있는 중요한 인물이었다. 그렇다면 그의 기질은 어땠을까?

이에 대한 단서는 일단 한번 알려지자 사람들에게 많은 것을 말해줬다. 대통령은 비국교도 목사, 어쩌면 장로교 목사 같았다. 본질적으로 그의 사고방식과 기질은 지적이라기보다는 신학적이었다. 그에게는 사고·감정·표현의 신학적 방식이 지니는 장점과 단점이 모두 존재했다. 그 신학적 방식은 잉글랜드와 스코틀랜드에서 이제는 이전에 지녔던 찬란한 모습을 잃어버린 유형이다. 그럼에도 위와 같이 묘사하더라도 일반적인 영국인이라면 월슨 대통령이 보이는 가장 특이한 인상을 쉽게 파악할 것이다.

월슨 대통령에 관한 이런 그림을 염두에 두고 이제 실제 사건의 추이로 돌아가자. 월슨 대통령이 세계를 위해 그의 연설과 연설 각서에서 제시한 구상에는 매우 존경할 만한 정신과 목적이 펼쳐져 있었다. 그랬기에 그에 동감하는 사람들이 가장 바라지 않았던 것은 그 구상의 세부 사항에 대한 비판이었다. 그들이 느끼기에 그 세부 사항은 현재로서는 정당한 이유로 채워지지 않았으나 일이 진행되면서 적절한 시기에 완전히 채워질 것이었다. 파리평화회의가 시작될 때 사람들은 대체로 월슨 대통령이 수많은 자문가의 도움을 얻어 국제연맹뿐 아니라 14개 조항을 실제 평화조약에 구체화할 포괄적인 계획을 꼼꼼히 준비했으리라고 생각했다. 그러나 막상 뚜껑을 열어보니 대통령은 아무것도 준비하지 않았음이 드러났다. 실제로 협상이 진행되자 그의 아이디어는 막연하고 불완전한 것으로 드러났다. 그에게는 백악관에서 천둥과 같은 목소리로 내놓은 계율에 살아 움직이는 몸으로 옷을 입힐 어떠한 계획도, 전략도, 건설적인 아이디어도 없었다. 그 계율 중 어떤 것이라도 설교할 수 있었고, 그것이 실현되기를 바라는 기도를 전능하신 하나님에게 국가원수로서 드릴 수 있었을 것이다. 그러나 윌슨은 그 계율을 유럽의 현실에 구체적으로 적용하기 위한 틀을 짜지 못했다.

윌슨은 세부 사항에서 아무런 구체적인 생각이 없었던 것만이 아니다. 그는 여러 면에서, 어쩌면 불가피했을 수 있지만, 유럽의 상황에 대한 정보도 제대로 얻지 못하고 있었다. 그런데 정보가 불완전했던 것에서 그치지 않았다. 상황은 로이드 조지 수상도 마찬가지였다. 그에 더해 윌슨은 셈이 느렸고 상황에 적응하지 못했다. 윌슨의 둔함은 유럽인의 눈에 매우 두드러져 보였다. 그는 다른 사람들이 말하는 내용을 재빨리 알아듣지 못했고, 상황을 한눈에 파악하지도 못했으며, 답변을 조리 있게 하거나 임기응변으로 대처하지도 못했다. 따라서 그는 로이드 조지 같은 사람이 지닌 재빠름, 이해력, 민첩함 앞에서 늘 밀릴 수밖에 없었다. 최고의 정치가 중 윌슨 대통령만큼 위원회 회의에 필요한 민첩함에서 능력이 떨어지는 사람은 찾아보기 힘들었다. 약간의 양보하는 기색으로 상대방의 체면을 살려주거나 상대방에게는 도움이 되지만 나에게는 본질적으로 아무런 손해 없는 방식으로 내 주장을 달리 표현해 상대방을 달랠 수 있다면 내 손안에 실질적인 승리를 거머쥐는 순간이 종종 찾아온다. 윌슨 대통령에게는 이 간단하고 쓸모 있는 기교가 없었다. 그의 판단은 너무 느렸고, 지략은 모자랐다. 그 결과 그는 아무런 대안도 제시하지 못했다. 윌슨 대통령은 퓨메 지역과 관련해 그랬던 것처럼 요지부동으로 자기 의견을 조금도 양보하지 않는 능력은 있었다. 그러나 그것 말고는 그 어떤 방어 수단도 없었다. 윌슨이 상황에 관해 정확하게 판단했을 때는 이미 너무 늦어버린 경우가 보통이었고, 그렇게 만들려고 상대방은 약간의 계책만 사용하면 되었다. 상대방이 유쾌하게 대하고 화해의 겉모습을 보이면 윌슨 대통령은 분위기에 넘어가 자신의 입장에서 물러나곤 했고, 자신의 견해를 완강하게 견지해야 할 순간을 놓치고는 했다. 윌슨이 실제 상황이 어떤지 알아챘을 때는 이미 너무 늦어있었다. 더군다나 가까운 사이의 동료들끼리 몇 달 동안 긴밀하고 표면상으로나마 우호적인 대화를 나누다 보면 처음부터 끝까지 강경한 입장을 고수하기가 불가능하다. 이럴 때는 항상 분위기 전반을 그때그때 충분히 파악하면서 화력을 비축해뒀다가 결정적인 행동을 취해야 할, 매우 드물게 나타나는 정확한 순간을 확실하게 인지하고 있는 사람만이 승리를 거머쥘 수 있었을 것이다. 그러기에는 윌슨은 셈이 너무 느렸고, 당황한 기색이 역력했다.

윌슨은 자신의 이런 결점을 참모들의 집단적 지혜를 빌려 바로잡으려 하지 않았다. 평화조약 중 경제에 관한 항목을 결정하려고 그가 자기 곁으로 불러들인 사람들은 매우 유능한 기업인이었다.

그러나 이 기업인들은 공적인 일에 경험이 없었고 (한두 명의 예외가 있었지만) 윌슨처럼 유럽에 대해 거의 알지 못했다. 게다가 윌슨은 그들을 특정한 사항과 관련해 필요할 때만 부정기적으로 불러들였다. 따라서 워싱턴에서 효과를 보았던 초연함이 그대로 유지되었고, 비정상적일 만큼 내성적인 그의 성격 때문에 도덕적으로 자기와 동등하기를, 또는 자신에게 계속 영향을 미치기를 원하는 사람을 곁에 두지 못했다. 그와 동행한 전권대사들은 허수아비였다. 그는 하우스[16] 대령을 신뢰했다. 하우스 대령은 주위 사람들과 유럽에 대해 대통령보다 훨씬 더 많이 알고 있었고, 그의 예민한 감각은 대통령의 무딘 감각을 많이 상쇄했다. 그런 하우스 대령마저 시간이 지나면서 뒷전으로 밀려났다. 이 모든 상황은 4인 위원회에 속한 다른 동료 위원들에 의해 조장되었다. 이들은 원래의 10인 위원회[17]를 해체함으로써 윌슨 대통령 자신의 기질로 인해 시작된 그의 고립을 더욱 확실하게 만들었다. 그런 날들을 거쳐 몇 주가 지나자 윌슨은

---

16 옮긴이 주 에드워드 맨덜 하우스(Edward Mandell House, 1858~1938)는 1912년 미국 대통령 선거에서 윌슨의 당선에 결정적 역할을 한 정치인이다. 군인이 아니었지만, 명예로 '대령' 칭호로 불렸다. 제1차세계대전 중 윌슨 대통령 정부에서 유럽에 관한 전문 자문가로 활약했고, 1919년 파리평화회의에 미국을 대표하는 5인의 정부 관료 중 한 명으로 참석했다.

17 옮긴이 주 1919년 1월 18일 파리평화회의가 공식적으로 개회되었을 때 27개국에서 70명의 대표가 참석했다. 평화조약 조건을 결정하기 위한 공식 회의는 '우호조약 5국(Quintuple Entente)', 즉 영국·프랑스·미국·이탈리아·일본을 대표하는 10인(각 국가가 2인의 대표)으로 구성되었다. '10인 위원회(Council of Ten)'는 곧 위 5개국의 외무 장관으로 구성된 '5인 위원회(Council of Five)'로 대체되었다. 그러나 얼마 가지 않아 윌슨 대통령의 주도로 윌슨 미국 대통령, 로이드 조지 영국 수상, 클레망소 프랑스 수상, 오를란도 이탈리아 수상으로 구성된 4인 위원회가 평화조약 조건을 결정하는 중심 역할을 수행했다.

평화의 경제적 결과

성공을 위해서는 모든 종류의 자원과 생산력과 지식이 필요한 매우 어려운 상황 속에서 자신보다 훨씬 더 날카로운 감각을 지닌 사람들과 함께 있는 가운데, 옷장 속에 갇혀 그 어떤 지원이나 조언도 얻지 못한 채 홀로 떨어져 있었다. 그는 동료 위원들이 이끄는 분위기에 마치 약에 취한 듯 빠져들어서 그들의 계획과 자료에 근거해 토론을 벌이고 그들이 닦아놓은 길을 따라가고만 있었다.

이 밖에도 또 다른 많은 이유가 서로 결합하면서 다음과 같은 상황이 발생했다. 독자들은 여기서 몇 쪽밖에 되지 않는 지면에 압축되어 기술되는 과정이 실제로는 약 5개월에 걸쳐 서서히, 점진적으로, 은밀하게 진행되었다는 사실을 기억해야만 할 것이다.

윌슨 대통령이 아무것도 구상해내지 못하는 가운데, 위원회는 대체로 프랑스와 영국이 마련한 초안을 바탕으로 일하고 있었다. 따라서 윌슨은 이 초안을 자신의 견해와 목적에 맞추려고 방해와 비판과 부정의 태도로 일관해야 했다. 몇몇 사항에 대해 상대방에게서 겉보기에 후한 대접을 받으면 (왜냐하면 아무도 중요하게 여기지 않는, 정말로 말도 되지 않는 제안이 차지하는 여백이 항상 존재하므로) 윌슨이 다른 사항에 관해 양보하지 않기는 힘들었다. 타협이 불가피했다. 본질적으로 중요한 사항에 대해서는 절대로 타협하지 않겠다는 견해도 견지하기가 매우 어려웠다. 게다가 얼마 되지 않아 윌슨은 독일의 입장을 옹호하는 것으로 비쳤고 '친독일'이라는 비난을 받는 처지에 놓였다. (이런 비난에 윌슨은 바보처럼, 그리고 불행하게도, 매우 민감한 반응을 보였다.)

윌슨은 10인 위원회의 초기 시절에 높은 원칙과 품위를 보여주었다. 그 기간이 지나서야 비로소 윌슨은 경우에 따라 그의 프랑스나 영국 혹은 이탈리아 동료들이 생각하는 구상에 매우 중요한 몇몇 내용이 들어있다는 사실을 깨달았다. 이 내용들은 윌슨이 은밀한 외교의 방법으로 양보를 확보할 수 있는 것이 아니었다. 그렇다면 그가 사용할 수 있는 마지막 수단은 무엇이었을까? 순전히 옹고집을 부려서 평화회의를 무한히 질질 끄는 방법이 있었다. 회의를 산산조각 내고 아무것도 협상하지 않은 채 미국으로 돌아가는 방법도 있었다. 혹은 회의에 참석한 각국의 대표들을 무시하고 세계 전체에 호소하는 방법도 있었다. 그러나 이 방법들은 형편없는 대안이었다. 각각에 대해 엄청난 비판이 쏟아질 수 있었다. 또 이 방법들은 특히 정치인에게는 매우 위험한 것이기도 했다. 미국 의회 선거에서 범한 정책 실수로 인해 윌슨 대통령은 미국 내에서 정치적 입지가 약화했고, 미국인들이 윌슨의 비타협적인 태도를 지지할지도 불확실했다. 이런 상황은 곧 모든 종류의 사적 고려, 그리고 당과 관련한 사항으로 평화조약을 위한 캠페인의 화두가 흐려질 것임을 뜻했다. 그리고 진정한 가치에 근거해 결론 나지 않을 것이 확실한 투쟁에서 정의가 반드시 승리할 것이라 누가 장담할 수 있겠는가? 더군다나 평화회의의 동료들과 조금이라도 공개적인 파열음을 낸다면 모든 연합국의 국민에게 아직도 정신적으로 영향을 끼치고 있는 무작정한 '반독일' 정서가 윌슨의 머리 위로 쏟아질 것이었다. 연합국 사람들은 그의 논리에 귀를 기울이지 않을 것이다. 그들은 현재의 문제를 국가 간의 도덕 혹은 유럽의 올바른 통치행위의 문제로 다룰 만큼 충분히 냉철하지 못했다. 그들은 윌슨이 사악하고 이기

평화의 경제적 결과

적인 여러 가지 이유로 '독일 놈들(the Hun)을 그냥 놓아주려' 한다고 비난의 목소리를 높일 것이다. 프랑스와 영국 언론이 거의 한목소리를 낼 것이라 예상할 수 있었다. 이런 상황에서 윌슨이 공개적으로 도전장을 내민다면 그는 패배할 수도 있다. 그리고 그가 패배한다면 그때 나올 최종 평화조약은, 그가 위신을 지키면서 유럽의 정치인들이 그에게 허용하는 최대한의 조건 안에서 뜻을 실현하려할 때보다 훨씬 더 나쁘지 않을까? 그러나 무엇보다도 만일 그가 패배한다면 국제연맹도 성사될 수 없지 않을까? 모든 것을 따져봤을 때 국제연맹이야말로 세계의 미래 행복을 위해 무엇보다도 가장 중요한 화두이지 않았는가? 조약은 시간이 지나면 수정되고 조건이 약해질 것이다. 평화조약 내용에서 현재 그토록 결정적인 듯이 보이는 많은 것이 별로 중요하지 않게 될 것이고, 현재 터무니없어 보이는 많은 것이 바로 그 이유로 인해 전혀 실행에 옮겨지지 않을 것이다. 그러나 국제연맹은, 불완전한 형태로라도, 영원히 지속되는 것이었다. 국제연맹은 세계를 관리하는 데 적용되는 새로운 원리의 첫 출발이었다. 국제 관계에서 진리와 정의는 몇 개월 만에 확립될 수 없다. 이것들은 국제연맹이 서서히 확립되는 잉태 기간을 거쳐 때가 되어야 태어날 것이다. 이 점을 간파한 똑똑한 클레망소 수상은 대가를 받아야지만 국제연맹을 받아들일 것임을 사람들에게 노골적으로 알렸다.

행운이 다한 위기의 순간에 윌슨 대통령은 외롭게 홀로 남겨졌다. 구세계의 갈등에 휘말려 있던 그에게는 군중의 공감, 도덕적 지지, 열정이 크게 필요했다. 그러나 숨이 턱턱 막히는 뜨겁고 독소

강한 파리의 공기 속에서 회의에 파묻혀 있는 그에게 바깥 세계에서 울리는 공명의 메아리는 들리지 않았고, 세계 모든 나라에서 말 없이 그를 지지하는 사람들이 보내주는 열정과 공감과 격려의 심장 고동도 느껴지지 않았다. 윌슨은 유럽에 도착했을 때 그를 맞아주었던 인기의 불꽃이 이미 사그라들었음을 깨달았다. 프랑스 언론은 그에게 노골적으로 야유를 퍼부었다. 미국에 있는 그의 정적들은 그의 부재를 틈타 반대 여론 분위기를 만들어냈다. 영국은 냉담하고 비판적이고 반응이 없었다. 대중의 신뢰와 열정의 흐름은 댐 같은 공적인 정보원(情報源)에 의해 가둬져 있었고, 윌슨이 데리고 온 수행단은 사적인 수로(水路)가 되기에 부적절했다. 그에게는 집단적 신뢰라는 추가적인 힘이 필요했다. 하지만 바로 그것이 없었다. 독일에 대한 공포가 아직도 사람들의 머리 위에서 맴돌고 있었고, 윌슨에게 호의적인 대중조차 매우 조심스러운 태도를 보였다. 사람들은 적에게 용기를 주는 일은 절대로 없어야 하고, 우리 편에게는 반드시 지지를 보내야 하며, 지금은 우방 간에 불협화음이나 동요가 있을 시간이 아니라 생각했다. 그리고 윌슨 대통령이 그런 방향으로 최선을 다하리라 믿었다. 이처럼 메마른 가뭄 속에서 윌슨 대통령에 대한 믿음이라는 꽃은 시들고 말라버렸다.

그럴 충분한 이유로 화가 치밀어 오른 윌슨이 어느 순간 '조지 워싱턴'호에 파리를 떠나 미국으로 돌아갈 준비를 하라고 명령하는 일이 일어났다. 윌슨에게 파리의 회의장은 배신으로 가득 차 있었고, 미국에는 본래 모습을 찾을 수 있는 자신의 권좌가 있었다. 출항 명령은 곧 취소되었다. 그러나 안타깝게도 그가 타협의 길을 걷기

평화의 경제적 결과

시작하자마자 앞에서 이미 말했던 그의 기질과 자질의 단점이 치명적인 모습으로 나타났다. 윌슨은 고상한 입장을 취할 수도 있었고, 고집스러운 모습을 보일 수도 있었다. 연설 각서를 시나이산이나 올림포스산[18]에서 쓸 수도 있었고, 백악관이나 심지어 10인 위원회에서 접근하기 어려운 존재로 남아 안전을 확보할 수도 있었다. 그러나 그가 일단 밀접하고 평등한 '4인방'과의 관계 속으로 내려오자, 게임은 이미 확실하게 끝나버렸다.

이제 내가 신학적 혹은 장로교 목사의 기질이라 불렀던 것이 위험 요소로 작동하기 시작했다. 어느 정도의 양보는 피할 수 없다고 결정한 상태에서 윌슨은 문서상으로 약간의 희생이 있더라도 단호함과 철저한 준비와 미국의 재정적 힘을 통해 본인이 확보할 수 있는 최대의 실질적 이득을 추구할 수도 있었다. 그러나 대통령은 이런 일을 하는 데 필요한 정도로 명확하게 자신과 타협할 능력이 없었다. 그는 너무 양심적이었다. 타협이 필요한 시점에도 그는 여전히 원칙을 따르는 사람으로 있었고, 그에게 14개 조항은 여전히 절대적 구속력을 갖는 계약이었다. 윌슨은 명예롭지 않은 일은 절

---

18 옮긴이 주 시나이(Sinai)산은 《구약성경》에서 여호와가 거하는 곳이고, 올림포스(Olympos; Olympus)산은 그리스신화에서 신들이 거하는 곳이다. 이곳은 인간과 분리된 이상적인 공간이다. 윌슨 대통령이 연설 각서를 쓴 곳이 시나이산이나 올림포스산이었다는 표현은 14개 조항이 이상적인 세계를 전제하고 있고 현실은 그와 매우 다르다는 점을 뜻한다. 모세가 시나이산에 올라가 여호와에게서 십계명을 받고 있을 때, 그가 이집트에서 이끌고 나온 이스라엘 백성은 여호와 숭배를 중단하고 금송아지(우상)를 숭배한다. 올림포스산은 인간이 갈 수 없는 곳이다. 이카로스(Icaros; Icarus)는 밀랍으로 만든 날개를 달고 올림포스산에 가고자 했지만 태양에 가까이 가면서 밀랍 날개가 녹아 땅에 추락한다.

대로 하지 않으려 했다. 정의롭지 않거나 옳지 않은 일도 절대로 하지 않으려 했다. 그가 천명한 위대한 믿음에 상반되는 일도 절대 하지 않으려 했다. 그러자 14개 조항은, 그 언어적 표현이 사람들에게 주는 영감은 전혀 사그라지지 않았지만 주석과 해설이 필요한 문건, 자기기만의 모든 지적 장치를 위한 문건이 되어버렸다. 감히 말하건대, 그런 자기기만은 윌슨 대통령의 선조들이 그들이 택해야만 한다고 생각한 경로가 모세 5경의 어절 하나하나와 일치한다고 스스로 믿은 것과 같았다.

윌슨이 동료 위원들에 대해 보인 태도는 이제 다음과 같은 모습을 띠었다. '내가 할 수 있는 범위 내에서 가능한 한 최대로 당신들을 만나고 싶습니다. 당신이 처한 어려움을 알고 있기에 당신의 제안에 동의할 수 있기를 바랍니다. 그러나 나는 정의롭지 않거나 옳지 않은 것을 절대로 할 수 없습니다. 당신은 내게 무엇보다 먼저, 당신이 원하는 것이 내가 지켜야만 하는 선언의 어구 범위 안에 실제로 들어와 있음을 보여줘야만 합니다.' 그러자 억지 논리와 예수회의 성경 주석 같은 실타래가 엮이기 시작했고, 평화조약 전체의 언어와 실질적 내용은 궁극적으로 거짓됨의 옷을 입었다. 파리 전체의 마녀들에게 다음과 같은 지침이 공표되었다.

고운 건 더럽고, 더러운 건 곱다.
뿌연 안개와 악취 나는 공기를 헤치며 날아다녀라.[19]

그러자 엄청 교묘한 궤변가들과 엄청 위선적인 입안자들이 일에 달려들었고, 이들은 윌슨 대통령보다 더 똑똑한 사람마저 한 시간 이상 속일 수 있을 기발한 작업을 수없이 해냈다.

그리하여 프랑스의 승인 없이는 독일계 오스트리아를 독일에 합병할 수 없다는 문구 대신(합병은 민족자결의 원칙에 어긋나는 것이었다), 평화조약의 문구는 정교한 입안 기술을 사용해 작성되었다. "독일은, 오스트리아와 주요 연합국 및 관련국 사이의 조약에서 확정될 국경의 범위 안에서, 오스트리아의 독립을 인정하고 엄격히 존중한다. 독일은 국제연맹이사회의 동의가 없는 한 이 독립이 양도 불가하다는 점에 동의한다." 이 문구는 위의 문구와 사뭇 다르게 보이나 실은 그렇지 않다. 게다가, 확인할 길은 없지만, 이 목적을 위해 국제연맹이사회가 만장일치로 동의해야 한다는 조항이 조약의 다른 부분에 있음을 윌슨 대통령은 잊고 있었다.

조약은 단치히(Danzig)[20] 지역을 폴란드에 넘겨주지 않고 그 대신 '자유시'로 규정한다. 그러나 이 '자유시'를 폴란드의 세관 관할권에 속하게 하고, 폴란드가 단치히의 강과 철도 체계를 관리하도록 하며, "폴란드 정부는 단치히 자유시 시민이 외국에 체류할 때 그들을 외교적으로 보호할 뿐만 아니라 자유시의 외교 관계를 수행

---

19 옮긴이 주 이 인용구는 셰익스피어의 희곡 《맥베스(Macbeth)》 제1장 1막 11~12행이다. 희곡은 천둥과 번개가 치는 장면으로 시작한다. 이 장면과 함께 세 마녀가 등장해 희곡 전반의 주제와 분위기를 독자들에게 알리는 대화를 나눈다. 인용구는 대화 후 세 마녀가 사라지며 같이 외치는 문구다. 이 문구는 선이 악이 되고 악이 선이 되는 가치의 전도, 시야를 가려 판단을 흐리게 하는 안개 같은 상황 속에서 인간의 여러 추한 모습이 나타날 것임을 독자들에게 예고한다.

20 옮긴이 주 독일어로는 단치히이고, 오늘날 폴란드의 그단스크(Gdańsk)다.

한다."라고 규정한다.

조약은 독일의 수계(水系)를 외국이 관리하도록 하면서, "하나 이상의 국가에, 한 배에서 다른 배로 갈아타거나 갈아타지 않고서도, 바다에 접근할 경로를 자연적으로 제공하는 수계"가 국제적 수계라고 선언한다.

이런 예는 수없이 들 수 있다. 프랑스 정책의 솔직하고 지적인 목표, 즉 독일의 인구 규모를 제한하고 독일의 경제 체계를 약화하려는 목표는, 윌슨 대통령을 위해서, 자유와 국제적 평등이라는 장엄한 언어의 옷을 입었다.

그러나 윌슨 대통령의 도덕적 입장이 무너지고 그의 마음이 흐려진 가장 결정적인 순간은, 마침내 그가 연합국 정부들이 연금과 전쟁 별거 수당에 지출하는 금액을 "독일이 육상·해상·공중으로 공격해 연합국과 관련국의 민간인에게 입힌 피해"로 간주한다는 내용을 받아들이기로 한 때였다. 이것은 전쟁 때문에 발생한 다른 지출은 그렇게 간주될 수 없다는 것을 뜻했다. 그의 보좌관들은 경악했다. 이 과정은 기나긴 신학적 투쟁이었다. 이 투쟁에서 대통령은 그렇게 수많은 여러 주장을 거부하다가 마침내 궤변론자의 기술로 만든 명작 앞에서 무릎을 꿇고 말았다.

드디어 작품이 마무리되었다. 그리고 대통령의 양심에는 아직도 때가 묻지 않았다. 모든 것을 고려하더라도 나는 그의 기질을 볼 때 그가 정말로 진지한 마음을 유지한 채 파리를 떠났을 것이라 믿는다. 그리고 이날까지도 그는 평화조약이, 현실적으로, 자신이 이전에 천명한 원리를 위배하는 내용은 전혀 담고 있지 않다고 진정

　　　　　　　　　　　　평화의 경제적 결과

으로 확신하고 있을 것이다.

그러나 작품은 너무 완벽했다. 그리고 지금까지 봐온 드라마의 마지막 비극적 일화는 바로 그 완벽성 때문에 발생했다. 조약에 대해 브로크도르프-란차우[21] 독일 외무 장관이 내놓은 반응은 불가피한 것이었다. 그는 독일이 무기를 내려놓은 것은 어떤 확약에 근거했기 때문인데, 평화조약은 수많은 특정 내용에 있어 그 확약과 일치하지 않는다는 방향으로 주장을 펼쳤다. 그러나 이런 주장이야말로 윌슨 대통령이 인정할 수 없는 것이었다. 혼자서 깊이 고민하는 각고의 노력 속에, 그리고 신을 향한 기도 속에, 그는 정의롭지 않거나 옳지 않은 일은 전혀 하지 않았다. 대통령에게는, 독일의 반응에 그럴 이유가 있다고 인정한다면 그것은 그의 자존심을 무너뜨리고 영혼의 내적 균형을 깨뜨리는 것과 같았다. 그런 생각이 들자 그의 완고한 성격에 담겨있던 모든 본능이 자기 보호를 위해 모습을 드러냈다. 대통령에게 평화조약이 그가 천명한 원리를 폐기한 것이라 말한다면, 그것은 의료 심리학의 용어로 프로이트적 복합심리를 날것 그대로 건드리는 것과 마찬가지였다. 그런 말에 대한 토론은 참을 수 없는 일이었다. 잠재의식 속의 모든 본능이 작당해 그런 말에 대한 논의가 더는 퍼지지 않도록 만들었다.

---

21 옮긴이 주 울리히 카를 크리스티안 그라프 폰 브로크도르프-란차우(Ulrich Karl Christian Graf von Brockdorff-Rantzau, 1869~1928)는 바이마르공화국의 초대 외무 장관이다. 외무 장관 자격으로 파리평화회의에 독일 대표로 참석했고, 이 책의 제5장에 언급한 독일의 역제안을 만드는 역할을 했다. 베르사유조약에 서명하기를 거부하며 대표단에서 물러났다. 이후 1922년부터 1928년까지 주소련 독일 대사를 역임했다.

따라서 결국 클레망소는 몇 달 전만 하더라도 정도에서 벗어나고 불가능해 보였던 제안, 즉 독일의 말을 들어서는 안 된다는 제안을 성사시켰다. 만일 윌슨 대통령이 그토록 양심적이지만 않았다면, 만일 그가 자신이 하던 일을 자신에게서 숨기지만 않았다면, 마지막 순간에라도 그는 잃었던 입지를 회복하고 상당한 성공을 거둘 수 있었다. 그러나 대통령은 틀 속에 갇혀있었다. 그의 팔과 다리는 이미 의사가 일정한 자세로 고정해놨고, 다른 자세로 바꾸려면 팔과 다리를 다시 부러뜨려야 했다. 로이드 조지 수상은 자신이 이전부터 용기를 내서 하고자 했던 중용의 태도를 마지막 순간에라도 실현하고자 했다. 그러나 로이드 조지는 참담해졌다. 윌슨이 로이드 조지에게 다섯 달에 걸쳐 정의롭고 옳은 것이라고 설득했던 것에 오류가 있음을 고작 다섯 날에 걸쳐 윌슨에게 설득할 수 없음을 깨달았기 때문이다. 모든 걸 고려해볼 때, 이 노회한 장로교도의 정신을 헷갈리게 하는 일이 어렵긴 했으나 그를 그 헷갈림에서 벗어나게 하는 일은 더 어려웠다. 이 후자의 일은 자기 자신에 대한 윌슨의 믿음과 존경이 관여했기 때문이다.

평화회의의 마지막 장면에서 대통령은 완고함과 타협에 대한 거부의 대명사로 각인되었다.[22]

<hr>

22 **옮긴이 주**《평화의 경제적 결과》는《케인스 전집(The Collected Writings of John Maynard Keynes)》의 제2권(1973년)으로 출판되었는데, 전집의 편집자인 오스틴 로빈슨(Austin Robinson)과 도널드 모그리지(Donald Moggridge)는 이 장의 마지막(34쪽)에 다음과 같은 주를 달았다. "동료들의 제안을 받아들여 케인스는 이 장에 로이드 조지를 다루는 내용을 추가하기 위한 초고를 작성했다. 그러나 그 내용에 만족하지 못한 케인스는 결국 그 초안을 책에 포함하지 않았다.

케인스는 이 초안을 14년 후에《전기에 관한 시론(Essays on Biography)》에 수록했다. 관심 있는 독자는 후자의 책을 참조하라."

제4장

평화 조약

제2장에서 내가 이야기했던 생각은 파리에 있던 대표들의 안중에 없었다. 유럽의 미래는 그들의 관심사가 아니었다. 유럽인이 삶을 살아갈 수단에 대해 그들은 전혀 염려하지 않았다. 좋건 나쁘건 그들의 최우선 관심사는 국경 그리고 사람들이 어느 나라에 속하는지, 국가 간 힘의 균형, 제국적 영역 확장, 강하고 위험한 적을 미래에는 약한 나라로 만드는 것, 복수, 감내하기 힘든 승리자의 재정적 부담을 패배자의 어깨에 전가하는 것이었다.

　세계의 미래 정치 체계에 관해 두 가지 대립적인 안이 제출되었다. 하나는 윌슨 대통령의 14개 조항이고, 다른 하나는 클레망소 수상의 카르타고식 평화안이다. 그러나 이 중 하나만 채택될 자격이 있었다. 적이 항복한 것은 아무 조건 없이 한 게 아니라 평화의 일반적 성격을 담은 조항에 대한 합의를 근거로 했기 때문이다.

　불행하게도 실제로 일어난 일에서 이 측면은 한마디 말로 설명되지 않는다. 적어도 많은 영국인의 마음속에서 이 측면은 크나큰 오해를 불러일으켜 온 주제이기 때문이다. 연합국과 독일 정부 사이에 맺어진 첫 번째 합의는 휴전협정이고 평화회의에 참석하는 각 나라는 이 휴전협정이 부과할 제약 안에서 자유롭게 결정을 내릴 수 있다는 것이 많은 사람의 생각이었다. 그러나 사실은 그렇지 않았다. 당시의 상황을 명확하게 이해하려면 1918년 10월 5일의 독일 측 각서에서 시작해 1918년 11월 5일의 윌슨 대통령 연설 각서로 막을 내린 협상 과정의 역사를 간단하게나마 살펴볼 필요가 있다.

1918년 10월 5일에 독일 정부는 윌슨 대통령에게 그의 14개 조항을 받아들이고 평화 협상을 제안한다는 간단한 각서를 보냈다. 10월 8일에 보낸 답장에서 윌슨은, 독일 정부가 14개 조항과 그 이후 윌슨이 행한 연설에 "명시되어 있는 조항"을 인정하며, "독일 정부가 협상에 들어오는 목적은 그 조항을 현실에 적용하는 데 필요한 세부 사항에 합의하는 것뿐"이라고 확정적으로 이해하는 것이 맞는지 물었다. 윌슨은 독일이 침공 지역에서 철수하는 것이 휴전의 전제 조건임을 덧붙였다. 10월 12일에 독일 정부는 이 질문들에 대해 아무 조건 없이 동의한다는 답변을 보내왔다. 그 답변에는 "독일 정부가 협상에 들어오는 목적은 그 조항을 현실에 적용하는 데 필요한 상세 사항에 동의하는 것뿐"이라는 윌슨의 표현을 그대로 사용했다. 이 확답을 받은 윌슨 대통령은 10월 14일에 다음과 같은 내용을 명확히 하려고 추가로 연락을 보냈다. (1) 휴전협정의 세부 사항은 미국과 연합국의 군사 고문들에게 맡겨질 것이며, 독일이 적대적 행위를 재개할 가능성에 절대적으로 대비하도록 만들어져야 한다. (2) 이 협상이 계속 진행되려면 잠수함을 사용한 전투가 중단되어야 한다. (3) 윌슨은 자신이 상대하고 있는 정부가 독일을 대표한다는 추가적인 보장을 요구했다. 10월 20일에 독일은 (1)과

평화의 경제적 결과

(2)의 요구를 수용했고, (3)과 관련해서는 이제 독일은 헌법이 제정되어 있고 독일 정부의 권한은 독일 의회(Reichstag)에 근거한다는 점을 지적했다.[1] 10월 23일에 윌슨 대통령은 다음 내용을 발표했다. 미국은 "독일 정부는 윌슨 대통령이 1918년 1월 8일 미국 의회에서 행한 연설에서 명시한 평화조약의 조건(14개 조항)과 그가 그 이후 행한 연설, 특히 9월 27일의 연설에서 상세히 열거한 휴전 합의 원칙을 아무런 조건 없이 수용하며 그 원칙을 현실에 적용하기 위한 세부 사항을 논의할 준비가 되어있다는 엄숙하고 명시적인 확답을 독일 정부로부터 받았고", 이 내용을 연합국 정부에 전달하면서,

---

[1] 옮긴이 주 1918년 8월 독일의 대공세가 실패로 끝나면서 당시 독일을 이끌었던 파울 폰 힌덴부르크(Paul von Hindenburg, 1847~1934) 총사령관과 에리히 루덴도르프(Erich Ludendorff, 1865~1937) 장군은 정권을 온건주의자인 막시밀리안 폰 바덴(Maximilian von Baden, 1867~1929) 후작에게 넘겼다. 폰 바덴이 이끄는 정부는 연합국과 휴전협정의 조건을 협상했고, 1918년의 11월혁명 등으로 사회가 매우 혼란한 가운데 1918년 11월 9일 정권을 독일 사회민주당(Sozialdemokratische Partei Deutschlands, SPD) 총재인 프리드리히 에베르트(Friedrich Ebert, 1871~1925)에게 넘기고 빌헬름 2세의 폐위를 전격 선언했다. 이때부터 1933년 3월 히틀러의 나치당이 정권을 잡을 때까지의 독일 정부가 '바이마르공화국(Weimarer Republik, 공식 명칭은 Deutsches Reich)'이다. 연합국과 휴전협정은 바이마르 정부가 공식적으로 수립된 이틀 후인 11월 11일에 서명되었다. 바이마르공화국은 독일 역사상 최초로 헌법에 근거한 연방 공화국이었다. 1919년 1월 19일에 열린 총선에서(이 총선에서 여성은 처음으로 투표권을 행사할 수 있었다), 좌파인 사회민주당이 의회 제1당, 사회민주당보다 더 과격한 좌파 정당인 독일 독립사회민주당(Unabhangige Sozialdemokratische Partei Deutschlands, USPD)이 제2당이 되었다. 당시 베를린이 매우 혼란스러운 상태에 있었기에, 의회는 바이마르시에서 의사를 진행했다(이 사실에서 '바이마르공화국'이라는 대중적인 명칭이 유래한다). 바이마르헌법은 의회에 기반을 둔 공화국으로, 의원들은 비례대표제로 선출했다(비례대표제로 인해 의회에 의원을 가진 수많은 정당이 난립했고, 의회에서 의사 결정이 어려워졌다).

"제시된 조건과 원칙에 근거해 연합국 정부들이 평화조약을 체결할 의향이 있다면", 연합국 정부들은 각자의 군사 고문들에게 "독일 정부가 동의한 평화조약의 세부 사항을 보호하고 강제할 무제한의 권한을 관련된 정부들에 확실하게 부여하는" 휴전 조건을 입안하도록 말해달라 "제안했다." 이 각서의 말미에 윌슨 대통령은 10월 14일의 각서에서보다 더 공개적으로 빌헬름 2세의 폐위를 암시했다. 이것으로 예비교섭이 마무리된다. 이 예비교섭에 연합국 정부들은 참여하지 않았고 윌슨 대통령이 유일한 당사자였다.

1918년 11월 5일에 윌슨 대통령은 미국과 관련된 정부들로부터 받은 답변을 독일에 전달하면서, 적합하게 권한을 위임받은 대표들에게 휴전 조건에 관한 사항을 연락할 모든 권한이 포슈 연합군 총사령관에게 있다고 덧붙였다. 그가 전한 관련국 답변에서 연합국 정부들은 "아래에 명시될 조건 안에서, 윌슨 대통령이 1918년 1월 8일 미국 의회에서 행한 연설에서 명시한 평화조약의 조건, 그리고 이후 윌슨 대통령이 행한 여러 연설에서 상세히 열거한 합의 원칙과 관련해 독일 정부와 평화 협상을 진행할 뜻이 있음을 선포한다." 여기서 언급된 조건은 두 가지였다. 하나는 공해 항해의 자유와 관련한 것으로, 연합국들은 공해상에서 항해할 "완전한 자유를 보유한다." 다른 하나는 전쟁 배상금과 관련한 것인데 다음과 같은 문구로 표현되었다. "더 나아가, 1918년 1월 8일 미국 의회 연설에서 명시한 평화의 조건에서 윌슨 대통령은 적국이 침공한 영토에서 철수하고 그 영토에서 자유가 보장될 뿐 아니라 복구가 이뤄져야 한다고 선언했다. 연합국들은 이 조항이 의미하는 바에 대해 한

점의 의문도 허용되면 안 된다고 생각한다. 연합국이 이 조항을 이해하는 바에 따르면, 이 조항은 독일은 자국이 육상·해상·공중에서 침공해 연합국의 민간인과 연합국의 재산에 끼친 모든 손해를 배상하리라는 것을 의미한다."[2]

　　이런 문건의 교환을 통해 독일과 연합국 사이에 체결된 계약의 성격은 단순하고 명백하다. 평화조약의 조건은 윌슨 대통령의 연설에 부합해야 하며, 평화회의의 목적은 "그 조건을 적용할 때 필요한 세부 사항을 논의하는 것"이다. 계약 체결을 둘러싼 상황은 특별하게 엄숙하고 구속력이 있었다. 왜냐하면 계약 조건 중 하나는 독일이 자국을 무력하게 만들 휴전 조건을 수용해야만 한다는 것이었기 때문이다. 독일이 계약에 따라 자신의 무력화를 허용한 상황에서 연합국도 명예를 지키려면, 특히 자신이 한 약속을 이행하고 모호한 점이 있을 때 그 모호함을 자기들의 이득을 위해 사용하지 않아야 했다.

　　그렇다면 연합국이 자신을 옭아맨 이 계약의 구체적 내용은 무엇인가? 위 문건을 훑어보면, 윌슨의 연설은 많은 부분 정신과 목적 그리고 의지에 관해 이야기하고 있을 뿐 구체적인 해결책을 논하지 않음을 알 수 있다. 또 평화조약을 통해 해결되어야 할 문제 중 많은 것을 건드리지 않고 있는 반면, 어떤 문제에 대해서는 확정적으로 해결책을 제시하기도 한다. 어느 정도 넓은 범위 안에서 아직도 연합국들이 자유롭게 결정할 내용이 있었다는 점은 사실이다. 더 나

2　이 유보 사항이 발휘한 정확한 영향력은 제5장에서 상세히 다룬다.

아가, 계약에 들어있다는 점을 근거로, 정신과 목적과 의지를 다루는 문구를 현실에 적용하는 일은 쉽지 않다. 그 문구에 비춰 현실에서 기만과 위선이 행해졌는지 아닌지는 각자가 스스로 판단해야 할 일이다. 그러나 아래에서 보겠지만, 몇몇 중요한 문제에 대해서 계약은 전혀 모호하지 않다.

1918년 1월 8일의 14개 조항에 더해 윌슨 대통령의 연설 중 네 개가 계약의 주요 내용 일부를 구성한다. 그 연설은 2월 11일 의회 연설, 4월 6일 볼티모어 연설, 7월 4일 마운트 버논 연설, 9월 27일 뉴욕 연설이다. 이 중 마지막 연설은 계약에서 특별히 언급되었다. 나는 반복을 피하면서 이 연설에서 독일과 맺은 조약과 가장 관련 있는 실체적인 내용을 간추려보도록 하겠다. 내가 생략한 내용은 내가 실제로 인용하는 내용을 덜어내는 것이 아니라 반대로 그 내용을 더하는 것이다. 그러나 생략된 부분은 주로 의지와 관련된 내용이어서 계약의 내용으로 해석하기에는 너무 모호하고 일반적이다.[3]

14개 조항. (3) "평화조약에 합의하고 평화조약의 유지에 참여하는 **모든 국가** 사이에 **모든 경제적 장벽을 가능한 한 최대로 제거**하고 **교역 조건의 평등을 수립**한다." (4) "각국의 군사적 무장을 국내의 안전에 부합하는 최저의 수준으로 감축할 것이라는 적절한 보장이 국가 간에 **주고받아져야** 한다." (5) "식민지와 관련한 모든 권리

---

3 독일과 맺은 합의와 특별히 관련이 있지 않은 내용도 생략한다. 공해 항해의 자유와 관련한 14개 조항의 두 번째 조항을 생략한 이유는 연합국이 그것을 수용하지 않았기 때문이다. 조항 인용에서 굵은 글씨로 표시한 강조는 모두 내가 한 것이다.

평화의 경제적 결과

를 자유롭고 열린 마음으로, 그리고 절대적으로 불편부당한 방식으로 조정한다." 이때 관련 당사국의 이해관계를 고려한다. (6), (7), (8), (11) 침공한 모든 영토에서, 특히 벨기에에서, 적국은 철수하고 이 지역은 "복구된다." 여기에 육상·해상·공중에서 연합국 민간인과 그들의 재산에 가해진 모든 피해에 대해 배상을 요구하는 연합국의 추가 주장이 반드시 더해져야만 한다(이와 관련해 나는 위에서 원문을 이미 인용했다). (8) "알자스-로렌 지역과 관련해 1871년에 프로이센이 프랑스에 가한 잘못"을 바로잡는다. (13) "폴란드인임에 논란의 여지가 없는 사람들이 거주하는 영토"를 포함해 폴란드를 독립국가로 수립하고, "바다에 자유롭고 안전하게 접근할 권리를 보장한다." (14) 국제연맹을 창설한다.

2월 11일, 미국 의회 연설. "어떤 영토 병합도, 어떤 부과금도, 어떤 징벌적 손해 배상도 없어야 합니다. …… 민족자결은 단순한 구호가 아닙니다. 민족자결은 앞으로 만일 정치인들이 무시한다면 그에 따른 위험을 감내해야만 할 필수적인 행동 원칙입니다. …… 이번 전쟁에 연루된 모든 영토 분쟁은 당사국 국민의 이해와 이득을 보장하는 방향으로 해결되어야 합니다. 그 해결이 경쟁국들이 각자 내세우는 주장을 단순히 조정하거나 타협해서 나오는 결과가 되지 않아야 합니다."

9월 27일, 뉴욕 연설. (1) "각 당사국에 지정되어 배부되는 정의가 불편부당하려면 우리가 정의롭게 대하기를 원하는 측과 우리가 정의롭게 대하기를 원하지 않는 측을 차별하지 말아야 합니다." (2) "어느 한 국가 혹은 어느 한 국가 집단의 특별한 이해나 개별적인 이해를 근거로 모든 국가의 공통된 이해와 어긋나는 해결책이 마련되어서는 절대로 안 됩니다." (3) "국제연맹은 회원국들이 일반적이고 공통된 구조로 결성되어 있으므로, 국제연맹 안에서는 별도의 연맹이나 연합 혹은 특별한 계약이나 암묵적 합의가 존재하지 않아야 합니다." (4) "국제연맹 안에서는 개별 국가들이 특별한 결합을 형성해 당사국들의 경제적 이득을 추구하지 않아야 하며, 어떠한 형태로라도 경제적 거부나 배제가 행사되어서는 안 됩니다. 단, 예외적인 경우로, 특정 국가를 세계의 시장에서 배제함으로써 경제적 벌칙을 가하는 권리가 국제연맹에 규율과 통제의 방법으로 부여될 수 있습니다." (5) "국제적 합의와 조약은 어떤 종류이건 모두 세계의 나머지 국가들에 전체 내용이 공개되어야 합니다."

1918년 11월 5일, 세계를 위한 이 현명하고 포용력 있는 프로그램은 이상주의와 강한 희망의 영역을 넘어서 세계의 모든 강대국이 서명한 엄숙한 계약의 일부가 되었다. 그러나 그 프로그램은 파리의 늪에 빠져 모습을 감췄다. 프로그램의 정신은 흔적도 없이 사라졌고, 어떤 문구는 무시되고 어떤 문구는 왜곡되었다.

평화조약 초안에 대해 독일은 주로 독일 국민이 무기를 내려놓겠다고 동의한 근거인 이 암묵적 합의의 조건과 그 후 그들에게 서명하라고 앞에 놓인 서류의 실제 조건을 비교하는 방식으로 검토를 진행했다. 독일의 논평자들은 조약 초안이 벨기에를 침공한 독일 자신의 범죄에 비견될 정도로 독일에 한 약속과 국제적 도덕성을 위반하고 있음을 어렵지 않게 보일 수 있었다. 그렇지만 독일의 답변은 모든 사항에서 현재 상황에 충분하게 걸맞을 서류는 아니었

평화의 경제적 결과

다. 왜냐하면 서류의 내용이 담고 있는 정당성과 중요성에도 불구하고, 서류는 미래의 전망을 진정으로 폭넓게 다루고 그 전망의 품위를 높게 유지하는 면에서 약간 부족했고, 서류가 의도한 일반적 결과도, 절망이 담담하게 객관적으로 표현되었을 뿐, 현재 상황이 내포한 깊은 격정이 불러일으킬 법한 간단한 방식으로 다뤄지지 않았다. 어쨌거나 연합국 정부들은 독일의 반응을 심각하게 받아들이지 않았고, 내 생각에 전쟁 후 협상의 그 단계에서는 독일 대표단이 말할 수 있었을 그 어떤 것도 최종 결과에 크게 영향을 끼치지 못했을 것이다.

개인이 지니는 가장 평범한 덕목을 나라를 대표하는 대변자에게서는 찾아볼 수 없는 경우가 종종 있다. 역사에서 자주 볼 수 있듯이, 자신이 아니라 자신의 나라를 대표하는 정치인은 사람들에게 크게 비난받지 않으면서 다른 사람에게 보복을 가하고 신뢰 없이 행동하며 자기중심적일 수 있다. 이런 성질은 전쟁의 승자가 패자에게 부과하는 조약에서 흔히 나타난다. 역사상 존재했던 이전의 모든 협상에 비해 현재의 협상을 다르게 만드는 가장 주된 성질은 불성실함이다. 그러나 독일 대표단은 이 성질을 열화 같고 예언적인 언어로 폭로하는 데 성공하지 못했다.

그러나 이 같은 이야기는 내가 아닌 다른 사람의 펜을 통해 다루는 게 마땅하다. 내가 아래에서 논의하는 내용은 평화조약이 과연 정의를 구현했는가에는 관련이 없다. 즉, 나는 적국에 대해 징벌적 정의를 요구해야 하는지, 또 승전국이 계약상 정의를 지켜야 하는지에는 관심이 없다. 나의 관심은 조약이 얼마나 지혜롭게 작성되었는가, 그리고 그 결과는 무엇인가에 있다.

따라서 나는 이 장에서 평화조약의 중심적인 경제 관련 조항에 대한 논의를 과감하게 시작할 것이다. 배상금 문제를 다루는 조약의 장이 어떤 내용이고, 요구된 배상금을 과연 독일이 갚을 수 있는가에 대한 나의 논평은 다음 장으로 넘긴다.

전쟁 전에 독일의 경제 체계는 세 가지 중심 요소에 의존했다. 첫째, 상선(商船), 식민지, 해외투자, 수출, 독일 상인들의 해외 관계망 등으로 대표되는 해외무역. 둘째, 독일에서 생산되는 석탄과 철 그리고 그것을 기반으로 건설된 산업. 셋째, 수송 및 관세 제도. 이 중에서 첫째 요소는 중요성에 있어서는 마지막이 아니지만 취약성에 있어서는 첫째였다. 평화조약은 이 세 요소를 모두, 그러나 주로 첫째와 둘째 요소를 체계적으로 파괴하는 것을 목표로 삼았다.

I

(1) 독일은 1,600총톤(ton gross)을 초과하는 상선 전부, 1,000총톤과 1,600총톤 사이의 상선 절반, 그리고 트롤선과 그 외 다른 어선의 4분의 1을 연합국에 할양했다.[4] 이 할양은 포괄적이다. 독일 국기를 달고 운항하는 선박뿐만 아니라 다른 나라 국기를 달고 운항하지만 독일인이 소유한 선박도 포함하고, 현재 운항하고 있는

---

4 조약 제8편, 부속서 3(1).

선박은 물론 현재 건조 중인 선박 전부를 포함한다.[5] 이에 더해 독일은 연합국이 요구하는 경우 향후 5년 동안 매년 최대 20만 톤의 선박을 연합국이 지정하는 형태로 건조해 연합국에 양도하며[6], 이 선박들의 가치는 독일이 지급해야 할 배상금 총액에서 차감된다.[7]

이렇게 독일의 상선은 해상에서 청소되듯 말끔히 사라져버리고, 앞으로 상당한 시일 동안 독일의 상선 능력은 교역 요건을 충족하기에 적절한 규모로 복구될 수 없다. 당장 다른 나라들이 자국의 초과 화물 중량 때문에 개설할 가치가 있다고 보는 노선을 제외하면 함부르크에서는 어떤 선박 노선도 운영되지 않을 것이다. 독일은 교역을 위한 선박 운항과 관련해 다른 나라가 독일에 부과할 수 있는 요금을 지급해야 하며, 그 대가로 다른 나라가 독일에 부여하는 게 적절하다고 생각하는 정도의 편의만을 제공받는다. 독일의 항구와 교역이 다시 살아나 번영하는 유일한 방법은, 독일이 스칸디나비아와 네덜란드의 상선을 얼마나 효과적으로 자신의 영향 속으로 끌어들이는가에 달려있는 듯하다.

(2) 독일은 "해외 재산에 관한 모든 권리와 자격"을 연합국에 할양했다.[8] 이 할양은 독일의 주권에 적용되는 데 그치지 않고 독일 정부 재산에도 불리한 조건으로 확장 적용된다. 철도를 포함한 모

---

5 조약 제8편, 부속서 3(3).
6 전쟁 전 몇 해에 걸쳐 독일의 평균 선박 건조량은 전함을 제외하고 연간 35만 톤 정도였다.
7 조약 제8편, 부속서 3(5).
8 조약 제119조.

든 정부 재산이 아무런 대금 지급 없이 연합국에 양도되어야 하는 한편, 독일 정부는 이 재산을 구입하거나 건설할 때 발생할, 혹은 식민지 개발에서 일반적으로 발생할 모든 채무를 계속 부담한다.[9]

최근 역사에서 이와 유사한 할양의 경우에 대부분 적용된 방식과 달리, 독일 정부와 구별되는 의미에서 개별 독일 국적의 사람들도 재산과 인격에서 큰 피해를 보고 있다. 어떤 곳이건 과거 독일 식민지에서 권력을 행사하는 연합국 정부는 "독일 국적 사람을 그 식민지 영토에서 독일 본국으로 송환하는 것과 관련해, 그리고 유럽에서 출생한 독일 국적 사람이 식민지 영토에서 거주, 재산 소유, 교역, 직업 등의 활동을 하도록 허가하거나 불허하는 조건과 관련해 연합국 정부가 적절하다고 생각하는 규정을 만들 수 있다."[10] 공공시설의 건설이나 사용에서 독일 국적 사람에게 유리하게 적용된 계약과 합의는 모두 배상금 지급의 일부로 연합국 정부에 양도된다.

그러나 이 조건들은 이것보다 더 포괄적인 조항에 비하면 그리 중요하지 않다. 이 조항에 따라, 과거 독일 식민지에서 "연합국과 관련국은 본 조약의 발효일 현재 독일 국적의 사람 혹은 그들이 관리하는 기업에 속하는 모든 재산과 권리와 이권을 보유하고 청산할 권리를 갖는다."[11] 이와 같은 총체적 사유재산 몰수는 재산을 몰수당하는 개인들에게 연합국 측이 아무런 보상도 하지 않고 이뤄질 것이다. 그리고 그렇게 해서 발생할 수입은 제일 먼저 독일 국적

---

9 조약 제120조와 제257조.
10 조약 제122조.

평화의 경제적 결과

사람들이 연합국 국적 사람들에게 지고 있는 개인 채무를 청산하는 데, 그다음에 독일 사람들에 대해 오스트리아-헝가리·불가리아· 오스만제국 국적 사람들이 가진 개인 채무 권리를 청산하는 데 사용될 것이다. 그런 후에 남는 잔고는 청산하는 연합국이 직접 독일에 돌려주든가 자신들이 보유할 수 있다. 보유하는 경우, 그 수입금은 배상 위원회로 보내져 배상금 회계에서 독일 측 대변 항목으로 산정되어야 한다.[12]

요약하면, 이전에 독일이 소유했던 해외 재산 전부에서 독일의 주권과 독일의 영향력이 완전히 제거될 뿐만 아니라, 그 지역에 거주하거나 재산을 소유하고 있는 독일 국적 사람들의 인격과 재산이 법적 지위와 법적 안전을 박탈당하고 있다.

(3) 이전 독일 식민지의 독일인이 소유하는 사유재산과 관련해 방금 언급된 조항은 프랑스 정부가 예외를 허용하는 경우를 제외하고 알자스-로렌 지역의 독일인 사유재산에도 똑같이 적용된다.[13] 이 조항은 유사한 외국 재산 몰수의 경우보다 현실적으로 훨씬 더 중요하다. 이곳 재산의 가치가 훨씬 더 크고, 1871년 이후 이 지역에서 대대적으로 진행된 광산 개발로 인해 이곳 독일인의 이해관계와 독일 국가 자체의 이해관계가 서로 밀접하게 연결되어 있기 때

---

11 조약 제121조와 제297(b)조. 이 몰수 선택권의 행사 여부를 결정하는 주체는 파리평화회의의 배상 위원회가 아니라 할양이나 명령에 따라 해당 재산이 속해 있는 영토에서 권력을 행사하는 특정 연합국인 듯하다.

12 조약 제297(h)조와 제10편 제4절 부속서 제4항.

13 조약 제53조와 제74조.

문이다. 알자스-로렌 지역은 거의 50년에 걸쳐 독일제국에 속해 있었고, 이곳 사람의 대다수가 독일어를 쓰고 있다. 또한 이 지역은 독일이 행한 가장 중요한 경제활동 중 일부가 이뤄진 현장이었다. 그렇지만 이곳에 살고 있거나 이곳의 산업에 투자한 독일인의 재산은 이제 모두 독일 정부가 나서지 않는 한 아무런 보상도 이뤄지지 않은 채 프랑스 정부의 처분에 맡겨졌다. 프랑스 정부는 알자스-로렌에 살고 있는 개별 독일 시민과 이곳에 있는 독일 소유 기업의 사유 재산을 보상 없이 몰수할 자격이 생겼고, 몰수를 통해 발생한 수입금은 프랑스의 여러 재산상 권리를 부분적으로나마 청산하는 데 사용된다. 이 조항의 가혹함은 프랑스 정부가 공식적으로 독일 국적 사람들에게 이곳에 계속 거주할 허가를 내어주는 때에 한정해 겨우 누그러진다. 이 경우 위의 조항이 적용되지 않기 때문이다. 반면에, 정부·주·시의 재산은 아무런 보상 없이 프랑스에 할양될 것이다. 여기에는 알자스와 로렌 두 지역에 있는 철도 차량과 철도 체계가 포함된다.[14] 그러나 재산은 넘어가지만 그 재산과 관련해 어떤 종류이건 공공 부문 부채의 형태로 발생한 것은 여전히 독일이 갚아야 할 빚으로 남는다.[15] 또 이 지역은 보상 없이 프랑스 주권으로 되돌아가고, 전쟁으로 인한 혹은 전쟁 이전에 이미 존재했던 독일의 부

14 1871년에 독일은 알자스-로렌의 철도에 대한 권리를 인정해 보상했으나 주 재산에 대해서는 보상하지 않았다. 그러나 그 당시 철도는 사유재산이었다. 그 후 철도 체계가 독일 정부 재산이 되었다는 이유로, 철도 체계에 독일이 막대한 자본을 추가로 투입했음에도 프랑스 정부는 철도에 대한 처분이 주 재산에 대한 일반적인 선례를 따라야 한다고 주장했다.

15 조약 제55조와 제255조. 이 조항은 1871년의 선례를 따른다.

평화의 경제적 결과

채 중 이 지방이 부담할 몫에서 면제된다. 그렇다고 이것을 근거로 독일이 지급해야 할 배상금이 줄어들지는 않는다.

(4) 그러나 독일 사유재산의 몰수는 옛 독일 식민지와 알자스-로렌 지역에 한정되지 않는다. 실제로 그런 재산의 처분에 관한 내용은 조약의 매우 중요하고 핵심적인 부분을 차지한다. 이 내용은 베르사유에서 독일 대표단이 예외적으로 강력하게 반대한 주제였지만, 당연히 받아야 할 만큼의 주목을 지금까지 받지 못했다. 내가 아는 한, 최근 역사에 있었던 어떤 평화조약에서도 아래에 설명하는 방식으로 사유재산을 처분한 선례는 없었다. 독일 대표단은 이번 선례로 인해 세계 곳곳에서 사유재산의 안전에 위험하고 비도덕적인 타격이 가해질 것이라고 강력히 경고했다. 이 경고는 과장되었다. 과거 두 세기 동안 관례와 관습을 통해 인정되어 오긴 했지만, 국가의 재산과 권리 그리고 그 국민의 재산과 권리를 명확히 구분하는 일은 인위적이다. 그리고 이 구분은 이 평화조약이 아닌 다른 많은 영향에 의해 점차 빠르게 사라져가고 있고, 국가와 시민 사이의 관계에 관한 현대의 사회주의적 개념에 적합하지 않다. 그러나 지금까지 설명한 바대로, 평화조약이 소위 국제법의 뿌리에 자리한 어떤 한 개념에 파괴적인 타격을 입힌다는 것은 사실이다.

독일의 국경 밖에 자리한 독일 사유재산의 몰수와 관련한 주요 조항은 현재 결정 과정에 있다. 그런데 이 조항들은 내용이 서로 중첩되어 있고, 상대적으로 더 과격한 조항은 어떤 경우에는 다른 조항을 불필요하게 만드는 것처럼 보이기도 한다. 그러나 일반적으로 말해, 상대적으로 더 과격하고 광범위한 조항은 상대적으로 더 특정적이고 제한적인 적용을 목표로 하는 조항만큼 정확하게 틀이 짜여있지 않다. 그런 과격한 조항은 다음과 같다.

(a) 연합국은 "본 조약에 따라 연합국에 할양되는 영토를 포함해 독일의 영토와 식민지·소유지·보호지 내에서, 본 조약의 발효일 현재 독일 국적의 사람 혹은 그들이 관리하는 기업에 속하는 모든 재산과 권리와 이권을 보유하고 현금화할 권리를 갖는다."[16]

이 조항은 식민지와 알자스-로렌 지역의 경우에 이미 논의한 조항을 확대한 안이다. 그렇게 몰수된 재산의 가치는 제일 먼저 청산이 일어나는 곳의 사법권을 지닌 연합국 정부의 국민에게 독일이 진 개인 채무를 청산하는 데, 그다음 독일의 이전 동맹국의 행위로 인해 발생한 채무 권리를 충족하는 데 사용될 것이다. 그렇게 하고 남는 잔고는 청산을 행하는 정부가 보유하기를 선택할 경우 배상금 계정의 대변 항목으로 포함되어야 한다.[17] 그러나 청산을 행하는 정부가 잔고를 배상 위원회로 의무적으로 이전하지 않아도 되고 원하는 경우 수입금을 직접 독일에 돌려줄 수 있다는 사실은 상당한 중요성을 지닌다. 왜냐하면 이 조항을 근거로 미국은 원하는 때에 적국 재산 관리를 담당하는 자국의 기관이 손에 쥐고 있는 거액의 금액을 배상 위원회의 의견과 상관없이 독일에 식량을 공급하는 데 필요한 자금으로 사용할 수 있을 것이기 때문이다.

이 조항들은 일종의 어음교환소를 통해 적국의 채무를 상호 청

---

16   조약 제297(b)조.
17   조약 제10편 제3절과 제4절 및 제243조.

평화의 경제적 결과

산한다는 계획에 기원을 두고 있었다. 이 제안을 따라 진행하면, 최근에 서로 전쟁을 벌인 각 국가의 정부는 다른 나라 국민이 자국민에게 지고 있는 개인 채무를 한곳으로 회수하고(정상적인 회수 과정은 전쟁으로 인해 중단되었다) 이렇게 회수된 기금을 다른 나라 국민에게서 빚을 돌려받을 권리를 갖고 있는 자국민에게 분배하는 일을 떠맡게 된다. 어느 측이건 최종 단계에서 발생하는 잔고는 현금으로 청산한다. 이렇게 함으로써, 발생할 수 있을 많은 어려움과 법적 소송을 회피할 수 있기를 바랐다. 이 계획은 완벽하게 쌍방향적이고 호혜적일 수 있었다. 상업적 채무를 회수하는 작업이 매우 호혜적이라는 점에서 이 계획은 부분적으로나마 그렇다. 그러나 연합국 정부는 완전한 승리를 발판으로 자신들의 이해타산을 위해 상호 호혜성에서 벗어나는 수많은 조치를 할 수 있었다. 그런 조치 중 주요한 예는 다음과 같다. 첫째, 독일의 사법권 안에 있는 연합국 국민의 재산은 평화조약이 체결되는 시점에 조약에 따라 연합국 소유로 되돌려진다. 반면에, 연합국의 사법권 안에 있는 독일 국민의 재산은 위에서 서술한 바와 같이 보유되고 청산될 것이다. 그 결과 세계 많은 곳에 있는 독일 재산은 전부 몰수될 수 있고, 현재 연합국의 공인 수탁자 및 그와 유사한 관리들의 보호를 받는 대규모 재산은 연합국이 영원히 보유할 수 있다. 둘째, 그런 독일의 자산은 독일인들의 채무를 상환하는 데 사용될 수 있을 뿐 아니라, 그러고도 충분할 경우, 예를 들어 오스만제국·불가리아·오스트리아 같은 "다른 적국들의 영토 안에 있는 연합국과 관련국의 재산과 권리 및 이권과 관련해 연합국과 관련국 국민이 갖고 있는 권리에 따라 지급해야 할 금액을 상환"하는 데에도 사용될 수 있다.[18] 이 조항은 놀랄 만한 조항이다. 이 조항은 분명히 비호혜적이다. 셋째, 사적 채무와 관련해 최종적으로 독일 측에 지급되어야 할 잔고가 있더라도 이 잔고는 상환될 필요가 없고 독일 정부가 지고 있는 여러 부채에 대비해 보유할 수 있다.[19] 이 조항들은 증서·권리증·정보의 전달을 통해 확실하게 효과적으로 이행된다.[20] 넷째, 연합국 국민과 독일 국민 사이에 전쟁 이전에 체결된 계약은 연합국 국민이 선택하는 바에 따라 취소되거나 부활될 수 있다. 따라서 독일에 유리한 계약은 모두 취소되는 반면, 독일은 자신에 불리한 계약을 의무적으로 이행해야 하는 상황이 될 것이다.

(b) 지금까지는 연합국의 사법권 안에 있는 독일 재산과 관련한 내용이었다. 다음 조항은 독일 인접국과 독일의 옛 동맹국 그리고 일부 다른 국가들의 영토에서 독일의 이권을 제거하는 것을 목표로 한다. 재정에 관한 규정 중 제260조에 따르면, 배상 위원회

---

18 따옴표 안에 들어가 있는 단어에 대한 해석은 약간 모호하다. 문구는 사적 채무를 포함하는 듯이 보일 정도로 광범위하다. 그러나 평화조약 최종안에서 사적 채무는 명시적으로 언급되지 않는다.

19 이 조항은 폴란드와 다른 신생국가 내에 있는 독일 재산의 경우 약한 형태를 띤다. 이 지역에서 청산 수입금은 재산 소유자에게 직접 지급되어야 한다(조약 제92조).

20 조약 제10편 제4절 부속서 제10항: "독일은 본 조약이 효력을 발휘하는 날로부터 6개월 안에 연합국과 관련국의 영토에 있는 재산, 권리 혹은 이권과 관련해 독일 국민이 소유하고 있는 모든 증권, 증명서, 증서 혹은 그 밖의 다른 권리증을 각 연합국과 관련국에 전달한다. …… 독일은 어떤 연합국이나 관련국이 요청하더라도 언제든지 해당 연합국 혹은 관련국의 영토 내에 있는 독일 국민의 재산, 권리 및 이권 또는 1914년 7월 1일 이후 발생한 재산, 권리, 이권에 관한 거래에 대해 요청받은 정보를 제공한다."

평화의 경제적 결과

는 조약 발효일로부터 1년 안에 다음과 같이 요구할 수 있다. 즉, 독일 정부는 "러시아·중국·오스만제국·오스트리아·헝가리·불가리아, 혹은 이 국가들의 영지나 속령, 혹은 독일이나 그 동맹국에 이전에 속했던 영토에서 벌어지는 어떤 형태의 공공시설 사업이나 이권 사업이건[21] 이와 관련해 독일 국민이 지닌 어떠한 권리와 이권이라도" 독일 국민에게서 몰수해 이것을 배상 위원회에 이전함으로써, 이 권리와 이권을 "독일이나 그 동맹국이 연합국에 할양하거나 본 조약에 따라 권한을 위임받은 기구가 관리하도록" 한다. 이 조항은 위 (a)에서 다룬 조항과 일부 중첩되는 포괄적인 내용을 담고 있다. 그러나 이 조항이 옛 러시아제국, 오스트리아-헝가리제국, 오스만제국에서 떨어져 나온 신생국가와 영토를 포함하고 있음에 주목해야 할 것이다. 이렇게 독일의 영향력은 제거되고, 독일이 자국의 미래 삶을 위해, 자국의 에너지와 기업 활동 그리고 기술적 숙련의 출구를 위해 자연스레 눈을 돌릴 모든 인접국에서 독일의 자본은 몰수된다.

이 프로그램을 세밀하게 집행하는 과정에서 배상 위원회는 특별한 임무를 맡게 될 것이다. 전쟁·분열·볼셰비키주의(Bolshevism)[22]로 질서가 무너져 내렸고 명령에 복종하는 것이 의심쩍은

---

21 "어떤 형태의 공공시설 사업이나 이권 사업이건"은 모호한 문구다. 이 문구에 대한 정확한 해석은 제공되지 않고 있다.
22 옮긴이 주 1903년 런던에서 열린 '러시아사회민주노동당(Russian Social Democratic Labour Party)' 전당대회에서 당은 두 쪽으로 나뉘었다. 한쪽은 당원들이 독립적으로 의견을 피력할 수 있어야 하며 당이 대의제 체제에서 노동자와 농민을 포함하는 대중정당이 되어야 한다고 주장하는 율리우스 마르토프(Julius

거대한 영토에서 배상 위원회는 엄청나게 많은 권리와 이권을 소유한 조직이 될 것이기 때문이다. 승전국 사이에 전리품을 나누는 일 또한 강력한 힘을 지닌 조직을 탄생시킨다. 이 조직의 문 앞은 20~30개 국가의 탐욕스러운 투기꾼들과 남한테 지기 싫어하는 이권 사냥꾼들로 붐비고, 문턱은 그들의 발길로 더럽혀질 것이다.

배상 위원회가 몰라서 자신의 권리를 완전히 행사하지 못하는 일이 일어나지 않도록 추가로 다음과 같은 조항이 마련되었다. 즉,

---

Martov, 1873~1923)를 지지했다. 다른 쪽은 당 지도부가 전문적 혁명가로 구성되어 절대적 권위를 가져야 하고 당은 민중을 혁명으로 이끌어가는 '전위당 (vanguard party)'이 되어야 한다는 레닌을 지지했다. 전당대회 결과 레닌을 지지하는 편이 다수를 차지했다. 이후 레닌을 지지하는 파는 '다수'를 뜻하는 '볼셰비키(Bolsheviki)'로, 마르토프를 지지하는 편은 '소수'를 뜻하는 '멘셰비키(Mensheviki)'로 불렸다. 레닌의 볼셰비키주의는 대략 다음과 같은 사상으로 구성된다. 첫째, 프롤레타리아 독재론. 전문적 혁명가를 중심으로 구성된 당이 전위가 되어 민중을 이끌면서 구체제를 완전히 전복한 후 노동자·농민·병사의 대표자가 구성한 평의회(소비에트)를 통해 프롤레타리아 독재를 실현해야 한다. 둘째, 제국주의론. 자본주의는 본질적으로 잉여가치를 추구하는 경제체제이므로 자본가는 필연적으로 식민지 쟁탈전을 벌일 수밖에 없다. (레닌은 제1차세계대전이 자본주의국가들이 벌이는 제국주의 전쟁이라고 비판하면서, 이 전쟁으로 발생한 '약한 고리'를 통해 러시아에서 사회주의혁명을 촉발하는 추가적 경로가 발생했다고 주장했다.) 셋째, 변증법적 유물론. 마르크스주의에 대한 기계론적-경험론적 해석은 감각이 물자체(Ding-an-sich)를 완벽하게 인지한다는 생각에 기초해 있다. 그렇다면 인간의 역사는 존재할 수 없다. 감각에 의한 경험은 물자체에 대한 불완전한 인지만을 제공할 뿐이다. 인간은 경험된 불완전한 인지를 회의-비판-종합하면서 성숙한 인식으로 승화해 물자체를 알 수 있다. 이 성숙한 인식을 향한 과정이 변증법적 과정이고, 이를 통해 인간의 역사가 가능하다. 레닌 이후 볼셰비키주의는 이오시프 스탈린(Joseph Stalin, 1879~1953. 본명은 이오세브 베사리오니스 제 주가슈빌리[Ioseb Besarionis dze Jughashvili]), 레온 트로츠키 (Leon Trotsky, 1879~1940. 본명은 레프 다비도비치 브론시테인[Lev Davidovich Bronstein]), 니콜라이 부하린(Nikolai Bukharin, 1888~1938), 예브게니 프레오브라젠스키(Yevgeni Preobrazhensky, 1886~1937) 등에 의해 확장·변형된다.

평화의 경제적 결과

독일 정부는 조약 발효일로부터 6개월 이내에 "이미 양도되었든, 경우에 따라 결정되든, 아직 실행되지 않았든" 관련되는 모든 권리와 이권의 목록을 작성해 배상 위원회에 넘기며, 이 기간 안에 그렇게 전달되지 않은 권리와 이권은 모두 자동으로 연합국 정부에 유리하게 처분될 것이다.[23] 이런 성격의 칙령이 자국 정부의 사법권 밖에 있는 독일 국민의 인격체와 재산을 얼마나 구속할 수 있는지는 해결되지 않은 문제다. 그러나 위 목록에서 특정된 국가들은 모두 적절한 조약 규정을 적용하거나 그 밖의 다른 방식으로 연합국 당국에 의해 압력을 받을 수 있다.

(c) 위 두 조항은 중립국에 있는 독일의 이권에는 영향을 미치지 않는다. 그런데 이 두 조항보다 더 포괄적인 내용을 담은 셋째 조항이 남아있다. 배상 위원회는 위원회가 정하는 방식대로, 즉 "금, 상품, 선박, 증권 혹은 다른 형태로"[24], 최대 10억 파운드에 달하는 금액을 지급하도록 독일에 요구할 권한을 1921년 5월 1일까지 부여받았다. 이 조항은 어떤 종류건 상관없이 모든 독일 재산에 대해 배상 위원회에 전술한 기간에 걸쳐 독재적 권한을 부여하는 효과가 있다. 이 조항에 따라 배상 위원회는 독일 영토 안팎에 상관없이 어떠한 사업이나 기업 혹은 재산이더라도 특정적으로 지정하고 그것의 양도를 요구할 수 있다. 또 배상 위원회의 권한은 조약 발효일 현재 존재하는 재산뿐만 아니라 향후 18개월 기간의 어떤 시점에라도

---

23 조약 제260조.
24 조약 제235조.

새롭게 형성되거나 취득될 재산 모두에 확장 적용되는 듯이 보인다. 예를 들어, 배상 위원회는 남아메리카에서 '독일해외전기회사(Deutsche Überseeische Elektrizitätsgesellschaft, D.U.E.G.)'라는 이름으로 활동하는 건실하고 강력한 독일 회사를 특정하고 이 회사를 연합국의 이권에 맞게 처분할 수 있다. 배상 위원회는 발족하는 즉시 그렇게 처분할 것으로 생각된다. 이 조항의 문구는 명확하고 모든 가능한 경우를 아우른다. 이 규정이 배상금 징수 방식과 관련해 매우 신선한 원리를 도입하고 있다는 사실은 지나가는 말로라도 주목할 만하다. 지금까지는 갚아야 할 금액이 먼저 정해지고 배상금을 지급해야 할 나라가 지급 방식을 스스로 자유롭게 고안하고 선택할 수 있었다. 그러나 현재의 경우에는 배상금을 받을 국가가 (일정 기간에 걸쳐) 정해진 금액을 요구할 수 있을 뿐만 아니라 배상금 지급을 위해 내놓을 재산의 종류까지 특정할 수 있다. 이런 방식으로, 내가 특히 다음 장에서 더 상세하게 다루겠지만, 배상 위원회의 권한은 독일로부터 배상금을 징수할 뿐 아니라 독일의 상업적·경제적 조직을 파괴하려고 사용될 수 있다.

(a), (b), (c)가 (그리고 내가 보기에 확대 논의할 필요가 없어 보이는 다른 부차적 조항이) 같이 어우러질 때 나타날 효과는 독일이 조약에서 명시하는 자국의 국경 밖에 있는 재산을 모두 몰수당하는 것이다. (아니면, 오히려 마음대로 독일로부터 그 재산을 몰수할 권한을 연합국에 부여하는 것이다. 아직 그렇게까지는 되지 않았다.) 독일의 해외투자가 압수되고 독일의 해외 거래망이 파괴될 뿐만 아니라, 독일의 옛 동맹국과 독일에 육지로 맞닿아 있는 인접국의 영토에서도 이와 똑

같은 몰수 과정이 적용된다.

(5) 혹시라도 부주의로 인해 위의 조항이 발생할 수 있을 모든 경우의 수를 간과하지 않도록 조약에는 다른 몇몇 조항이 포함된다. 이 조항들은 지금까지 내가 기술한 것에 실질적으로 크게 다른 내용을 더해주지는 않지만, 승리에 취한 연합국이 패배한 적국을 경제적으로 굴복시키는 과정에서 보여준 철저한 정신을 드러낸다는 점에서 간단히 언급할 가치가 있다.

무엇보다도 먼저 금지와 포기에 관한 일반적인 규정이 하나 있다. "본 조약이 정하는 독일의 유럽 국경 밖에 있는 영토에서, 독일은 독일이나 그 동맹국에 속했던 영토 안에 있는, 혹은 그 영토에 대한 권리·자격·특권을 그것이 어떤 것이든 모두 포기하며, 연합국과 관련국에 대해 독일이 보유했던 권리·자격·특권을 그것이 어떻게 유래되었든 간에 모두 포기한다."[25]

이 규정 다음에는 좀 더 특정적인 내용을 담은 조항이 따라온다. 독일은 중국에서 취득했을 권리와 특권을 모두 포기한다.[26] 샴[27], 라이베리아[28], 모로코[29], 이집트[30]와 관련해서도 비슷한 조항이 있다. 이집트에서는 특권만 포기하는 것이 아니라 조약 제

---

25 조약 제118조.

26 조약 제129조와 제132조.

27 조약 제135~137조. 옮긴이 주 샴(Siam)은 태국어 발음으로는 사얌, 영어 발음으로는 사이앰이다. 현재의 태국이 1939년까지 사용했던 국명이다.

28 조약 제135~140조.

29 조약 제141조: "독일은 1906년 4월 7일의 포괄적인 알헤시라스(Algeciras) 칙령에 의해, 그리고 1909년 2월 9일과 1911년 11월 4일의 프랑스-독일 협정에 의해 …… 독일에 양도된 권리·자격·특권을 모두 포기한다."

150조에 따라 일상적인 자유조차도 허락되지 않는다. 이집트 정부는 "독일 국적 사람이 이집트 내에 갖는 지위 그리고 그들이 이집트에 정착하는 조건을 규제함에 있어 완전한 행동의 자유"를 부여받는다.

조약 제258조에 따라 독일은 "연합국 혹은 관련국 어느 나라에서건, 혹은 오스트리아·헝가리·불가리아·오스만제국에서, 혹은 이 나라들의 속령에서, 혹은 옛 러시아제국에서 활동하고 있는" 국제적 성격을 지닌 금융기관이나 경제 기관에 참여할 권리를 포기한다.

대체로 전쟁이 일어나기 전에 체결된 조약과 협약 중에서 연합국 정부가 판단하기에 부활시키는 게 유리하다고 생각되는 것만 부활시키고, 독일에 유리한 것은 폐기될 수 있다.[31]

그러나 앞에서 내가 논의한 조항과 비교할 때 분명히 이 조항들 중 실질적으로 중요한 것은 전혀 없다. 이 조항들은 독일의 공권을 박탈하고 독일의 경제를 연합국의 편의에 맞게 굴복시키는 과정을 논리적으로 완결하는 단계를 대변한다. 그러나 이미 실질적으로 무력화된 독일의 상황을 눈에 띄게 더 무력화시키지는 않는다.

---

30 조약 제148조: "독일이 이집트와 체결한 모든 조약·협정·조정·계약은 1914년 8월 4일자로 폐기한다." 제153조: "독일제국과 독일의 주 정부(states)가 이집트에 보유한 재산과 소유물은 모두 무상으로 이집트 정부에 양도된다."
31 조약 제289조.

평화의 경제적 결과

II

화폐 금액에 관한 조항은 사람들에게 즉각적으로 와닿는다. 그러나 독일의 국내 산업 경제에 끼칠 궁극적 결과와 관련해, 석탄과 철에 관한 조항은 이것들보다 더 중요하다. 좀 더 사실에 맞게 말하면, 독일제국은 '피와 철'[32]보다는 석탄과 철을 바탕으로 건설되었다. 루르(Ruhr) 지역, 고지(高地) 실레시아(Upper Silesia), 자르(Saar) 분지의 풍부한 탄전(炭田)을 기술적으로 훌륭하게 개발하자 그것만으로도 독일은 철·화학·전기 산업을 발전시켜 유럽 대륙에서 제1의 산업국가가 되었다.[33] 독일 인구의 3분의 1이 주민 수가 2만 명

32 옮긴이 주 '피와 철(Blut und Eisen; blood and iron)'. 1862년 9월 30일 당시 프로이센 수상이었던 비스마르크는 의회 예산 위원회에서 독일의 통일을 위해 주변국에 대해 프로이센이 힘의 우위를 가져야 한다고 강조하는 연설을 했다. 그 연설은 "오늘 프로이센이 맞닥뜨리고 있는 큰 문제는 단순히 연설이나 다수결로 결정되지 않습니다. …… 그것을 결정하는 것은 철과 피(Eisen und Blut)입니다." 라는 말로 끝을 맺는다. 이후 '철과 피(鐵血)'는 비스마르크의 '힘의 정치'를 상징하는 표현이 되었고, 비스마르크는 '철혈재상'이라는 별명을 얻었다. 'Eisen und Blut'는 이후 독일어로 듣기에 더 좋은 음조로 표현된 'Blut und Eisen', 영어로는 'blood and iron'으로 바뀌어 사용되었다.

33 옮긴이 주 루르 지역은 현재 독일의 서부에 위치한 노르트라인-베스트팔렌주 서부에 위치한 지역이다. 원래 '루르'는 라인강의 지류인 루르강만을 지칭했으나, 제1차세계대전 이후 루르강을 따라 형성되어 있는 지역을 지칭하는 말로 사용되기 시작했다. 고지 실레시아는 현재 폴란드의 남서부에 위치한 지역으로 일부는 현재의 체코공화국에 걸쳐있다. 폴란드어로는 구르니 실롱스크(Górny Śląsk), 독일어로는 오버슐레지엔(Oberschlesien)으로 불린다. 이 지역은 역사적으로 9세기에 모라비아(Moravia)에 속해 있다가 이후 보헤미아 왕국, 헝가리, 오스트리아, 프로이센 등에 속했다. 자르 분지는 현재 독일의 남서부에 위치한 자를란트(Saarland)주에 상응한다. 베르사유조약에 따라 국제연맹의 위임 속에 1920년부터 1935년까지 영국과 프랑스의 관리를 받았다. 1935년 주민 투표를 통

이상인 동네에 살고 있다. 이것은 석탄과 철을 기초로 해야만 가능한 산업 집중이다. 따라서 독일의 석탄 공급에 타격을 가하려는 프랑스의 정치인들은 표적 설정에서 실수가 없었다. 조약의 요구가 극단적으로 과도하다는 점, 더 나아가 그 요구의 실현이 기술적으로 불가능하다는 점이 밝혀질 때만 혹시라도 장기적으로 이런 상황이 바뀔 수 있을 것이다.

(1) 조약은 독일의 석탄 공급에 네 가지 방식으로 타격을 가한다.

(i) "프랑스 북부의 탄광 파괴에 대한 배상으로, 그리고 전쟁으로 인해 발생한 피해와 관련해 독일이 지급해야 할 총배상금의 일부로 독일은 자르 분지에 있는 탄광을 프랑스에 할양하며, 이 할양에서 프랑스는 탄광에 대해 완전하고 절대적인 소유권을 갖고, 탄광 개발에 대한 배타적 권리를 부여받으며, 개발에 아무런 제지도 받지 않고, 어떤 종류의 채무와 부담에서도 자유롭다."[34] 이 지역의 관리가 15년 동안 국제연맹에 귀속되는 반면, 탄광은 프랑스에 완전히 할양된다는 점에 주목해야 한다. 15년 후에 이 지역 주민이 주민 투표를 통해 지역의 미래 주권에 대한 자신들의 의사를 밝힐 수 있도록 조치가 취해질 것이다. 그리고 그들이 독일과 통합되기를 선택하는 경우 독일은 값을 금으로 지급하면서 탄광을 다시 사들일 권리를 갖는다.[35]

해 독일에 반환되었다.

34 조약 제45조.

35 조약 제4편 제4절 부속서 제3장.

평화의 경제적 결과

세계는 이미 자르 분지의 처리가 약탈과 불성실의 행위라고 판단했다. 프랑스 탄광을 파괴한 대가로 지급해야 할 배상금과 관련해서는, 곧 보겠지만, 조약의 다른 조항에서 다뤄진다. 다음과 같은 독일 대표단의 말에는 아무런 모순이 없다. "자르 지역만큼 사람들이 영속적으로 거주하고 동질적이며 전혀 복합적이지 않은 산업 지역은 독일에 존재하지 않는다. 1918년 65만 명이 넘는 인구 중에 프랑스 사람은 100명이 채 되지 않았다. 자르 지역은 1,000년이 넘는 기간에 걸쳐 독일에 속해 있었다. 전쟁 같은 작전의 결과로 일시적으로 프랑스에 점령당하기도 했지만, 그 점령은 언제나 단기간 내에 평화조약이 맺어지면서 종식되고 지역은 독일에 반환되었다. 1,048년에 걸친 기간에 프랑스가 이 지역을 소유했던 기간은 다 합해도 68년이 채 되지 않는다. 1814년 1차 파리조약이 체결되었을 때 지금 프랑스가 탐내는 지역 중 작은 일부가 프랑스의 소유가 되었지만, 이 지역 주민들은 열성적으로 그 조치에 반대했고 '언어와 관습과 종교로 연결된 모국 독일과 재통합'되기를 요구했다. 1년 3개월 동안의 점령이 지난 후 주민들의 이 바람은 1815년의 2차 파리조약에 반영되었다. 그 이후로 이 지역은 한번도 끊인 적 없이 독일에 속해왔으며, 이 지역의 경제적 발전은 바로 그 관계에 기인한다."

프랑스가 석탄을 원한 이유는 로렌 지역의 철광산을 개발하기 위함이었다. 그리고 프랑스는 비스마르크의 정신으로 자르 분지를 손안에 넣었다. 독일이 이 지역의 석탄을 방어하지 못한 이유는 전례에 따른 것이 아니라 연합국의 구두 천명에 따른 것이다.[36]

(ii) 고지 실레시아는 대규모 마을이 없는 지역이다. 그러나 독일 석탄 총생산량의 약 23퍼센트를 차지하는 독일의 주요 탄전 중 하나가 자리하고 있다. 이 지역은 주민 투표 결과에 따라 폴란드에 할양될 것이다.[37] 고지 실레시아는 역사적으로 폴란드에 속한 적

36 "우리는 자르 탄광의 소유권을 인수한다. 그리고 이 탄광에 묻힌 석탄을 개발하는 과정에서 불편함이 발생하지 않도록, 이 석탄 분지에 거주하는 60만 독일인을 위해 별도의 소규모 거주 단지를 만든다. 15년이 지난 후 우리는 투표를 통해 그들이 프랑스 국적을 원한다고 선언하게끔 노력할 것이다. 우리는 이것이 무엇을 뜻하는지 알고 있다. 이 15년의 기간에 걸쳐 우리는 그들에게서 사랑의 선언을 끌어낼 때까지 그들을 설득하고 모든 지점에서 그들을 공격할 것이다. 분명히 이런 방식은 우리를 알자스 사람들과 로렌 사람들에게서 떼어놓았던 강제적인 실력 행사보다 덜 잔혹한 절차다. 그러나 한편으로 더 위선적이다. 우리끼리는 상당히 잘 아는 이야기지만, 이 방식은 60만 독일인을 병합하려는 시도다. 우리는 클레망소가 경제적 성격의 이유를 근거로 자르 지역의 석탄 매장고를 확보하기를 원했다는 사실을 잘 알고 있다. 그러나 그 석탄 매장고를 확보하려고 과연 우리가 15년 안에 60만 독일인을 프랑스인으로 만들려고 그들과 같이 어울리기를 원하는 모습을 보여야만 할 것인가?"(1919년 5월 31일자《승리[La Victoire]》에 실린 에르베[Hervé] 씨의 기고문)

37 이 주민 투표는 연합국이 최종 각서에서 독일에 내어준 양보 중 가장 중요한 것이다. 독일의 동부전선에 대한 연합국의 정책을 전혀 인정하지 않았던 로이드 조지 수상이 이 양보를 끌어내는 데 중심 역할을 했다고 말할 수 있다. 투표는 1920년 봄 전에는 이뤄질 수 없고 1921년까지 연기될 수 있다. 이 기간에 이 지역은 연합국의 위원회에 의해 관리될 것이다. 투표는 자치구(commune)들이 할 것이고 최종적인 국경은 연합국이 결정할 것이다. 이때 연합국은 부분적으로는 각 자치구 투표의 결과를, 부분적으로는 "지방 정부의 지리적·경제적 조건"을 고려할 것이다. 투표 결과를 예측하려면 지역에 대한 많은 양의 정보가 필요하다. 폴란드에 투표하면 지역 주민들은 배상금을 갚아야 하는 부담에서, 그리고 독일에 투표했을 때 부과될 엄청난 세금의 부담에서 벗어날 수 있다. 후자는 간과되지 말아야 할 요소다. 반면에, 신생국가 폴란드의 파산과 무능력은 민족보다 경제에 근거해 투표하는 경향이 있는 사람들을 망설이게 할 것이다. 위생과 사회적 입법 같은 문제와 관련한 삶의 조건에서 그런 입법이 막 정립되기 시작한 인접한 폴란드의 구역보다 고지 실레시아가 비교할 수 없을 정도로 더 좋다는 사실도 알려져 있다. 본문에서 내가 전개하는 주장은 고지 실레시아가 더는 독일에 속하지 않을 것이라

이 한번도 없다. 그러나 사람들은 폴란드인·독일인·체코슬로바키아인 등으로 혼합되어 있고, 이들 간의 구성 비율은 논란의 대상이다.[38] 경제적인 측면에서 보면 주민은 독일인에 집중되어 있다. 동부 독일의 산업은 고지 실레시아로부터 석탄을 공급받는다. 고지 실레시아를 잃는다면 독일의 경제적 구조에 결정적인 타격이 가해질 것이다.[39]

는 가정에 서 있다. 그러나 1년 안으로 많은 일이 일어날 수 있고 이 가정도 확실하지 않다. 이 가정이 잘못되었다는 것이 밝혀진다면 결론도 수정되어야 할 것이다.
38 독일 정부의 주장에 따르면 선거에서 실제 이뤄진 투표수에서 판단하건대 주민의 3분의 1은 폴란드를 위해서, 3분의 2는 독일을 위해서 표를 던질 것이다. 이 말에 모순은 없다.
39 그러나 연합국의 최종 각서에서 실레시아와 관련해 내어준 다른 양보 가운데 조약 제90조가 포함되어 있다는 사실을 간과하지 말아야 할 것이다. 이 조항에 따르면, "폴란드는 본 조약에 따라 폴란드로 이전되는 고지 실레시아 지역의 탄광에서 생산한 석탄을 독일에 수출할 것을 15년 동안 허가함에 동의한다. 그 생산물은 모든 수출 관세나 여타 부과금 혹은 수출 규제에서 자유롭다. 여기서 폴란드는 다음 사항을 확실하게 하는 데 필요하다고 생각되는 조치를 할 것에 동의한다. 즉, 폴란드는 그 석탄 생산물이 독일의 구매자에게 판매될 때, 폴란드 혹은 어떤 나라든 다른 나라에서 구매자에게 유사한 조건 속에서 판매되는 그와 유사한 생산물에 적용될 조건과 같은 정도로 유리한 조건으로, 독일의 구매자에게 판매될 수 있도록 한다." 이 내용이 그대로 선매권(先買權; right of pre-emption)을 뜻하는 것은 아니며, 이 내용이 실제로 미칠 영향을 예측하기는 쉽지 않다. 그러나 탄광이 이전 수준으로 효율성을 유지하는 한, 그리고 독일이 그 광산에서 이전에 공급받던 수준으로 상당히 많이 구매할 수 있는 한, 손실은 무역수지에 영향을 미치는 선에 그칠 것이며, 독일의 경제활동에 이 책에서 고려하고 있는 것 같은 더욱 심각한 반향을 불러일으키지는 않을 것이다. 이 점에서 연합국에는 배상 문제를 해결할 현실적 방안을 좀 더 완화할 여지가 존재한다. 한 가지 부언할 내용이 있다. 독일 국민이 지적하듯이, 프랑스에 자르 탄광 지역을 넘겨줘야 한다는 그 경제적 주장을 거꾸로 적용하면 고지 실레시아는 독일에 배당되어야 한다. 왜냐하면 실레시아 탄광은 독일의 경제적 삶에 결정적인 반면, 폴란드에는 필요하지 않기 때문이다. 폴란드는 전쟁 전에 연간 1,050만 톤의 석탄을 수요했다. 이 중 680만 톤이 고지 실레시아에 가까운 명백한 폴란드 구역에서,

고지 실레시아와 자르 지역의 탄광을 상실하면 독일의 석탄 공급은 거의 3분의 1이 감소한다.

(iii) 몰수하지 않고 남겨진 석탄에서 독일은 프랑스 북부 지역의 탄전에 끼친 파괴와 피해로 프랑스에 발생한 추정 손실량을 매년 메꿔줄 의무가 있다. 배상을 다룬 장의 부속서 5의 제2항에 따르면, "독일은 향후 최대 10년의 기간에 걸쳐 매년 프랑스에 석탄을 양도하며, 그 양은 전쟁으로 파괴된 노르와 파드칼레 지역[40]의 탄전에서 전쟁 전에 생산된 석탄의 연간 평균 생산량과 해당 연도에 동일 지역의 탄광에서 생산된 석탄의 양 사이의 차이로 정한다. 단, 그렇게 양도되는 석탄량은 최초 5년 동안에는 연간 2,000만 톤을 초과하지 않으며, 이후 5년 동안에는 연간 800만 톤을 초과하지 않는다." 이 조항은 그 자체로는 적절한 조건이며, 독일에 사용할 다른 자원이 남겨진다면 독일이 실현할 수 있을 조건이다.

(iv) 석탄과 관련한 마지막 조항은 배상을 다룬 장에 담긴 일반

150만 톤이 고지 실레시아에서 공급되었고(고지 실레시아 지역의 석탄 총생산량은 4,350만 톤이었다), 나머지는 체코슬로바키아에서 공급되었다. 고지 실레시아와 체코슬로바키아에서 전혀 공급받지 않더라도, 폴란드는 아직 과학적으로 개발되지 않은 자국의 탄광을 좀 더 높은 가동률로 채굴하거나 이제 폴란드에 할양된 서부 갈리시아 지역의 석탄을 사용해 자국의 필요를 충족할 가능성이 있다.
40 옮긴이 주 노르(Nord)와 파드칼레(Pas-de-Calais)는 영국해협과 벨기에에 접한 프랑스 동북부 지방의 두 데파르트망(département, 프랑스 행정구역 구분 중 하나로 한국의 행정구역 '도[道]'와 유사)이고, 이 두 데파르트망을 합해 (제1차세계대전 당시에) 노르파드칼레(Nord-Pas-de-Calais) 레종(region, 한국의 '지역/지방'에 해당하는 프랑스 행정구역)을 구성했다. 2016년 1월 1일 이후 행정구역 변경을 통해 노르파드칼레 레종은 오드프랑스(Hauts-de-France) 레종의 일부가 되었다.

평화의 경제적 결과

적인 구도의 일부로서, 배상되어야 할 총량의 일부는 현금이 아니라 현물로 지급되어야 한다는 것이다. 배상 지급의 일부로서 독일은 다음과 같이 석탄 혹은 그와 동등한 가치의 해탄(骸炭; cokes)을 양도해야 한다(아래에서 프랑스에 양도하는 석탄은 모두 자르 지역 할양에 따르거나 프랑스 북부 지역의 파괴에 대한 배상의 일부로 지급되어야 하는 양에 추가되는 양이다).

(a) 프랑스에 10년 동안 매년 700만 톤[41],

(b) 벨기에에 10년 동안 매년 800만 톤,

(c) 이탈리아에 1919~1920년에 연간 450만 톤에서 시작하고 매년 양도하는 양을 늘려 1923~1924년부터 1928~1929년의 6년 기간에는 매년 850만 톤,

(d) 룩셈부르크에는 필요한 경우, 전쟁 전에 룩셈부르크에서 소비된 독일산 석탄의 양과 같은 양.

이 양을 합하면 연평균 2,500만 톤에 이른다.

이 수량은 독일이 생산해낼 가능성이 있는 양과 비교해 고려되어야 할 것이다. 전쟁 전 독일의 최대 석탄 생산량은 1913년 1억 9,150만 톤이었다. 이 중에서 1,900만톤은 탄광 내에서 소비되었고, (수출량에서 수입량을 뺀) 순 수출량은 3,350만 톤이었다. 따라서 국내 소비로는 1억 3,900만 톤이 남았다. 이 국내 소비량은 다음처럼 사용된 것으로 추정된다.

---

41 프랑스는 이에 더해 매년 벤졸 3만 5,000톤, 석탄 타르 5만 톤, 암모니아 황산염 3만 톤을 받는다.

철도	18.0
가스, 물, 전기	12.5
벙커	6.5
주택 연료, 소기업, 농업	24.0
산업	78.0
	139.0

영토의 상실로 인해 발생할 생산 감소량은 다음과 같다.

(단위: 100만 톤)

알자스-로렌	3.8
자르 분지	13.2
고지 실레시아	43.8
	60.8

따라서 1913년 생산량을 기준으로 할 때 1억 3,070만 톤이, 혹은 탄광 자체에서 소비하는 양을 빼면 (예를 들어) 1억 1,800만 톤이 독일이 사용할 양으로 남을 것이다. 이 생산량 중에서 향후 몇 년 동안에는 프랑스 탄광에 발생한 피해에 대한 배상으로 최대 2,000만 톤을 프랑스에 양도해야 하고, 프랑스·벨기에·이탈리아·룩셈부르크에 총 2,500만 톤을 양도해야 한다.[42] 프랑스 탄광 피해 배상을 위

---

42 배상 위원회는 조약(제8편 부속서 5의 제10항)에 따라 "앞에서 명시된 선택지를 완전하게 이행할 경우 독일 산업에 필요한 조건이 과도하게 저해된다." 라고 판단하면 "양도를 순연하거나 취소할" 권리를 갖는다. 그런 순연이나 취소

한 수량 2,000만 톤은 최대치이고, 4개국에 양도할 수량은 배상 초기에는 2,500만 톤보다 약간 작을 것이므로, 독일이 연합국에 제공해야 하는 석탄 수출 총량은 4,000만 톤 정도가 될 것으로 추산할 수 있다. 이를 기준으로 계산할 때, 독일이 국내 소비를 위해 사용할 수 있는 양은 7,800만 톤이 남는다. 이 수량은 전쟁 이전에 독일이 소비했던 1억 3,900만 톤에 대비된다.

그러나 이런 비교를 정확하게 하려면 상당한 수정이 필요하다. 한편으로, 전쟁 전 생산량 수치를 현재 생산량의 기초로 삼을 수 없음은 분명하다. 1913년 생산량이 1억 9,150만 톤이었던 것에 비해

가 발생할 경우, "파괴된 탄광에서 생산되었던 석탄을 대체하는 석탄은 다른 이유로 양도되어야 할 석탄에 우선권을 갖는다." 이 마지막 조항은, 후에 우리가 살펴보겠지만, 독일이 4,500만 톤을 완전하게 공급하는 것이 물리적으로 불가능할 경우 매우 중요한 결과를 함축한다. 배상 위원회는 이 조항을 마음대로 수정할 수 없다. 이탈리아 언론은 이 조항의 중요성을 간과하지 않았고, 이 조항이 파리에서 이탈리아 대표단이 철수했을 때 삽입되었다고 주장했다(《코리에레 델라 세라[Corriere della Sera]》, 1919년 7월 19일자). 옮긴이 주 전쟁 이전에 이탈리아는 독일 및 오스트리아-헝가리와 오랫동안 동맹을 이뤄왔지만, 전쟁이 발발하자 중립을 지키다가 1915년 4월 영국·프랑스·러시아 3국과 비밀로 '런던조약'을 체결하고 연합국 측을 지원하기로 했다. 런던조약에서 이탈리아는 전쟁에서 승리할 경우 오스트리아-헝가리제국, 오스만제국, 북부 아프리카에서 영토를 할양받는다는 약속을 받았다. 그러나 윌슨 대통령의 14개 조항은 이전에 국가 간에 비밀로 체결된 모든 조약이나 협약이 효력 없음을 주장했고, 한 영토의 주권은 그 영토에 사는 사람들이 결정할 사항이며 그 영토 밖에 있는 주체들이 결정할 사항이 아니라는 민족자결주의를 주장했다. 파리평화회의에서 이탈리아는 연합국이 런던조약에서 한 약속을 이행할 것을 주장했으나 이 주장은 관철되지 않았다. 특히 오를란도 수상은 런던조약에서 약속받은 달마티아를 포기하는 대신 퓨메를 할양받아야 한다고 주장했으나 윌슨 대통령의 강력한 반대에 부딪혔다. 이에 분개한 오를란도 수상은 1919년 5월에 4인 위원회를 떠나 이탈리아로 돌아갔다(2주 후에 이탈리아는 4인 위원회에 다시 합류했다).

1918년 생산량은 1억 6,150만 톤이었다. 그리고 1919년 전반기 동안 알자스-로렌 지역과 자르 분지는 제외하고 고지 실레시아 지역을 포함한 생산량은 5,000만 톤이 채 되지 않았다. 그렇다면 이에 상응하는 연간 생산량은 1억 톤이다.[43] 생산량이 이렇게 작은 이유는 부분적으로는 일시적이고 예외적이다. 그러나 독일에 정통한 사람들은 그 이유 중 일부가 앞으로 상당 기간 지속될 것이라는 점에 동의하고 있고, 그 동의에 아무런 반박도 제기되지 않았다. 부분적으로 그 이유는 다른 경우와 똑같다. 일간 1교대 작업 시간이 8.5시간에서 7시간으로 줄어들었고, 중앙 정부의 힘이 이 작업 시간을 이전 수준으로 되돌려놓기에 적절할 가능성은 매우 작다. 게다가 광산 시설은 (봉쇄 기간에 일부 핵심 물자가 부족했던 탓에) 형편없는 상태에 있고, 광부들의 물리적 효율성은 영양실조로 크게 망가져 있다(교회 십일조처럼 부과된 배상 요구가 충족되려면 노동자들의 영양실조 문제는 치유될 수 없다. 오히려 삶의 수준은 더 낮아질 수밖에 없다). 그리고 전쟁으로 인한 인명 피해는 유능한 광부들의 수를 줄였다. 영국의 상황에서 유추해보는 것만으로도 독일의 석탄 생산량이 전쟁 이전 수준으로 되돌아갈 수 없을 것이라는 사실을 확인하기에 충분하다. 독일 전문가들은 생산량 손실이 대략 30퍼센트를 넘는다고 추정한다. 이 손실의 원인은 1교대 작업 시간의 단축과 다른 경제적 영향에 같은 정도로 나뉜다. 내게 그것을 지지하거나 비판할 정도의 지식은 없지

---

43 따라서 현재 독일의 연간 석탄 생산량은 1913년 생산량의 약 60퍼센트다. 이 때문에 자연히 석탄 재고량은 재앙에 가까운 영향을 받았고, 다가오는 겨울은 독일 사람들에게 위험천만한 시간이 될 것으로 예상된다.

만, 전반적 근거에 비춰볼 때 이 수치는 타당해 보인다.

따라서 전쟁 전 달성했던 순 생산량 1억 1,800만 톤이라는 수치는 (영토의 상실과 탄광 내 소비를 고려하고 나면) 위의 요소에 비춰볼 때 적어도 1억 톤[44] 정도로 감소할 가능성이 크다. 이 가운데 4,000만 톤이 연합국에 보내지면 독일에는 자국의 소비를 위해 6,000만 톤이 남는다. 공급과 함께 수요도 영토 상실로 인해 감소할 것이지만, 아무리 크게 잡아 추정하더라도 감소분은 2,900만 톤을 넘지 못할 것이다.[45] 따라서 우리가 가설적으로 해본 계산에 따르면, 철도와 제조업이 전쟁 전의 효율성을 유지한다는 가정하에, 전쟁 후 독일이 국내에서 필요로 하는 석탄량은 1억 1,000만 톤이다. 그런데 석탄 생산량은 1억 톤이고, 이 중 4,000만 톤은 연합국에 저당 잡혀있다.

주제의 중요성으로 인해 다소 길게 통계분석을 해봤다. 제시된 수치는 가설적이고 의문의 여지가 있으므로, 분명히 수치 하나하나에 과도한 의미를 부여하지는 말아야 할 것이다.[46] 그러나 이와 같은 사실이 담고 있는 일반적인 성격은 거부할 수 없을 정도로 분명하게 드러난다. 영토의 상실과 효율성의 상실을 고려할 때 독일이 계속 산업국가로 남아있으려면 독일이 가까운 미래에 석탄을 수출할 여지는 없다(심지어는 조약에서 보장한, 고지 실레시아에서 석탄을

---

44 이 수치는 위에서 인용한 30퍼센트 손실 추정치와 다르게 15퍼센트의 생산량 감소를 가정한다.

45 여기서는 독일의 제조업 활동이 25퍼센트 감소하고 다른 필요 물자가 13퍼센트 감소할 것으로 가정한다.

구매할 권리에 의존해야 할 것이다). 강제로 외국에 양도해야 하는 석탄 100만 톤마다 산업 하나를 폐쇄해야 하는 값을 치러야 한다. 뒤에 내가 논의할 결과에 비춰볼 때 이런 상황은 일정 한도 내에서 일어날 가능성이 있다. 그러나 분명히 독일은 매년 4,000만 톤의 석탄을 연합국에 제공할 수도 없고 그렇게 하지도 않을 것이다. 자국의 국민에게 독일이 그렇게 할 수 있을 거라고 말한 연합국의 장관들은, 분명 유럽 국민이 자신이 걸어가야 할 길에 대해 지니는 불안감을 잠시나마 누그러뜨려 준다는 명분으로 그들을 기만한 것이다.

평화조약의 조항에 포함된 (다른 어떤 것보다도) 환상에 불과한 이런 조건들은 미래에 안겨줄 위험을 잔뜩 머금고 있다. 배상금 수령과 관련해 연합국의 재무 장관들이 대중을 기만했던 화려한 기대는 세금 징수와 재정 긴축의 시간을 늦추려는 눈앞의 목적을 달성하고 나면 더는 이야기가 나오지 않을 것이다. 그러나 석탄과 관련한 조항은 쉽사리 사라지지 않을 것이다. 왜냐하면 프랑스와 이탈리아는 자신들이 갖고 있는 채무 권한을 실현하려고 할 수 있는 모든 수단을 사용하는 게 자신들의 이익에 절대적으로 부합하기 때문이다. 독일이 파괴한 프랑스와 영국 등의 나라에서 석탄 생산량은

46 특히 독자들은 위 계산에서 독일의 갈탄 생산량을 고려하지 않았음에 주의해야 할 것이다. 1913년에 독일은 조개탄으로 가공 처리한 2,100만 톤에 덧붙여 가공 전 갈탄으로 1,300만 톤을 생산했다. 그러나 이 양은 앞에서 가정한 석탄량을 제외하고 전쟁 전 독일이 필요로 했던 갈탄의 양이었다. 갈탄을 더 확대해 사용하거나 현재 고용에서 규모의 경제가 발생해 석탄의 상실로 인한 문제가 얼마나 보전될지를 논할 정도의 전문 지식이 내게는 없다. 그러나 자국의 갈탄 매장량에 좀 더 신경을 쓰면 독일이 석탄 상실을 상당한 정도로 보전할 수 있으리라는 것이 몇몇 전문가의 의견이다.

감소했으며, 운송 체계와 조직의 붕괴, 새 정부의 비효율성 같은 많은 부차적 이유로 인해 유럽 전체의 석탄 상황은 절망적이다.[47] 그리고 프랑스와 이탈리아는 조약에 따른 일부 권한을 서로 쟁탈하려 하면서 그 권한을 쉽사리 포기하지 않을 것이다.

진정한 딜레마가 일반적으로 그렇듯, 프랑스와 이탈리아는 커다란 힘을, 어떤 관점에서 보느냐에 따라 대처할 수 없어 보이는 힘을 발휘할 것이다. 이 딜레마의 진정한 형태는 한편에는 독일 산업이, 다른 한편에는 프랑스와 이탈리아가 자리 잡고 있는 문제로 나타날 것이다. 석탄의 양도가 독일 산업을 파괴할 것이라는 점을 인정할 수 있다. 그러나 석탄이 양도되지 않는다면 프랑스와 이탈리아의 산업이 위험에 빠질 것이라는 점도 똑같이 설득력이 있을 수 있다. 그런 경우, 특히 발생한 피해의 대부분이 궁극적으로 이제 패전국이 되어버린 국가의 사악한 행위로 인한 것일 때, 조약에 따른 여러 권한을 지닌 승전국들의 편을 들어줘야 하는 것이 당연하지

---

47 1919년 7월, 허버트 후버는 러시아와 발칸반도를 제외한 유럽에서 석탄 생산량이 6억 7,950만 톤에서 4억 4,300만 톤으로 떨어졌다고 추정하면서, 그것이 재료와 노동의 상실로 인한 결과이기도 하지만 그에 따른 영향은 그리 크지 않고, 주된 원인은 전쟁에 따른 박탈과 고통 후에 육체적 노력이 느슨해졌고, 철도 차량과 운송 체계가 불충분해졌으며, 일부 탄광 지역의 정치적 운명이 확실하게 해결되지 않은 것이라 말했다. **옮긴이 주** 윌슨 대통령은 1917년 4월 참전을 선언하면서 후버를 미국 식품국(U.S. Food Administration) 국장으로 임명했다. 식품국은 미국 내 식품 생산뿐 아니라 식품의 거래·저장·수입 등에 걸쳐 관리할 권한을 갖고 있었다. 전쟁 기간에 미국은 2,300만 톤에 달하는 식품을 연합국에 제공했고, 그 결과 연합국 국민은 후버를 높게 평가했다(케인스도 후버를 높게 평가했다. 제6장과 제7장 참조). 종전 후 식품국은 미국 구호국(American Relief Administration)으로 바뀌었고, 후버는 패전국을 포함한 유럽에 식량을 공급하는 일을 맡았다. 파리평화회의 기간에 후버는 윌슨의 강력한 지지자였다.

않을까? 그러나 이런 감정과 권한이 지혜에 따른 정도(正道)를 벗어나 일을 주도하도록 허락된다면, 그것이 중부 유럽의 사회적·경제적 삶에 끼칠 영향은 너무 강력해서 원래 의도한 한계 안에서 유지될 수 없을 것이다.

그러나 이것이 문제의 전부가 아니다. 프랑스와 이탈리아가 자국의 석탄 부족분을 독일의 생산에서 보전한다면, 북유럽·스위스·오스트리아처럼 이전에 독일의 잉여 석탄 수출로 자국 수요의 큰 부분을 채워온 국가는 이제 석탄 공급의 맥이 끊길 것이다. 전쟁 전에 독일의 석탄 1,360만 톤이 오스트리아-헝가리제국으로 수출되었다. 예전의 오스트리아-헝가리제국에 속했던 탄전의 대부분이 이제 독일계 오스트리아 영토로 정해진 경계 밖에 있는 한, 이 후자의 국가는 만일 독일로부터 석탄을 공급받지 못하면 완전히 파멸할 것이다. 독일에 인접한 중립국들도 이전에 부분적으로는 영국으로부터 석탄을 공급받았으나 대부분 독일로부터 공급을 받았기에, 상황의 심각성이 작아지지 않는다. 이 국가들은 석탄을 받는 조건으로 독일에 필수적인 물자를 수출하는 방향에 많은 노력을 기울일 것이다. 실제로 이미 그렇게 하고 있다.[48] 화폐경제가 작동을 멈추자, 국제적으로 물물교환이 지배적인 거래 형태가 되어가고 있다.

---

[48] 전쟁 중에 체결된 수많은 상업적 협약의 내용이 이런 방향으로 조율되었다. 그러나 1919년 6월 한 달 기간에만도 덴마크·노르웨이·스위스가 독일과 석탄으로 대금을 지급하는 소규모 계약을 체결했다. 이 계약의 거래 규모는 크지 않지만, 이 계약이 없었더라면 독일은 덴마크로부터 버터를, 노르웨이로부터 고기 기름과 정어리를, 스위스로부터 우유와 육우를 얻지 못했을 것이다.

평화의 경제적 결과

현재 중부와 남동부 유럽에서 화폐가 진정한 교환가치의 척도가 되는 경우는 거의 없다. 이 지역에서 화폐로는 거의 아무런 상품도 구매하지 못한다. 그 결과, 어떤 한 나라가 다른 나라에 필수적인 상품을 생산해내는 경우, 전자의 나라가 후자의 나라로부터 현금을 받으려고 그 상품을 판매하는 것이 아니라, 전자의 나라에 그 필요성에 있어 조금도 뒤지지 않는 어떤 물품을 후자의 나라가 대가로 지급하는 쌍방향의 협약에 근거해 거래가 이뤄진다. 이런 교역 형태는 예전에 행해졌던 거의 완벽하게 단순한 국제 교역과 비교할 때 놀랍도록 복잡한 모습을 띤다. 그러나 현재 각 나라가 직면한, 그에 못지않게 비범한 산업 상황 속에서, 이런 교역 형태가 생산을 촉진하는 수단으로서 장점이 없는 것은 아니다. 루르 지역의 '버터 교대 작업(butter-shifts)'은 현대 유럽이 물물교환의 방향으로 얼마나 역행했는지를 보여준다.[49] 또한 통화가 붕괴하고 개인 간에 그리고 국가 간에 자유로운 교환이 더는 작동하지 않을 때 우리가 짧은 시간 안에 다다를 후진적인 경제조직을 그림처럼 생생하게 보여준다. 그러나 버터 교대 작업은 다른 장치라면 해내지 못했을 양의 석탄을 생산해낼 수 있을지 모른다.[50]

49 "6만 명에 달하는 루르 지역의 광부들은 덴마크에 석탄을 수출하기 위한 목적으로 버터 교대 작업이라 불리는 추가 교대 작업을 하기로 동의했다. 버터 교대 작업이라는 이름은 덴마크가 석탄을 받는 대가로 버터를 보내주기로 한 데서 유래한다. 수입되는 버터로 최우선으로 이득을 보는 사람들은 광부다. 광부들은 바로 버터를 얻으려고 작업하기 때문이다."(《쾰른 신문[Kölnische Zeitung]》, 1919년 6월 11일자)

50 영국에서라면 위스키 교대 작업(whisky-shifts)으로 이뤄질 전망은 얼마나 될까?

그러나 만일 독일이 인접 중립국들에 석탄을 공급할 수 있다면, 프랑스와 이탈리아는 그것은 독일이 조약의 의무를 지킬 수 있다는 것이고 따라서 그 의무를 지켜야만 한다고 큰 목소리로 주장할 것이다. 이런 주장에는 정의의 이름이 크게 언급될 것이다. 또 독일의 광부들이 버터를 얻으려고 작업하는 상황에서, 공급하더라도 아무 대가도 지급받지 못하는 석탄을 생산해내라고 그 광부들을 강제할 방법이 전혀 없을 수 있다는 가능성, 그리고 만일 독일이 인접국에 석탄을 수출하지 못하면 독일이 경제적 생존에 필수적인 물품의 수입을 확보하지 못할 수 있다는 가능성을 그런 주장에 대한 반론으로 설득력 있게 제시하기는 쉽지 않다.

유럽의 석탄 공급량 배분이 먼저 프랑스를, 그다음에는 이탈리아를 만족시키고, 그다음에는 다른 모든 나라가 기회를 엿보는 쟁탈의 장이 된다면, 유럽 산업의 미래는 암흑에 빠지고 혁명의 전망은 매우 높아진다. 현재 상황은 특정 국가의 이해관계와 권리 주장이 감정이나 정의의 측면에서 볼 때 아무리 정당할지라도, 그것은 최우선의 편의를 위해 길을 양보해야 할 때다. 유럽의 석탄 생산이 3분의 1 감소했다는 후버의 계산에 상당한 진리가 담겨있다면, 우리가 직면해 있는 상황은 석탄의 분배가 각국의 필요에 따라 불편부당하게 시행되어야 하며 생산량 증가와 경제적인 운송 방식에 대한 유인이 간과되어서는 안 된다는 것이다. 1919년 8월에 연합국 최고 위원회(the Supreme Council of the Allies)가 영국·프랑스·이탈리아·벨기에·폴란드·체코슬로바키아의 대표단으로 구성된 유럽 석탄 위원회를 설립한 것은, 제대로 시행되고 확장된다면 매우 큰

평화의 경제적 결과

도움을 줄 현명한 조치였다. 그러나 석탄 배분과 관련해 내가 갖고 있는 건설적 제안은 이 책의 제7장으로 미룬다. 여기에서는 조약을 문자 그대로(au pied de la lettre) 이행할 때 나타날 결과를 귀류법적으로(per impossibile)[51] 추적하는 데에만 관심이 있다.[52]

(2) 철광석에 관한 조항은 영향력은 파괴적이지만 위에서 한 것보다는 덜 상세한 분석으로도 충분하다. 그래도 되는 이유는 그 조항들이 대부분 불가피한 것이기 때문이다. 1913년에 독일에서 채굴된 철광석의 거의 정확히 75퍼센트에 달하는 양이 알자스-로렌 지역에서 생산되었다.[53] 연합국에 빼앗긴 이 지역의 중요성이 바로 여기에 있다.

독일이 이 철광석 지대를 잃을 것이라는 데에는 의심의 여지

---

51 옮긴이 주 per impossibile는 '불가능하지만(as is impossible)'이라는 뜻을 가진 라틴어 문구로, 절대로 진리가 될 수 없는 진술을 지칭할 때 사용하는 삽입구다. 이 문구는 '귀류법(reductio ad absurdum)'적으로 논리를 전개할 때 사용된다. 귀류법은 논리학에서 결과가 거짓임을 보여 전제가 거짓임을 증명하는 추론 방식이다. 즉, 두 명제 p와 q에 대해 'p가 참이면 q가 참($p \rightarrow q$)'이라는 추론은 'q가 거짓이면 p도 거짓($\sim q \rightarrow \sim p$)'이라는 추론과 진릿값이 같다. 케인스는 조약의 조건을 문자 그대로 받아들여 실행할 때 나타날 결과가 '실현 불가능한' 것임을 보여 조약이 비현실적임을 보이고자 한다.

52 1919년 9월 1일 현재, 석탄 위원회는 물리적으로 실행 불가능한 문제, 즉 조약에 따른 요구를 강행해야 하는 문제에 직면했고, 그 요구를 다음처럼 수정했다. "독일은 평화조약에 명시된 연간 4,300만 톤에 비교해 연간 2,000만 톤의 석탄을 향후 6개월 안에 인도한다. 만일 독일의 석탄 총생산량이 현재의 연간 약 1억 800만 톤 수준을 초과하면, 초과 생산량의 60퍼센트, 최대 1억 2,800만 톤의 제한 속에, 그리고 이 최대 수량을 초과해 생산이 이뤄지는 경우 그 초과분의 50퍼센트는 평화조약에서 명시된 수준에 이를 때까지 연합국에 인도한다. 만일 총생산량이 1억 800만 톤에 미치지 못하면 연합국은 독일의 의견을 청취한 후 상황을 검토하고 인도하는 석탄량에 그 사실을 반영한다."

가 없다. 남아있는 유일한 문제는 독일에 이 지역의 생산물을 얼마만큼 구입하도록 허용할 것인가다. 독일 대표단은 독일이 프랑스에 제공하는 석탄과 해탄의 대가로 로렌 지역의 미네트(minette)[54]를 제공받는다는 조항을 포함하려고 엄청난 노력을 기울였다. 그러나 독일은 그런 조건을 확보하지 못했고, 앞으로 상황은 프랑스의 선택에 달려있다.

프랑스의 최종 정책을 결정할 동기는 서로 완전히 조화를 이루고 있지 못하다. 로렌 지역이 독일 철광석 생산의 75퍼센트를 차지하고 있는 반면, 독일에서 사용하는 용광로의 25퍼센트만이 로렌과 자르 분지를 합한 지역에 있고, 철광석의 대부분은 독일 본토로 옮겨졌다. 독일의 철강 주조소 중 위와 거의 같은 비율, 즉 25퍼센트가 알자스-로렌 지역에 있다. 따라서 분명한 사실은 현재까지 그랬던 것처럼 광산 생산물의 상당 부분을 독일로 수출하는 것이야말로 당분간 가장 경제적이고 이득이 되는 길이라는 것이다.

반면에, 로렌 지역의 광물 매장고를 되찾은 프랑스는 지금까지 독일이 그것을 기초로 발전시켜왔던 산업을 자국의 경계 내에 있는

---

53 총 2,860만 7,903톤 중 2,113만 6,265톤. 고지 실레시아에서 생산되는 철광석은 상실해도 그리 중요한 규모가 아니다. 그러나 룩셈부르크에서 생산되는 철강을 독일의 관세동맹에서 배제할 때, 특히 이 상실이 알자스-로렌 지역에서 생산되는 철광석의 상실에 더해질 때, 배제되는 규모는 매우 중요해진다. 지나가는 말이지만, 고지 실레시아는 독일 아연 생산량의 75퍼센트를 차지한다.

54 옮긴이 주 룩셈부르크와 로렌 지역에서 채굴되는 철광석의 일종으로, 쥐라기 초기와 중기에 형성된 퇴적층에서 발견된다. 프랑스어 mine(탄광)에 지소 접미사 −ette를 합성한 단어로, 철 성분이 28~34퍼센트로 매우 낮은 광석임을 뜻하려고 프랑스 광부들이 사용한 표현이다.

평화의 경제적 결과

산업으로 대치하는 목표를 세울 것으로 예상된다. 분명 프랑스에서 공장이 세워지고 숙련노동이 형성되기까지 많은 시간이 걸릴 것이다. 그렇게 되더라도 프랑스는 독일로부터 공급되는 석탄에 의존하지 않는다면 철광석 처리를 거의 할 수 없을 것이다. 또 자르 분지의 궁극적 운명에 관한 불확실성은 프랑스에 새로운 산업을 일으킬 계획을 세우고 있는 자본가들의 계산을 혼란스럽게 만들 것이다.

사실 다른 모든 경우와 마찬가지로 지금도 정치적인 고려가 경제적인 고려를 가로질러가면서 파국적인 결과를 낳는다. 교역과 경제적 교류가 자유로운 체제에서는 철이 정치적 경계선의 한쪽에 있고 노동과 석탄과 용광로가 그 경계선의 다른 한쪽에 있더라도 크게 중요하지 않다. 그러나 현재 상황으로 보듯 사람들은 자신과 다른 사람들을 빈곤하게 만드는 방법을 고안해낸다. 그러고는 개인의 행복보다 집단적 반목을 더 선호한다. 유럽 자본주의사회가 현재 갖고 있는 열정과 충동을 기초로 계산해볼 때, 유럽의 철 생산량은 (감정과 역사적 정의에 따라 요구되는) 새로운 정치적 경계선 때문에 실질적으로 감소할 것이 확실해 보인다. 왜냐하면 민족주의와 개인적 자기 이해 추구는 그런 방식으로 정치적 경계선을 따라 경제적 경계선도 새롭게 설정하도록 허용될 것이기 때문이다. 유럽 대륙은 전쟁에 따른 파괴를 복구하고 더 큰 보상을 요구하는 노동자들을 만족시키려고 최대한 지속적이고 효율적인 생산을 강도 높게 필요로 하는 상황이다. 그런데 현재 유럽의 정치적 통치 상태는 민족주의와 개인적 자기 이해 추구에 따른 정치적·경제적 경계선

설정에 관한 논의가 그런 필요성에 우선하도록 허용하고 있다.[55]

고지 실레시아가 폴란드로 이양될 경우에도, 정도는 상대적으로 약하지만, 동일한 영향이 발생할 가능성이 크다. 고지 실레시아에는 철은 그리 많이 매장되어 있지 않으나 석탄이 생산되고 있었기에 용광로가 많이 건설되어 있다. 이 용광로들은 앞으로 어떻게 될 것인가? 만일 독일이 서쪽 국가들에 제공하는 철광석 공급을 끊어버린다면 조그만 양으로라도 그렇게 해서 그들에게 남을 철광석을 독일의 국경을 넘어 동쪽에 있는 국가들에 수출할 것인가? 그럴 경우 분명히 철광석 산업의 효율성과 생산량은 하락할 것이다.

이렇게 조약은 경제조직에 타격을 가하고, 그렇게 해서 발생한 경제조직의 파괴로 인해 이미 하락해 있는 공동체 전체의 부는 더욱 악화한다. 현대 산업주의가 바탕을 두고 있는 석탄과 철 사이에 경제적 경계선이 설정되면 유용한 상품의 생산이 감소할 뿐만 아니라, 정치적 조약이 내리는 명령을 만족시키기 위해, 혹은 산업의 적재적소 성립을 방해할 장애물이 세워졌기 때문에, 상황에 따라 철 혹은 석탄을 쓸데없이 길고 긴 거리에 걸쳐 이동시키는 데 엄청난 양의 인간 노동이 사용될 수도 있다.

---

55 1919년 4월 영국 군수부는 전문가 위원들을 로렌과 독일의 점령 지역에 보내 그 지역의 철강 처리 작업의 상태를 검토했다. 로렌 지역에서, 그리고 자르 분지에서는 강도가 덜하지만, 철강 처리 작업이 베스트팔렌 지역에서 생산되는 석탄과 해탄의 공급에 의존하고 있다는 보고서가 작성되었다. 질 좋은 용광로 해탄을 얻으려면 베스트팔렌 석탄과 자르 석탄을 혼합해야 한다. 보고서에 따르면, 연료를 공급받으려고 로렌 지역의 철강 처리 작업 전체가 독일에 완전히 의존한다는 사실은 "로렌 지역의 철강 처리 작업을 전혀 탐나지 않는 것으로 만들었다."

평화의 경제적 결과

III

이제 독일의 운송 체계와 관세 체계에 관한 조항이 남아있다. 중요성과 의미에 있어 조약의 이 부분은 지금까지 논의했던 부분에 미치지 못한다. 이 조항들은 핀으로 찌르는 것같이 사소하지만 성가신 것, 중간에 끼어들어 방해하는 것, 짜증 나게 하는 것이다. 이것들은 확고하게 나타날 결과 때문에 반대할 만한 것이기보다는 연합국이 이전에 한 선언에 비춰볼 때 연합국에 불명예를 안겨주는 조항이다. 독자들은 독일이 무기를 내려놓을 때 근거로 삼은, 이미 앞에서 언급한 약속에 비춰 다음 논의를 살펴보기 바란다.

(1) 경제와 관련해 사소한 내용을 담은 절들은 만일 호혜적이었다면 윌슨 대통령의 14개 조항 중 세 번째 조항의 정신과 일치했을 여러 가지 조항으로 시작한다. 수입과 수출 모두에 대해, 그리고 관세와 규제와 금지와 관련해, 독일은 5년 동안 연합국과 관련국에 최혜국 대우를 해줘야 한다.[56] 그러나 독일 자신은 그런 대우를 받을 자격을 부여받지 못한다.

알자스-로렌 지역은 1911년부터 1913년 기간에 독일로 향한 연간 평균 수출량 한도 내에서 향후 5년 동안 관세 없이 자유롭게 독일에 수출할 수 있다.[57] 그러나 독일에서 알자스-로렌 지역으로 향하는 수출에는 그런 조항이 없다.

---

56 조약 제264조~267조. 이 조건들은 오직 국제연맹이사회의 결정에 따라서만 5년 이상으로 연장될 수 있다.

57 조약 제268(a)조.

독일로 향한 수출에서 폴란드는 향후 3년 동안, 룩셈부르크는 향후 5년 동안, 위와 유사한 특권을 누린다.[58] 그러나 폴란드와 룩셈부르크로 향하는 독일의 수출에는 그런 특권이 부여되지 않는다. 또 룩셈부르크는 오랫동안 독일 관세동맹에 속하면서 혜택을 누렸으나 앞으로 영원히 그 관세동맹에서 배제된다.[59]

조약의 효력이 발생한 후 6개월 동안 독일은 전쟁 이전에 적용되었던 최혜국 관세율보다 더 높은 세율을 연합국과 관련국에 부과할 수 없다. 그리고 그 이후 2년 6개월 동안(따라서 총 3년 동안) 특정 품목, 특히 전쟁 전에 특별한 합의가 이뤄져 있던 품목, 그리고 포도주, 식물성 기름, 인조견, 정련 양모(washed wool)나 세정 양모(scoured wool) 등에는 이 금지 사항이 계속 적용된다.[60] 이 조건들

---

58 조약 제268(b)와 (c)조.

59 헤센대공국(大公國; Grand Duchy)도 중립국 지위에서 벗어나고, 독일은 "헤센대공국과 관련해 연합국과 관련국이 결정하는 모든 국제적 조정을 선제적으로 허용"해야만 한다(조약 제40조). 1919년 가을 말에 룩셈부르크가 프랑스 관세연맹과 벨기에 관세연맹 중 어디에 속할 것인가를 결정하기 위한 주민투표가 있었고, 투표 결과 프랑스 관세연맹에 합류하는 안이 압도적으로 선택되었다. 독일과 연맹을 유지하는 제3안은 투표에 부쳐지지 않았다. 옮긴이 주 독일 관세동맹(Zollverein)은 독일계의 여러 독립 주(州) 사이에 관세와 경제정책을 통일하려고 결성된 연맹이다. 1834년 1월 1일 정식으로 발족했다. 독일계 지역을 통합하려는 움직임은 오래전부터 있었다. 나폴레옹전쟁으로 신성로마제국이 1806년 해체되자, 독일어를 사용하는 주가 중심이 되어 1815년 독일연방(Deutscher Bund)이 창설되었다. 독일연방은 경제정책이나 관세 제도에 관한 합의 없이 결성되었다. 1828년에 바이에른주와 뷔르템베르크주가 남독일 관세동맹(Süddeutscher Zollverein)을, 프로이센과 헤센대공국이 프로이센-헤센관세동맹(Preußisch-hessische Zollverein)을, 그리고 중부와 북부의 17개 주가 중앙독일상업연맹(Mitteldeutsche Handelsverein)을 결성했다. 1833년 중반에 이들 연맹을 독일 관세동맹으로 통합하는 조약이 체결되었다. 룩셈부르크는 독일 관세동맹에 1842년에 합류했다.

평화의 경제적 결과

은 터무니없고 해악적이다. 이 조건들에 묶여 독일은 자국이 갖고 있는 제한된 자원을 이용해 필수품을 구입하고 배상금을 변제하는 데 필요한 조치를 하지 못하게 되었다. 현재 독일에서 관찰되는 부의 분배, 그리고 불확실성으로 인해 나타나는 개인들의 헤픈 돈 씀씀이의 결과로 독일은 외국에서 수입하는 사치품과 준사치품의 홍수에 잠길 위험에 처해 있다. 독일은 오랫동안 이런 사치품에 굶주려 있다. 그러나 이런 상황은 원래 작은 규모에 불과했던 독일의 외환 공급을 소진하거나 급감시킬 것이다. 이런 조건들은 사치스러운 소비가 진행되는 가운데에서도 경제를 확고하게 유지하고 결정적인 시기에 세금을 인상해야 할 독일 정부의 권한에 타격을 가한다. 지금은 독일이 지닌 유동자산이라면 모두 몰수하고 미래에는 갚을 수 없을 만큼 큰 배상금을 내라고 요구한 다음에 독일이 번영하던 시절에 그랬던 것처럼 샴페인과 비단의 수입을 기꺼이 허용해야 한다는 특별하고 특정적인 명령을 도입하는 것, 이것은 분별없는 탐욕이 제 꾀에 넘어가는 좋은 예다!

또 다른 조항이 독일의 관세 체제에 영향을 끼친다. 만일 이 조항이 적용된다면 그 결과는 심각하고 광범위할 것이다. 연합국은 라인강 좌안(左岸)의 점령 지역에 특별한 관세 체제를, "이 영토에 거주하는 사람들의 경제적 이익을 보호하기 위해 그런 조치가 필요하다고 그들이 생각할 때", 적용할 권리를 보유한다.[61] 이 조항은 아

---

60 조약 제269조.
61 조약 제270조.

마도 라인강 좌안 지역을 점령하고 있는 기간에 이 지역을 어떻게든 독일에서 분리하려는 프랑스의 정책에 유용한 보조 장치로 도입되었을 것이다. 프랑스는 프랑스의 행정 관할 속에 독립적인 공화국을 건립해서 이 국가를 완충지대로 사용하고 독일 본토를 라인강 너머로 밀어내려는 야심을 실현하려 기획하고 있고, 이 기획은 아직 폐기되지 않았다. 위협, 매수 그리고 회유의 체제를 15년 혹은 그보다 더 긴 기간에 걸쳐 연장하면 많은 것이 실현될 수 있으리라 믿는 사람들도 있다.[62] 이 조항이 실행되면, 그리고 라인강 좌안의

---

62 점령에 관한 조항을 여기서 요약하면 편리할 것이다. 라인강 서쪽에 위치한 독일 영토와 교두보를 합한 지역은 15년 동안 연합국이 점령한다(제428조). 그러나 "독일이 본 조약의 조항을 충실하게 이행한다면", 점령군은 5년 후에 쾰른 구역에서, 그리고 10년 후에 코블렌츠 구역에서 철수한다(제429조). 그러나 여기에 다른 조건이 덧붙는다. 15년 기간이 만료될 때 "독일이 정당한 이유 없이 먼저 공격을 감행하지 못하도록 할 보장 조치가 충분하지 않다고 연합국과 관련국 정부들이 판단할 경우, 점령군은 필요한 보장 조치를 확보하는 데 필요하다고 생각되는 기간까지 철수를 연기할 수 있다."(제429조) 또 "점령 기간이든 15년 기간이 만료된 뒤든 독일이 본 조약이 정하는 배상에 관한 의무를 전부 혹은 일부라도 준수하기를 거부한다고 배상 위원회가 판단하는 경우, 연합국과 관련국은 제429조에 특정된 지역의 전부 혹은 일부를 즉시 재점령한다."(제430조) 독일이 배상 의무를 전부 이행하는 것은 불가능하므로, 위 조항들은 실질적으로 연합국이 라인강 좌안을 원하는 동안 무한히 점령하는 결과를 낳을 것이다. 또 연합국은 이 지역을 그들이 결정하는 방식대로(즉, 관세뿐만 아니라 독일 지역 대표와 연합국 통치 위원회 각각의 권한 같은 문제에 관해서도) 통치할 것이다. 왜냐하면 "점령과 관련된 사항으로 본 조약이 특정하지 않은 사항은 모두 추후 협의에 따라 조정될 것이고, 독일은 이 자리에서 그 협의 결과를 준수할 것을 약속한다."(제432조) 점령 지역을 현재 어떻게 관리할 것인가에 관한 실제 협약은 백서(칙령서 Cmd. 222)로 공개되었다. 최고 권한은 벨기에·프랑스·영국·미국의 위원으로 구성된 연합국 간 라인란트 위원회가 갖는다. 이 협약의 조항들은 상당히 공정하고 사리에 맞는 내용으로 구성되어 있다. **옮긴이 주** 칙령서(Command Paper)는 영국 정부의 여러 부처가 '국왕의 명령으로(by Command of His [Her] Majesty)' 보고하는 형식으로 의회에 제출하는 백서, 녹서 등의 공식 문서를 말

경제 체계가 실질적으로 독일의 나머지 영토와 단절되면 그 영향은 매우 클 것이다. 그러나 꿍꿍이수작을 계획하고 있는 외교관들의 꿈이 항상 실현되지는 않는다. 그리고 우리는 미래를 믿어야만 한다.

(2) 철도 체계와 관련한 절은 독일에 처음 제시된 것과 비교할 때 최종 조약에서는 상당히 많이 수정되었다. 이제 이 절들은 하나의 조항 형태로 제한된다. 즉, 연합국 영토에서 독일로 향하는, 혹은 독일을 경유하는 제품은 철도 화물 적재량과 운임 등과 관련해, "예를 들어 운송 경로의 거리와 관련한 유사한 운송 조건에서" 독일의 철도라면 어떤 철도든 그것으로 수송되는 동종의 제품에 적용되는 최혜국 대우를 받는다.[63] 이 조항은 비호혜적이다. 이 조항은 독일의 국내 제도에 간섭하는 행위로서 정당화하기 어렵다. 그러나 이 조항이 실질적으로 미칠 영향[64], 그리고 승객 운송과 관련한 유사 조항이 실질적으로 미칠 영향[65]은 많은 부분 "유사한 운송 조건"이

한다. 영국 정부 출판국(His [Her] Majesty's Stationery Office, H.M.S.O.)을 대신해 정부 각 부처가 출간하며, 1833년부터 시작되었다. 이렇게 출간되는 칙령서에는 일련번호가 부여되는데, 1869년까지 4,222개 칙령서가 발간된 후, 1870년 이후 번호 앞에 약자를 첨부하고 새로운 일련번호를 부여한다. 시리즈 2(1870~1899년)에는 C. 1~C. 9,550, 시리즈 3(1900~1918년)에는 Cd. 1~Cd. 9,239, 시리즈 4(1919~1956년 11월)에는 Cmd. 1~Cmd. 9,889, 시리즈 5(1956년 11월~1986년 11월)까지 Cmnd. 1~Cmnd. 9,227, 시리즈 6(1986년 11월~2018년 12월)에는 Cm. 1~Cm. 9,756, 가장 최근인 시리즈 7은 2019년부터 2024년 4월 25일 현재까지 CP. 1~CP. 1,066이 발간되었다(케인스가 언급한 칙령서 번호는 Cd. 222로 표기되었으나 Cmd. 222의 오기로 보인다. 1956년 11월과 1986년 11월에는 그달에 시리즈가 바뀌었다).

63 조약 제365조. 5년 후에 이 조항은 국제연맹이사회의 재검토를 받아야 한다.

라는 문구를 어떻게 해석하는가에 달려있다.[66]

당분간 독일의 운송 체계는 철도 차량의 할양과 관련한 조항으로 인해 훨씬 더 심각하게 질서가 무너져 있을 것이다. 휴전 조건의 제7절에 따라 독일은 5,000대의 기관차와 15만 대의 화차를 "제대로 작동하는 상태로, 그리고 필요한 모든 부품과 비품을 갖춰서" 양도하도록 되어있었다. 현 조약에 의하면, 독일은 이 양도 조건이 사실임을 다시 확인하고 이 품목에 대한 연합국의 권한을 인정해야 한다.[67] 더 나아가, 할양된 영토 안에 있는 철도 체계의 경우, 독일은 1918년 11월 11일 이전에 마지막으로 존재했던 재고 그대로 "정상적인 보존 상태로" 모든 철도 차량을 완전히 구비해 그 철도 체계를 양도해야 한다.[68] 다시 말하면, 할양되는 철도 체계는 독일 전체의 철도 차량이 겪을 전반적인 소모와 기능 하락과는 아무런 상관이 없어야 한다는 것이다.

이런 손실은 시간이 흐르면 틀림없이 보전될 수 있는 손실이다. 그러나 윤활유가 부족하고 전쟁으로 정상적인 보수 작업이 이

---

64 1919년 9월 1일 현재, 독일 정부는 강철로 만든 제품의 수출에 적용되던 특혜성 철도 요금을 모두 중단했다. 그 근거는, 본 조약 항에 따라 이 특혜의 대가로 연합국 무역상들에게 제공되어야 하는 다른 특혜가 이 특혜의 효과를 상쇄하고도 남는다는 것이다.

65 조약 제367조.

66 해석과 적용에 있어 발생하는 문제는 국제연맹에 제기되어야 한다(제376조).

67 조약 제250조.

68 조약 제371조. 이 조의 내용은 심지어 "독일이 독일 궤간(軌間)으로 변환한 옛 러시아계 폴란드의 철로"에도 적용된다. 이 철로는 "프로이센의 철도 체계와 분리된 것으로 간주된다."

뤄지지 않아 엄청난 마모가 일어났기 때문에 독일의 철도 체계는 효율성이 이미 매우 낮은 상태가 되었다. 조약을 이행할 때 발생할 추가적인 극심한 손실은 당분간 이런 상황을 다시 확인시켜줄 것이고, 석탄 문제와 수출 산업에서 전반적으로 발생할 어려움을 더욱 심화할 것이다.

(3) 독일의 하천 체계에 관한 조항이 남아있다. 이 조항들은 대부분 불필요한 것이고, 연합국의 목표라 생각되는 것과 거의 관계가 없어 그 조항이 의도하는 바가 무엇인지는 전반적으로 알려져 있지 않다. 그러나 이 조항들은 한 나라의 국내 제도에 전례 없이 간섭하는 것이고, 독일로부터 운송 체계에 관한 실질적인 통제권을 모두 빼앗아버리는 방식으로 시행될 가능성이 있다. 이 조항들은 현재 모습대로라면 정당화될 수 없다. 그러나 조금만 수정하면 적절한 도구로 바뀔 수도 있을 것이다.

독일의 주요 강은 대부분 그 수원지나 하구가 독일 영토 밖에 있다. 라인강은 스위스에서 발원하고, 강줄기 일부가 국경 역할을 하고 있으며, 네덜란드에서 바다로 빠진다. 도나우강은 독일에서 시작하지만 강줄기는 대부분 다른 나라를 가로질러 흐른다. 엘베강은 이제 체코슬로바키아로 불리는 보헤미아의 산에서 발원한다. 오데르강은 저지(低地) 실레시아(Niederschlesien; Lower Silesia) 지역을 가로지르며, 네만강은 동프로이센의 국경에 접하고 있으면서 러시아에 수원지가 있다. 이 중에서 라인강과 네만강은 국경 역할을 하는 강이고, 엘베강은 주로 독일에 속하나 상류 부분은 보헤미아에 매우 중요한 지역이다. 도나우강 중 독일에 속하는 부분은 독일 외 다른 나라에는 그리 관심의 대상이 아닌 것처럼 보이고, 오데르강은 주민 투표에 의해 고지 실레시아가 분리되지 않는 한 거의 전체가 독일에 속한다.

조약의 문구에 따르면, "한 개 이상의 국가에 바다 접근권을 자연적으로 제공하는" 강에는 마땅히 그래야 하듯이 일정한 국제적 규제 장치, 그리고 차별을 피하기 위한 적절한 보장 조치가 있어야 한다. 이 원칙은 라인강과 도나우강을 규제하는 국제 위원회들이 오랫동안 인정해온 것이다. 이 위원회들에서 관련 국가들은 어느 정도 차이는 있겠지만 각국의 이해관계에 비례해 대표권을 행사할 수 있어야 할 것이다. 그렇지만 조약은 강의 국제적 성격을 핑계 삼아 독일의 하천 체계를 독일의 지배권으로부터 빼앗아버렸다.

선박 환승의 자유에 대한 차별과 간섭을 두고 적합한 조치를 제공하는 조항 다음에[69], 조약은 엘베강·오데르강·도나우강·라인강의 관리 권한을 국제 위원회들에 이양하는 조항으로 이어진다.[70] 이 위원회들의 최종적인 권한은 "연합국과 관련국이 기안하고 국제연맹이 승인하는 일반 협약"에 의해 결정될 것이다.[71] 그사이에 위원회들은 자체적인 규약을 만들고 "특히 하천 체계의 유지·관

---

69 조약 제332~337조. 그러나 제332조의 두 번째 항은 여기서 예외다. 이 항은 독일 이외 국적의 선박에는 독일의 도시들 사이를 오가며 거래할 수 있게 허용하는 반면, 독일의 선박에는 특별 허가 없는 한 독일 도시가 아닌 도시들 사이를 오가며 거래하는 것을 금지한다. 그리고 독일이 자국의 하천 체계를 수입(收入)의 원천으로 사용하는 것을 금지하는 제333조는 지혜롭지 못한 내용이다.
70 네만강과 모젤강도 필요할 경우 훗날 이와 비슷하게 처리될 수 있다.
71 조약 제338조.

평화의 경제적 결과

리·개선을 위한 작업의 시행, 재정 체제, 운임 책정과 징수, 항해 규제와 관련해" 매우 포괄적으로 내용을 결정할 권한을 분명히 누릴 것이다.[72]

조약에 대해 이렇게까지 말할 내용이 많다. 관통 환승(through transit)의 자유는 국제 관계의 훌륭한 관행에서 적지 않게 중요한 부분이며, 어느 곳에서나 보장되어야 한다. 위원회들에 반대할 만한 면모가 있다면 그것은 그 회원의 구성이다. 어느 위원회든 표결 방식은 독일을 분명히 소수파에 놓도록 구성된다. 독일은 엘베강 위원회에서 10개 표결권 중 4개를, 오데르강 위원회에서는 9개 표결권 중 3개를, 라인강 위원회에서는 19개 표결권 중 4개를 갖는다. 도나우강 위원회는 아직 확정적으로 구성되지 않았으나 여기서도 독일은 틀림없이 아주 작은 소수파 위치에 놓일 것이다. 이 모든 강의 관리에서 프랑스와 영국은 표결권을 지니며, 엘베강의 경우 알려지지 않은 이유로 이탈리아와 벨기에도 표결권을 갖는다.

따라서 독일의 대형 수로의 관리는 아주 폭넓은 권한을 지닌 외국 조직으로 넘어가고, 함부르크·마그데부르크·드레스덴·슈테틴[73]·프랑크푸르트·브레슬라우[74]·울름의 지역 역내 산업은 대부분 외국 사법권의 관할 밑에 놓일 것이다. 이것은 마치 유럽 대륙의 강대국들이 템스강 관리단이나 런던항 관리단[75]에서 다수의 자리

---

72 조약 제344조. 이 조는 엘베강과 오데르강에 특정적으로 적용된다. 도나우강과 라인강은 현존하는 위원회들과의 관계 속에서 다뤄진다.

73 옮긴이 주 현재 폴란드에 속하며, 폴란드어로는 슈체친(Szczecin)이다.

74 옮긴이 주 현재 폴란드에 속하며, 폴란드어로 브로츠와프(Wrocław)다.

를 차지하는 것과 거의 마찬가지다.

몇 개의 사소한 조항이 있는데, 이 조항들은 지금까지 조약을 분석해오면서 우리에게 친숙해져버린 방향을 따른다. 배상 관련 장의 부속서 3에 따르면, 독일은 국내 항해 용적의 최대 20퍼센트에 해당하는 선박을 할양해야 한다. 이에 덧붙여, 독일은 엘베강·오데르강·네만강·도나우강을 항해하는 소형선을 미국의 중재자가 결정하는 비율대로 할양해야 한다. 이때 "해당 당사자들의 합법적인 필요, 그리고 특히 전쟁 이전 5년 동안 있었던 선박 운행량을 마땅히 고려"해야 하며, 그렇게 해서 할양되는 소형선은 가장 최근에 건조된 선박 중에서 선택되어야 한다.[76] 라인강을 항해하는 독일 국적 선박과 예인선, 로테르담항에 있는 독일 재산에 대해서도 이와 똑같은 조치가 취해진다.[77] 라인강이 프랑스와 독일 사이를 흐르는 곳에서는 프랑스가 관개나 전력을 위해 물을 사용할 전권을 지니며,

---

75 옮긴이 주 템스강 관리단(Thames Conservancy)은 템스강과 강의 선박 운항을 관리하려고 1857년에 만들어진 조직으로, '1857년 템스강 관리단 법령(Thames Conservancy Act 1857)'에 따라 런던시로부터 관리 권한을 넘겨받았다. 템스강의 둑과 부두를 관리하며 템스강을 운항하는 선박에 통행료를 징수했다. 처음에는 스테인스 지역까지 관리를 맡았으나 곧 템스강 전역에 걸쳐 관리를 담당했다. 1909년에 런던항 관리단이 신설되면서 타이드웨이 지역 관리를 후자에 넘겨줬고, 1974년에 템스 수역 관리단(Thames Water Authority)에 흡수되었다. 런던항 관리단(Port of London Authority)은 런던항을 관리하려고 '1908년 런던항 법령(Port of London Act 1908)'에 따라 1909년에 설립된 민간 위탁 사업체다. 템스강의 타이드웨이 지역에서 켄트 어귀까지 강의 환경과 선박 운행을 관리한다.

76 조약 제339조.

77 조약 제357조.

독일은 아무런 권한이 없다.[78] 그리고 모든 교량은 전장(全長)에 걸쳐 프랑스가 소유한다.[79] 마지막으로, 라인강 동안(東岸)에 있으면서 완전히 독일에 속하는 켈(Kehl)항의 관리는 7년 동안 스트라스부르항의 관리와 통합되며, 이곳의 관리는 새롭게 구성될 라인강위원회가 지명하는 프랑스인이 맡는다.

이런 식으로, 경제와 관련한 조약의 조항은 포괄적인 내용을 담고 있고, 현재 독일을 빈곤하게 만들거나 미래에 독일의 발전을 저해할 조치 중 그냥 지나쳐서 담지 않은 것이 거의 없을 정도다. 이런 상황에서 독일은 우리가 다음 장에서 살펴볼 규모와 방식으로 배상을 위해 지급할 돈을 만들어야 한다.

---

78 조약 제358조. 그러나 그렇게 해서 프랑스가 얻는 전력과 관련해 독일이 대금을 받거나 신용을 쌓는 일은 허용된다.
79 조약 제66조.

제 5 장

배상

I. 평화 협상 이전에 한 약속

월슨 대통령이 1918년 1월 8일 발표한 14개 조항은 그 내용을 제한하는 연합국 정부들의 각서를 통해 수정되었고, 윌슨 대통령은 이 수정된 14개 조항을 1918년 11월 5일 이뤄진 평화 협상의 기초로 독일 정부에 공식적으로 전달했다. 연합국이 배상을 요구할 권리를 갖는 피해의 범주는 바로 이 수정 14개 조항의 관련 문구를 기준으로 삼는다. 이 문구들은 이 책 제4장 첫머리에 전문이 인용되었다. 즉, "독일은 자국이 육상·해상·공중에서 침공해 연합국의 민간인과 연합국의 재산에 끼친 모든 손해를 배상한다." 이 문장에 담긴 제한적 성격은 1918년 2월 11일 윌슨 대통령이 미국 의회에서 행한 연설에 나와 있는 문구, 즉 "어떤 부과금도", "어떤 징벌적 손해 배상도" 없을 것이라는 문구로 강화된다(이 연설에서 사용된 용어는 적국과 체결한 계약에 명시적으로 포함된다).

"연합국과 미합중국이 주장할 미래의 권리와 요구는 어떤 것이든 영향받지 않는다."라는 내용을 담은 휴전협정 조건 제19항의 앞부분[1]이 이전에 명시되었던 모든 조건을 일거에 휩쓸어버리고 연합국에 무엇이든 원하는 것을 요구할 수 있게 만들어줬다는 주장이 이따금 제시되었다. 그러나 이 보호막 구절은 당시에 누구도 특별히 중요한 것으로 생각하지 않았다. 이 평범한 보호막 구절 때문에 휴전협정이 이뤄지기 전에 평화조약 조건의 기초와 관련해 윌슨 대통령과 독일 정부 사이에 오간 공식적 의견 교환은 모두 무효가 되고, 14개 조항이 폐기되었으며, 배상금에 관한 조항에 영향을 미치는 한 독일이 휴전 조건을 받아들였다는 것이 곧 그들이 무조건 항복했음을 뜻한다는 주장은 받아들이기 힘들다. 이 구절은 협정 입안자가 협정에 명시될 권리 목록의 초안을 잡을 때 그 목록에 모든 권리가 빠짐없이 열거되어 있을 것이라는 기대로부터 책임을 피하려고 통상 사용하는 문구에 불과하다. 어쨌든 이런 주장은 조약의 초안에 대한 독일의 검토 의견에 연합국이 보낸 답변으로 폐기 처리된다. 이 답변에서 연합국은 배상과 관련한 평화조약의 내용이 윌슨 대통령의 11월 5일 각서에 바탕을 둬야 한다는 점을 인정하고 있다.

---

[1] "연합국과 미합중국이 주장할 미래의 권리와 요구는 어떤 것이든 영향받지 않는다는 유보 조건 속에, 다음과 같은 재정적 조건이 요구된다. 한마디로 말하면, 발생한 피해에 대한 배상. 휴전이 지속하는 한, 전쟁으로 인한 손실을 복구하거나 배상하기 위해 연합국에 담보로 잡힐 수 있는 공적 증권은 어떤 것도 적국에 의해 제거되어서는 안 된다. 벨기에국립은행에 예치된 현금 예금의 즉시 반환, 그리고 일반적으로 점령 국가들의 공적·사적 이해관계에 연관되는 모든 서류·금·주식·증권·화폐 그리고 그것을 발행하는 시설의 즉시 반환. 독일에 양도된 혹은 독일이 탈취한 러시아와 루마니아 금의 반환. 이 금은 평화협정이 서명되기 전까지 연합국에 위탁된다."

평화의 경제적 결과

그렇다면 이제 우리에게는, 이 각서에 명시된 조건이 구속력을 지닌다고 가정하면서, "독일은 자국이 육상·해상·공중에서 침공해 연합국의 민간인과 연합국의 재산에 끼친 모든 손해를 배상한다."라는 문장이 함축한 정확한 영향력을 명확히 밝혀야 할 일이 남는다. 우리가 이 장의 다음 절에서 논의하듯이, 단순하고 모호함이 전혀 없어 보이나 이 문장만큼 궤변가와 법률가에게 그토록 많은 일을 하게끔 만든 문장은 역사상 찾아보기 힘들다. 어떤 사람들은 이 문장이 전쟁으로 발생한 모든 비용을 포함한다고 주저 없이 주장한다. 그들이 제시하는 이유는, 전쟁의 비용은 모두 세금으로 충당되어야 하는데 그런 세금은 "민간에게 피해를 준다."라는 것이다. 그들은 이 문장이 복잡하게 표현되었다고 말하면서, "어떤 것이 되었든 모든 손실과 지출"이라 말했다면 훨씬 더 간단했을 것이라는 점을 인정한다. 그러고는 민간인의 인격체와 재산에 발생한 피해를 강조한 것은 유감스러운 일이라 주장한다. 그러나 협정 입안 과정에서 실수가 있었더라도 이 때문에 연합국이 승자에게 당연히 부과되는 권리를 거부당해서는 안 된다는 것이 그들의 생각이다.

이 구절은 자연적 의미에서, 그리고 일반적인 군사비 지출과 구분되는 것으로서 민간인 피해를 강조하고 있다는 점에서 한계를 지닌다. 그러나 이것뿐만이 아니다. 이 표현의 맥락은 윌슨 대통령의 14개 조항에서 언급된 "복구"라는 용어의 의미를 명확히 하는 데 있다는 점도 기억해야 한다. 14개 조항은 침략당한 영토, 즉 벨기에·프랑스·루마니아·세르비아·몬테네그로에 발생한 피해를 고려한다(이탈리아는 알 수 없는 이유로 배제되었다). 그러나 14개 조항에는 잠수함 공격으로 해상에서 발생한 손실, (영국 스카버러에서 일어난 것처럼) 해상에서 가해진 폭격, 혹은 공습에 의한 피해는 포함되지 않는다. 여기에는 점령 지역에서 발생한 손실과 그 종류에 있어 실질적으로 구분되지 않는 민간인의 생명과 재산에 발생한 손실이 누락되어 있다. 파리에서 연합국 최고 위원회가 14개 조항 수정안을 윌슨 대통령에게 제안한 것은 바로 이런 누락을 바로잡기 위해서였다. 그 시기에, 즉 1918년 10월의 끝 무렵에, 책임감 있는 정치인치고 독일에 전쟁의 전반적 비용을 배상받겠다고 생각하고 있던 정치인은 아무도 없었다는 것이 내 생각이다. 이 정치인들은 단지 비전투인과 그들의 재산에 가해진 피해의 배상이 (수정 전의 14개 조항에 따르면 그랬을 것처럼) 점령 지역에 제한되지 않고, "육상·해상·공중" 어떤 방식으로건 가해진 모든 피해에 동일하게 적용된다는 점을 명확히 하려 했을 뿐이다. 시간이 많이 흐른 후에야 비로소 전쟁의 전체 비용을 배상하라는 요구가 일반 대중에게 널리 퍼지면서 정치인들에게는 부정직하게 사안을 처리하는 일이, 즉 문서화된 표현 속에서 그 안에 없는 내용을 찾아내는 일이 정치적으로 더 이득이 되었다.

그렇다면 연합국 측의 약속을 엄격히 해석하면 적국으로부터 배상을 청구할 수 있는 피해는 무엇일까?[2] 영국의 경우 배상 청구서에는 다음 품목이 포함될 것이다.

---

2 지나가는 말이지만, 이 약속에는 해당 피해를 일반적으로 인정되는 전쟁의 규칙에 반해 저질러진 피해로 한정하는 내용은 전혀 없다. 다시 말하면, 비합법적인 잠수함전의 비용은 물론 해상에서 상선을 국제법상 합법적으로 나포할 때 발생하는 피해에 대한 배상 주장도 포함할 수 있다.

(a) 적국 정부의 행위로 인해 민간인의 생명과 재산에 발생한 피해. 여기에는 공습, 해상 폭격, 잠수함전, 기뢰에 의한 피해가 포함된다.

(b) 억류된 민간인이 받은 부적절한 대우에 대한 배상. 여기에는 일반적인 전쟁 비용이나 (예를 들어) 무역의 상실로 인한 간접 피해는 포함되지 않는다.

프랑스가 주장할 배상 청구서는 상기 사항 외에 다음을 포함할 것이다.

(c) 전쟁 지역에서 발생한, 그리고 적진 뒤에서 벌어진 공중전으로 발생한, 민간인의 재산과 인격체에 가해진 피해.

(d) 적국이 점령한 영토 안에서 적국 정부나 적국 국적자가 약탈한 음식, 원료, 가축, 기계, 가재도구, 목재 등에 대한 배상.

(e) 프랑스 지방자치단체나 국적자에게 적국 정부나 관리들이 부과한 벌금과 징발한 물품의 반납.

(f) 추방당하거나 강제 노역을 강요당한 프랑스 국적자에 대한 배상.

위에 열거한 품목에 의문의 소지가 다분한 품목이 하나 덧붙는다. 즉,

(g) 적국에 점령당한 지역에서 프랑스 민간인을 부양하는 데 필요한 식품과 의복을 제공하는 구호 위원회의 비용.

벨기에의 청구서에도 비슷한 품목이 포함될 것이다.[3] 벨기에의 경우에는 일반적인 전쟁 비용 전체와 거의 비슷한 수준의 배상이 정당하다는 주장이 있다면, 그것은 벨기에 침공이 국제법 위반

이라는 근거에서만 가능하다. 그러나 이미 우리가 본 것처럼 14개 조항에는 그런 근거에 따라 특별 권리를 부여한다는 내용이 포함되어 있지 않다.[4] 벨기에의 일반적 전쟁 비용뿐 아니라 (g)항에 언급된 벨기에 구호 비용은 영국·프랑스·미국의 정부가 제공한 선불로 이미 충족되어 있다. 따라서 벨기에는 독일이 그 비용 명목으로 지급하는 배상을 자국이 이 세 정부에 지고 있는 부채를 일부 갚는 데 사용할 것으로 예상된다. 그러므로 벨기에의 특별 권리에 대한 요구는 실제로 영국·프랑스·미국 세 국가가 독일에 가하는 요구에 더해질 뿐이다.

　다른 연합국의 권리 주장 목록도 비슷한 방향으로 작성될 것이다. 그러나 이들 국가의 경우에는 독일이 아니라 그 동맹국들, 즉 오스트리아-헝가리·불가리아·오스만제국이 입힌 피해에 대해 독일이 얼마나 우발적(contingently) 배상 책임이 있는지의 문제로 좀 더 선명하게 드러난다. 이 사항은 14개 조항이 아무런 명확한 답을 제시하지 않는 많은 문제 중 하나다. 한편으로 14개 조항은 제11항에서 피해를 준 군대의 국적에 아무런 제한을 두지 않으면서 루마니아, 세르비아, 몬테네그로에 가해진 피해를 명시적으로 포함한다. 다른 한편, 연합국 각서에서는 "독일과 그 동맹국"의 공격이라 말했

---

3 연합국 국적자에게 진 그 밖의 다른 채무를 포함한 적국의 채무를 변제받을 때, 이전 점령 영토에서 연합국 국적자들이 소유한 마르크화 지폐나 마르크화 채권이 있다면 이것도 모두 포함되어야 한다.

4 벨기에를 위한 특별 권리는 실제로는 평화조약에 포함되어 있고, 독일 대표단은 이 권리를 아무런 이의 없이 받아들였다.

어야 할 지점에서 "독일"의 공격만을 언급한다. 문구 그대로 엄격하게 해석하면, 오스만제국이 수에즈운하에 입힌 피해나 오스트리아 잠수함이 아드리아해에서 입힌 피해와 관련해 과연 독일이 배상 책임이 있는지에 대해서는 의문의 여지가 있다. 그러나 이 경우는 만일 연합국이 주장을 밀어붙이기를 원한다면 그들이 한 약속의 일반적 의도에 심각하게 반하지 않으면서 독일에 우발채무(contingent liability)를 부과할 수 있을 그런 경우다.

연합국 사이에서는 사정이 아주 다르다. 만일 프랑스와 영국은 독일이 갚을 수 있을 배상을 취하고 이탈리아와 세르비아는 오스트리아-헝가리제국의 잔해에서 취할 수 있는 만큼 가져가게 한다면, 이것은 심각하게 불공평하고 신뢰를 저버리는 행위일 것이다. 연합국 사이에 관해 분명한 점은 배상금을 한곳에 모아놓은 후 그것을 전체 청구권에 비례해 나눠야 한다는 것이다.

그리고 아래에서 보겠지만 이 경우에 독일의 지급 능력이 독일에 대해 연합국이 지니는 직접적이고 합당한 배상 청구만으로도 소진될 것이라는 나의 추산이 받아들여진다면, 독일이 동맹국과 관련해 짊어질 우발채무 문제는 탁상공론이 되어버린다. 따라서 신중하고 명예를 지키는 정치력이었다면 일단 독일에 유리하게 판결해서 독일이 직접 야기한 피해에 대해서만 배상을 청구했을 것이다.

위에서 살펴본 배상 청구를 기준으로 할 때 청구 총액은 얼마나 될까? 과학적이거나 정확한 추산의 기초가 될 자료는 존재하지 않는다. 다음과 같은 관찰을 전제로, 그것이 얼마나 될지에 대한 나 자신의 추측을 제시하고자 한다.

침략 지역에서 발생한 물질적 피해의 규모는 자연스럽지만 엄청나게 부풀려진 과장의 대상이었다. 프랑스의 황폐화한 지역을 가로질러 가보면 눈에 보이는 광경은 묘사할 수 없을 정도로 놀랍고 상상을 뛰어넘는다. 1918~1919년 겨울 동안, 자연이 눈 이불을 덮어 그 처참한 모습을 시야에서 가려주기 전에, 전쟁이 낳은 공포감과 황량함은 엄청난 규모의 장엄함과 함께 모습을 드러내고 있었다. 파괴의 완전함은 너무도 분명했다. 가도 가도 아무것도 남아있지 않았다. 사람이 거처할 만한 건물은 하나도 없었고, 경작할 만한 땅도 전혀 남아있지 않았다. 눈에 들어오는 광경이 모두 동일하다는 사실도 놀라웠다. 황폐화한 한쪽 지역은 다른 지역과 정확히 똑같았다. 건물 잔해가 산더미처럼 쌓여있고, 포탄 구멍이 늪의 발자국처럼 남아있으며, 철망이 얼기설기 얽혀있었다.[5] 이런 시골 동네라도 원래 상태로 되돌리는 데 필요한 인간 노동의 양은 계산할 수 없을 정도로 커 보였다. 돌아온 여행자에게는 아무리 많은 돈도 영

---

　　5 그러나 영국의 관찰자, 즉 내게 다른 것에 비해 크게 두드러져 보인 광경이 하나 있었다. 이프르(Ypres) 벌판이었다. 황량하고 귀신이 나올 듯한 이 장소에서, 풍광이 보여주는 자연의 색깔과 날씨가 전해주는 분위기는 이 여행자에게 대지의 기억을 알려주려고 디자인된 듯이 보였다. 1918년 11월 초에 이 돌각(突角; salient) 지역을 방문한 사람이라면, 이때는 아직도 군데군데 방치된 독일군 시체가 현실감과 함께 인간이 만들어낸 공포의 느낌을 더해주고 있었고, 격렬한 투쟁이 여전히 확실하게 끝나지 않았던 때였기에, 바로 여기에서 다른 곳에서는 느끼지 못할, 현재 진행형인 전쟁의 잔혹함, 그리고 미래에는 어느 정도 현재의 혹독함을 바꿔줄 비극적이고 감상적인 순화(純化) 분위기를 동시에 느낄 수 있었을 것이다. **옮긴이 주** 이프르는 제1차세계대전의 격전지로, 제1차이프르전투(1914년 10월 19일~11월 22일)와 제2차이프르전투(1915년 4월 22일~5월 25일)로 악명 높다. 제1차이프르전투로 참호전이 고착화되었고, 제2차이프르전투로 독가스전이 본격화되었다.

　　　　　　　　　　　　　　　　　　　　　평화의 경제적 결과

혼에 각인된 파괴를 표현하기에 모자랐다. 몇몇 국가의 정부는 그런 정서를 어느 정도 자국의 이득을 위해 이용하면서도 수치심을 느끼지 않았는데, 그 이유는 이해할 만하다.

벨기에의 경우 대중이 느끼는 정서가 대부분 잘못되었다는 것이 내 생각이다. 어쨌거나 벨기에는 작은 나라고, 이 나라의 경우 실제로 파괴된 지역은 나라 전체에 비해 작은 비율을 차지한다. 1914년 독일군이 처음 쳐들어왔을 때 국지적으로 피해가 어느 정도 있었다. 그 후에 벨기에의 전선은 프랑스와는 달리 나라의 깊숙한 지역으로 들어갔다 나왔다 하지 않았다. 전선은 실질적으로 정체되어 있었고, 적대 행위는 나라의 조그만 한구석에 한정되었다. 최근 이 지역은 대부분 경제적으로 뒤처져 빈곤하고 활기가 없으며, 벨기에의 활발한 산업이 여기까지 퍼져있지 않다. 홍수로 잠겼던 작은 지역에 상흔이 남아있고, 퇴각하는 독일군이 건물·공장·도로·철도에 의도적으로 끼친 피해가 남아있으며, 기계와 가축 그리고 그 밖의 다른 동산의 약탈 자국이 남았다. 그러나 브뤼셀, 안트베르펜(Antwerpen) 그리고 심지어 오스텐더(Ostender)도 실질적으로 아무런 피해가 없으며, 벨기에 부(富)의 중심을 이루는 토지의 상당한 부분도 전쟁 전과 거의 비슷하게 경작되고 있다. 자동차로 여행하면 벨기에의 파괴된 지역을 한쪽 끝에서 다른 쪽 끝으로 가로질러 지나가면서도 그곳이 파괴된 지역이라는 사실을 알아채지 못할 수 있다(반면에, 프랑스의 파괴는 그 규모에 있어 완전히 다른 차원에 있다). 산업적으로는 약탈의 정도가 심각했고, 지금 당장은 그 여파로 산업이 마비 상태에 있다. 그러나 기계를 대체하는 데 필요한 실제 화폐 비용은 그리 빨리 증가하지 않고 있으며, 수천억 파운드 정도면 벨기에가 한번이라도 소유했던 모든 가능한 종류의 기계의 가치에 상응할 것이다. 그 외에, 냉철한 통계학자라면 벨기에 국민은 개인의 자기 보호 본능이 드물게 잘 발달해 있다는 사실을 간과해서는 안 된다. 휴전협정이 체결되던 날 벨기에는 엄청난 규모의 독일 지폐[6]를 소유하고 있었다. 이 사실은 벨기에 사람 중 적어도 일부 계층은 독일 치하에서 겪는 모든 혹독함과 야만성에도 불구하고 침략자를 대가로 삼아 이득을 취하는 방법을 알고 있었음을 보여준다. 내가 알고 있는, 벨기에가 독일에 대해 요구하는 배상은 전쟁 전에 이 나라가 소유했던 부의 전체 규모보다 더 많은 액수다. 이

---

6 최소 60억 마르크에 달한다고 추산되는 이 지폐량은 이제 벨기에 정부에는 당혹감과 커다란 잠재적 손실의 원천이 되었다. 나라가 수복되자 벨기에 정부는 1마르크당 1.2벨기에 프랑의 비율로 벨기에 국적자가 소유한 마르크화 지폐를 벨기에 지폐로 교환해줬다. 이 환율은 당시 시장에서 적용되던 환율에 비춰볼 때 마르크화 지폐의 가치를 상당히 많이 초과하는 것이었다(또한 그 이후에 마르크화가 평가절하되어 도달한 환율보다 엄청나게 높은 비율이다. 현재 벨기에 프랑의 가치는 마르크화 가치의 세 배에 달한다.) 그 환율은 이득을 얻을 기회에 편승해 벨기에로 마르크화 지폐를 엄청난 규모로 밀수하는 동기가 되었다. 벨기에 정부가 이런 신중하지 못한 조치를 취한 이유의 일부는, 평화회의에서 독일 자산에 대한 최우선 비용을 이 마르크화 지폐와 1대 1의 비율로 상환해 청구하도록 설득할 수 있을 것이라 기대했기 때문이다. 그러나 평화회의는 과도한 환율 위에서 실행된 부실한 은행 거래를 조정하는 것보다 배상 그 자체가 선행되어야 한다는 의견을 견지했다. 프랑스 정부도 침략 지역과 알자스-로렌 지역의 사람들에게 혜택을 주려고 거의 20억 마르크에 가까운 금액을 교환해줬다. 벨기에가 소유한 독일 통화의 엄청난 규모에 프랑스가 소유한 것까지 더하면 그 규모는 마르크화의 환율 상황을 심각하게 악화시키는 주범이다. 벨기에와 프랑스 정부가 이 마르크화를 처리할 조치를 마련하는 일은 분명 바람직하다. 그러나 배상 위원회가 그런 목적을 위해 사용할 수 있는 독일 자산 전체에 대해 선취 특권을 갖기 때문에, 이들 정부가 그런 조치를 마련하는 일은 난관에 봉착해 있다.

평화의 경제적 결과

배상 요구는 간단히 말해 무책임한 요구다.[7]

1913년 벨기에 재무부가 발간한 벨기에 부에 대한 공식 통계를 살펴보면, 이 책에서 추구하는 생각의 방향을 정하는 데 도움이 될 것이다. 그 통계는 다음과 같다.

(단위: 100만 파운드)

토지	264
건물	235
개인의 부	545
현금	17
가구 등	120
합계	**1,181**

이 합계에 따르면 주민 1인당 평균 부가 156파운드로 계산된다. 이 분야 최고의 권위자인 스탬프(J. C. Stamp) 박사에게 이 수치는 언뜻 너무 낮아 보일 것이다. (그러나 그는 최근에 입에 오르내리는, 이보다 훨씬 높은 추산치도 인정하지 않는다.) 벨기에에 가까이 있는 이웃 국가들을 고려할 때, 위의 통계에 상응하는 1인당 부는 네덜란드가 167파운드, 독일이 244파운드, 프랑스가 303파운드다.[8] 그러나 총합이 15억 파운드면 1인당 평균이 약 200파운드인데, 이 금액은

---

7 공정을 기하려고 다음 말을 덧붙여야 할 것이다. 즉, 벨기에를 위해 제시된 매우 높은 청구 권리는 물리적 파괴 자체뿐 아니라 모든 종류의 다른 품목, 예를 들어 전쟁이 일어나지 않았다면 벨기에 국민이 획득했을 것이라 무리 없이 기대할 수 있는 이윤과 소득도 포함한다.

상당히 후하게 계산된 액수다. 토지와 건물에 대한 공식 추계는 다른 항목보다 더 정확할 가능성이 크다. 반면에, 건축 비용의 상승분에 대한 고려가 있어야 할 것이다.

이 모든 고려 사항에 비춰볼 때, 나는 파괴와 약탈로 인해 벨기에 재산에 발생한 실제 물리적 손실의 화폐가치를 최대 1억 5,000만 파운드보다 높게 보지 않는다. 또 현재 일반적으로 인정되고 있는 액수와 많이 다른, 낮은 추산치를 제시하는 것도 꺼려진다. 그렇지만 위의 액수에 대한 주장을 뒷받침하는 증거만 있어도 나는 놀랄 것이다. 징세·벌금·징발 등에 관련한 청구액은 추가로 1억 파운드 정도가 될 수 있다. 연합국이 일반적 전쟁 비용으로 벨기에에 선지급한 금액을 포함하면 약 2억 5,000만 파운드가 추가되어야 한다 (여기에는 구호 비용도 포함된다). 따라서 총액은 5억 파운드가 된다.

프랑스의 파괴는 훨씬 더 중요한 규모로 진행되었다. 전선이 길게 걸쳐있었다는 사실뿐 아니라, 전투가 프랑스의 매우 깊은 지역에까지 들고 나기를 거듭했다는 사실 때문이기도 하다. 벨기에가 전쟁의 주요 희생국이라는 생각은 많은 사람이 갖고 있는 환상이다. 희생자, 재산의 손실, 미래 채무의 부담을 고려할 때 벨기에는 미국을 제외하고 전쟁에 끼어든 모든 국가 중에서 상대적으로 가장 작은 규모의 희생을 치른 나라임이 밝혀질 것이라 나는 믿는다. 연합국 측에서는 세르비아의 고통과 손실이 상대적으로 가장 컸고,

---

8 J. C. 스탬프(Stamp), 〈주요 강대국의 부와 소득(The Wealth and Income of the Chief Powers)〉, 《왕립통계학회지(Journal of the Royal Statistical Society)》, 1919년 7월.

세르비아 다음이 프랑스다. 프랑스는 벨기에만큼이나 독일의 야망에 당한 피해자였고, 프랑스의 참전도 그만큼 불가피했다. 내 판단에 프랑스야말로 평화회의에서 내세운 정책, 즉 프랑스가 당한 고통에 그 기원을 크게 둔 정책에서 우리의 후한 조치를 받을 가장 큰 자격을 갖췄다.

물론 대중이 벨기에에 대해 느끼는 특별한 감정은 1914년에 벨기에가 연합국 중에서 가장 큰 희생을 치렀다는 사실에 기인한다. 그러나 1914년 이후에 벨기에의 비중은 그리 크지 않았다. 결과적으로 독일의 침공으로 인해 벨기에가 받은 고통은 화폐로 측정할 수 없겠지만, 1918년 말 벨기에의 희생은 다른 나라에 비해 상대적으로 작았다. 어떤 면에서는 예를 들어 오스트리아가 치른 희생의 크기만큼도 되지 않는다. 나는 이 말을 여러 차례에 걸친 책임감 있는 정치가들의 선언이 우리에게 부과한 의무를 회피하려는 속셈으로 하는 것이 아니다. 벨기에의 합당한 배상 청구가 완전히 충족되기 전까지 영국은 독일로부터 어떤 배상도 요구해서는 안 된다. 그러나 그렇다고 우리가 혹은 벨기에 사람들이 객관적 사실에 대해 진실을 이야기하면 안 될 이유는 없다.

프랑스의 청구액이 엄청나게 더 큰 것은 사실이지만 여기에도 책임감 있는 프랑스 통계학자들이 스스로 지적한 바와 같이 지나치게 과장된 측면이 있다. 적국에 실질적으로 점령당한 프랑스 지역은 프랑스 전체의 10퍼센트를 넘지 않으며, 크게 파괴된 지역은 4퍼센트를 넘지 않는다. 인구 3만 5,000명을 넘는 프랑스의 60개 도시 중에서 두 군데만, 즉 인구가 11만 5,178명인 랭스(Reims)와 5만

5,571명인 생캉탱(St. Quentin)만 초토화되었다. 다른 세 개 도시, 즉 릴(Lille)·루베(Roubaix)·두에(Douai)는 점령당한 후 기계를 포함한 여러 재산을 약탈당했지만, 그 외 부분에서는 크게 피해를 입지 않았다. 아미앵(Amiens)·칼레(Calais)·됭케르크(Dunkerque)·불로뉴(Boulogne)는 폭격과 공습으로 이차적 피해를 입었지만, 칼레와 불로뉴의 가치는 영국군이 사용할 목적으로 세운 여러 종류의 새로운 시설로 오히려 더 높아졌을 것이다.

《1917년 프랑스 통계 연감(Annuaire statistique de la France, 1917)》은 프랑스의 전체 주택 재산의 가치를 23억 8,000만 파운드(595억 프랑)로 추산한다.[9] 따라서 파괴된 프랑스 주택 재산만의 가치를 8억 파운드(200억 프랑)로 보는 현재의 추산치는 분명히 실제 피해액에서 멀리 벗어나 있다.[10] 전쟁 전 가격으로 1억 2,000만 파운드, 현재 가격으로 2억 5,000만 파운드가 실제치에 훨씬 더 가까운 액수다. (건물을 제외한) 프랑스 토지 가치에 대한 추산치는 24억 8,000만 파운드에서 31억 1,600만 파운드 사이에 있다. 따라서 이 항목의 피해 액수를 1억 파운드 정도로 높이 잡는다면 이것은 너무 지나친 일일 것이다. 책임감 있는 전문가에 따르면, 프랑스 전체의 농장 자본 가치는 4억 2,000만 파운드를 넘지 않는다.[11] 이제 남

9 다른 여러 추산에 따르면 가치는 24억 2,000만 파운드에서 26억 8,000만 파운드 사이에 있다. 앞에서 인용한 스탬프의 논문을 참조하라.
10 이 점을 샤를 지드(Charles Gide) 씨는 1919년 2월 《해방(L'Emancipation)》에서 분명하게 그리고 용기 있게 지적했다.
11 이 수치 및 다른 수치에 대해서는 앞의 스탬프의 논문을 참조할 것.

는 것은 가구와 기계의 손실, 석탄 탄광과 운송 체계가 입은 피해, 그리고 그 외 여러 사소한 항목이다. 그러나 이런 손실은 아무리 심각하더라도 프랑스에서 아주 작은 부분을 차지한다는 사실을 고려할 때, 그 가치를 수억 파운드대로 잡을 수는 없다. 요약하면, 북부 프랑스의 피점령 지역과 피파괴 지역에 발생한 **물리적·물질적 피해**에 대한 청구액을 5억 파운드 이상으로 잡는 일은 쉽지 않다.[12] 내

12 물질적 피해의 정도가 확인되더라도 그것에 가격을 매기는 일은 매우 어려운 일이다. 가격은 복구가 이뤄지는 기간과 복구에 사용되는 방법에 크게 좌우될 것이 틀림없기 때문이다. 피해를 아무 가격으로 한두 해에 걸쳐 배상하기는 불가능하다. 그리고 현재 사용할 수 있는 노동과 재료의 규모에 비해 너무 과한 가격으로 가치를 매긴다면, 물가가 천정부지로 상승할지도 모른다. 나는 노동과 재료의 비용을 세계 전체에서 현재 적용되는 수준과 비슷한 수준에서 추산해야 한다고 생각한다. 그러나 현실에 비춰볼 때 문자 그대로의 복구는 결코 시도조차 되지 않을 것이라 생각하는 편이 안전하겠다. 그렇게 하는 것 자체가 너무 자원을 소모하는 것일 수도 있다. 많은 도시가 노후하고 비위생적이었고, 수많은 조그만 동네의 환경은 비참했다. 이전과 동일한 장소에 동일한 건물을 다시 세우는 일은 바보 같은 짓이다. 토지와 관련해 취할 수 있는 현명한 길은 어떤 경우에는 앞으로 오랫동안 많은 토지를 자연에 맡겨놓는 것이다. 화폐 총액은 물질적 피해의 가치를 공정하게 대변하는 수준으로 계산되어야 하고, 프랑스가 그 돈을 자국 전체의 경제적 번영을 위해 가장 현명하다고 생각되는 방식으로 스스로 사용하도록 놓아둬야 한다. 이 논란의 첫 번째 산들바람이 이미 프랑스 전역을 거쳐 지나갔다. 긴 시간 동안 진행되었으나 결론을 내지 못한 논쟁이 1919년 봄에 국회 하원의 회의를 차지했다. 그 논쟁은, 배상금을 받은 황폐화한 지역의 주민들이 그 돈을 이전과 동일한 재산으로 복구하는 데 사용하도록 강제해야 하는지, 아니면 그들이 원하는 대로 사용할 수 있게 하는지에 관한 것이었다. 양쪽이 모두 많은 근거를 댈 수 있었음은 분명하다. 전자를 주장하는 측에서는, 앞으로 상당 기간 자기 재산에 대한 실질적 사용을 이전 수준으로 복구하는 것을 기대할 수 없는 상태에서 다른 곳에 정착하기도 힘든 재산 소유자가 많은데, 이들이 겪을 고난과 불확실성이 매우 크다는 근거를 댔다. 후자의 경우, 그런 사람들이 배상금을 받은 후 다른 곳으로 가버리면 프랑스 북부의 전원지대는 결코 이전처럼 복구될 수 없다는 근거를 내세웠다. 그럼에도 나는 사람들에게 큰 자유를 부여하고 경제적 동기가 스스로 작동하도록 하는 것이 현명한 길이라 믿는다.

가 한 추산은 르네 퓌팽(René Pupin) 씨의 연구로 확인되었다. 퓌팽 씨는 전쟁 전 프랑스의 부에 대한 가장 포괄적이고 과학적인 추산을 발표한 학자인데[13], 나는 내가 스스로 추산치를 계산하고 결론에 이를 때까지 그의 연구를 접하지 못했었다. 이 전문가에 따르면 피침략 지역에 발생한 물질적 손실은 4억 파운드에서 6억 파운드 (즉, 100억 프랑에서 150억 프랑) 사이로 추산된다.[14] 내가 이른 추산치는 이 두 수치 사이에 있다.

그러나 뒤부아(M. Dubois) 씨는 국회 하원의 예산 위원회를 대변한 연설에서 "전쟁 부담금, 해상에서 발생한 손실, 도로, 공공 기념물의 손실"을 계산에 넣지 않고 "최소한으로" 잡았을 때 26억 파운드(650억 프랑)라는 수치가 나온다고 제시했다. 산업부흥 장관 루쉐르 씨는 1919년 2월 17일 국회 상원에서 황폐화한 지역을 재건

---

13 《전쟁 이전 프랑스의 국부(La Richesse de la France devant la Guerre)》, 1916년.

14 《레뷔 블뢰(Revue Bleue)》, 1919년 2월 3일자. 이 신문 기사는 프랑스의 통계와 여러 의견을 모아놓은 매우 가치 있는 선별집인 샤리오(H. Charriaut)와 아코(R. Hacault)의 《전쟁의 재정적 청산(La Liquidation financière de la Guerre)》 제4장에서 인용된다. 더 나아가, 내 추산의 전반적 수치는 이미 실행된 보수 작업의 정도에 의해 확인되었다. 이 보수 작업의 정도는 1919년 10월 11일 타르디외(Tardieu) 씨가 행한 연설에서 언급되었는데, 이 연설에서 그는 다음과 같이 말했다. "지난 9월 16일 현재, 보수 완료된 작업은 파괴된 철로 2,246킬로미터 중 2,016킬로미터, 운하 1,075킬로미터 중 700킬로미터이며, 폭격으로 파괴된 교량이나 터널 같은 구조물 1,160개 중 588개가 새것으로 대체되었고, 폭격으로 무너진 55만 주택 중 6만 개가 재건축되었으며, 전투로 인해 불모지로 되어버린 180만 헥타르의 땅 중 40만 헥타르에서 다시 경작할 수 있게 되었고 이 중 20만 헥타르에서는 이미 파종이 이뤄졌다. 마지막으로, 1,000만 미터가 넘는 가시철망이 제거되었다."

평화의 경제적 결과

하는 데 30억 파운드(750억 프랑)의 지출이 예상된다고 발언했는데, 이 수치는 그 지역 주민의 전체 부에 대해 퓌팽 씨가 계산한 추산치의 두 배를 넘는 수준이다. 그러나 그 당시 루쉐르 씨는 파리평화회의에서 프랑스의 권리를 주장하는 데 두드러진 역할을 하고 있었고, 다른 사람들과 마찬가지로, 엄격하게 진실된 주장이 애국에 대한 요구에 맞지 않는다고 생각했을 것이다.[15]

그러나 지금까지 논의한 수치는 프랑스가 주장한 배상의 총합이 아니다. 특히, 점령 지역에서 발생한 부담금과 징발, 그리고 해상에서 독일 전함과 잠수함의 공격으로 손실된 프랑스의 상선이 남아 있다. 어쩌면 2억 파운드 정도면 그런 배상 주장을 모두 충족시킬 수 있을 정도로 충분할 것이다. 그러나 좀 더 안전한 방향으로, 어느 정도 임의적이기는 하지만, 모든 것을 포괄해 프랑스가 주장하는 3억 파운드를 더할 것이다. 그러면 총합은 8억 파운드가 된다.

뒤부아 씨와 루쉐르 씨의 발언은 1919년 봄 초반에 나왔다. 그로부터 6개월 후(1919년 9월 5일)에 클로츠 재무 장관이 프랑스 하원에서 한 연설은 변명을 받아줄 여지가 더 적다. 이 연설에서 프랑스 재무 장관은 재산 피해에 대한 프랑스의 배상 청구액(추측하건대 해상에서의 손실 등은 포함하나 연금이나 수당은 제외한 금액)이 53억 6,000만 파운드(1,340억 프랑)로 추산된다고 말했다. 이것은 내 추산치의 여섯 배를 넘는 액수다. 내 추산치에 오류가 있다 하더라도 클

---

15 이 추산치 중 일부는 직접적인 물질적 피해뿐만 아니라 우발적이고 비물질적인 피해에 대한 고려를 반영한다.

로츠 씨의 추산치는 결코 정당화될 수 없다. 프랑스 장관들이 국민에게 행한 기만이 그토록 심각했기에, 실제로 프랑스 자신의 주장과 그 주장을 충족할 독일의 능력, 이 둘 모두와 관련해 불가피하게 다가올 계몽의 시간에 이르면(이 계몽의 시간은 틀림없이 곧 다가올 것이다) 그 여파는 클로츠를 넘어 그가 대변하는 정부와 사회의 전체 질서에까지 미칠 것이다.

영국의 배상 청구는 현재 기준에서는 실질적으로 해상에서 발생한 손실, 즉 선체와 화물의 손실에 한정될 것이다. 물론 공습과 해상에서 날아온 폭탄으로 발생한 민간인 재산의 피해에도 배상을 청구할 수 있을 것이다. 그러나 현재 우리가 다루는 수치의 크기에 비춰볼 때 그와 관련한 금액은 그리 중요하지 않다. 500만 파운드 정도면 그런 모든 피해를 포괄할 수 있고, 1,000만 파운드라면 분명히 그렇게 하고도 남을 것이다.

적대 행위로 손실된 영국 상선은 어선을 제외하고 2,479척이었고, 총톤은 775만 9,090톤이다.[16] 선박 대체 비용을 계산할 비율로 어떤 수치가 적당한지에 대해 의견이 상당히 갈릴 가능성이 있다. 총톤 1톤당 30파운드의 비율은 선박 건조량이 급성장하면 곧 너무 높은 수준이 될 것이지만, 더 나은 전문가가 선호할 다른 어떤 비율로라도 대체될 수 있을 것이다.[17] 이 대체율에 따른 배상 청구 총액은 2억 3,000만 파운드다. 여기에 손실된 화물이 더해져야 하는데, 이 손실

---

16 이 중 상당 부분이 연합국 작전을 돕는 과정에서 손실되었다. 이 손실은 연합국 측과 영국 측에 동시에 산정되어 이중으로 계산되어서는 안 된다.

의 가치는 거의 전적으로 짐작에 기대야 한다. 선적량 1톤당 40파운드는 가능한 한도 내에서 가장 훌륭한 근사치다. 이에 따른 배상액은 3억 1,000만 파운드이고, 배상 총액은 5억 4,000만 파운드가 된다.

여기에 공습과 폭격, 억류당했던 시민의 배상 청구, 그 외 모든 종류의 사소한 항목을 포괄하는 배상 금액으로 3,000만 파운드를 더하면 영국이 주장하는 배상 총액은 5억 7,000만 파운드가 되는데, 이 액수는 충분하고도 남을 것이다. 어쩌면 영국이 주장하는 배상의 금액이 프랑스가 주장하는 액수에 비해 크게 적지 않고 실제로 벨기에의 배상 청구액보다 많다는 것은 놀라운 일일지도 모른다. 그러나 영국의 경제력에 입힌 금전적 손실이나 실물적 손실로 측정할 때, 영국의 상선에 끼친 피해는 엄청난 규모였다.

이제 남은 것은 이탈리아·세르비아·루마니아가 침공에 의한 피해로 요구하는 배상 청구와 이 국가들을 포함한 다른 국가들, 예를 들어 그리스가 해상에서 발생한 손실에 대해 요구하는 배상 청구다.[18] 논의를 위해 나는 독일 자체가 아니라 독일의 동맹국이 야기한 피해에 대해서도 독일에 배상을 청구할 것이지만, 러시아를

---

17 이 수치에는 총톤 7만 1,765톤에 달하는 675척의 어선이 침몰했고, 총톤 800만 7,967톤에 달하는 1,885척의 배가 침몰은 하지 않았으나 손상을 입거나 공격을 당했다는 사실이 반영되지 않았다. 이 사실은 선박 대체 비용과 관련해 수치를 추산할 때 적용되었을 과도함을 어느 정도 상쇄할 수 있을 것이다.

18 그리스의 상선에 발생한 손실은 어마어마한 규모다. 이것은 지중해를 운항할 때 따르는 위험 때문이다. 그러나 이 손실의 대부분은 다른 연합국의 작전을 돕는 과정에서 발생했고, 이에 대해 연합국은 직간접으로 비용을 지급했다. 자국 국적자를 돕는 과정에서 발생한 상선 손실에 대한 그리스의 청구액 규모는 그리 크지 않을 것이다.

대변해 그런 청구를 하지는 않는다고 가정할 것이다.[19] 이탈리아가 침략을 당해 입은 피해와 해상에서 입은 피해는 그리 클 수가 없다. 5,000만 파운드에서 1억 파운드 사이의 수치면 그 피해를 배상하기에 충분할 것이다. 인간 생명의 관점에서 볼 때 세르비아가 받은 고통은 모든 국가 중에서 가장 크지만[20], 금전적으로 측정한 손실은

19 평화조약에는 이 문제와 관련한 유보 조항이 포함되어 있다. "연합국과 관련국은 본 조약의 원칙에 기초해 독일로부터 반환과 배상을 받을 러시아의 권리를 공식적으로 유보한다."(제116조) 옮긴이 주 러시아 민중은 전쟁 초기에 전쟁을 지지했으나 피해가 걷잡을 수 없자 전쟁에 대한 불만이 급속하게 커졌다. 1917년 2월혁명으로 수립된 임시정부는 전쟁을 지속했다. 반면에, 레닌은 초기부터 제1차세계대전을 제국주의 전쟁으로 규정하면서 전쟁에 반대했다. 10월혁명의 성공은 이런 레닌의 사상과 전쟁에 대한 민중의 불만이 결합한 결과로 볼 수 있다. 정권을 장악한 볼셰비키 정부는 그해 12월 단독으로 독일과 휴전협정을, 1918년 3월 평화협정(브레스트-리토프스크조약; Treaty of Brest-Litovsk)을 맺었다. 러시아는 이 조약을 통해 독일에 우크라이나와 발트3국, 폴란드 등을 양도하고 연합국에서 탈퇴하는 대신 독일로부터 평화를 보장받았다(그러나 양도한 곳이 러시아 산업의 50퍼센트를 넘고 탄광의 90퍼센트에 가까운 지역이었기에, 이 조약은 러시아 내부에서 큰 반발을 불러일으켰다. 이 반발은 러시아 내전의 주요 원인 중 하나였다). 독일과 이미 평화협정을 맺었고 연합국은 볼셰비키 정부를 인정하지 않았기에, 러시아는 파리평화회의에 참석할 자격을 얻지 못했다.

20 디우리치(Diouritch) 박사는 그의 논문 〈남부 슬라브계 국가에 대한 경제적·통계적 조사(Economic and Statistical Survey of the Southern Slav Nations)〉(《왕립통계학회지》, 1919년 5월)에서 생명 손실에 관한 놀라운 자료를 인용한다. "공식적 답변에 따르면, 마지막 세르비아 총공세까지 전투 중 혹은 포로로 잡혀 있다 사망한 사람의 숫자는 32만 명에 이른다. 이것은 18세에서 60세 사이의 세르비아 남성 중 절반에 해당하는 사람들이 유럽 전쟁에서 비명횡사했음을 뜻한다. 이에 더해, 세르비아의 의료 기관의 추산에 따르면, 민간인 중에서 약 30만 명이 장티푸스로 사망했고, 적군의 캠프에 억류되었다 사망한 사람의 수는 5만 명 정도로 추정된다. 두 번의 세르비아군의 퇴각 시기에, 그리고 알바니아군의 후퇴 기간에, 20만 명으로 추산되는 어린이와 청년이 사망했다. 마지막으로, 적의 점령 속에 있던 3년 동안 제대로 된 식량과 의료진의 치료가 부족해 사망한 사람의 수는 25만 명으로 추산된다." 모두 합해, 손실된 생명은 약 100만 명, 즉 옛 세르비아 인구의 3분의 1을 넘는 수에 이른다.

평화의 경제적 결과

세르비아의 낙후된 경제 발전 상태를 고려할 때 그리 크게 계산되지 않는다. 스탬프 박사(앞의 논문을 보라)는 세르비아의 국부를 4억 8,000만 파운드, 즉 1인당 105파운드로 잡는 이탈리아 통계학자 마로이(Lanfranco Maroi)의 추산을 인용한다.[21] 토지가 추산치의 매우 큰 부분을 차지하는데, 토지에는 피해가 영원히 지속되지 않는다.[22] 이 그룹에 속하는 국가들이 내세우는 합법적 배상 청구에 대해 전반적 규모 이상으로 추측하기에는 현재 사용할 수 있는 자료가 매우 부적절하므로, 나는 여러 항목에 대한 추측보다는 전체 규모에 대한 하나의 추측을 하고자 한다. 이 국가들의 전체 피해액은 총괄해 2억 5,000만 파운드로 추산된다.

마침내 이를 종합하면 다음과 같은 수치가 나온다.

(단위: 100만 파운드)

벨기에	500[23]
프랑스	800
영국	570
기타 연합국	250
합계	**2,120**

21 《이탈리아와 그 밖의 다른 주요 국가의 부의 산정 방식과 부의 규모(Come si calcola e a quanto ammonta la richezza d'Italia e delle altre principali nazioni)》, 1919년.

22 세르비아 당국이 제시한 매우 큰 규모의 배상 청구에는 간접적이고 비물질적인 피해를 당한 가설적 항목이 많이 포함되어 있다. 그러나 이 항목들은 아무리 현실적이라 하더라도 현재 우리의 계산 방식에서는 허용되지 않는다.

23 벨기에는 연합국이 벨기에에 내어준 융자금으로 전쟁의 전반적 지출을 부담했는데, 나는 2억 5,000만 파운드가 이 지출 액수에 포함되어 있다고 가정한다.

위의 수치에 추측으로 한 계산이 많다는 점을 독자에게 굳이 상기시킬 필요는 없을 것이다. 특히 프랑스의 수치는 비판받을 가능성이 크다. 그러나 정확한 수치와 대조적인 의미에서 **전반적 규모**는 절망스러울 정도로 잘못 계산되지는 않았다고 자신한다. 위의 계산에서는 연합국이 휴전 전에 한 약속에 대한 해석을 적용했고, 이 해석을 바탕으로 계산할 때 독일에 요구할 배상 청구액은 확실하게 16억 파운드보다는 크고 30억 파운드보다는 작다는 것이 밝혀졌다는 진술로 전반적 규모에 대한 나의 추산을 표현할 수 있을 것이다.

이 금액이 바로 우리가 적에게 내밀 권리가 있는 배상 청구액이다. 후에 좀 더 상세히 밝히겠지만 나는 평화 협상에서 독일 정부에 특정 사항을 더는 검토하지 않은 채 최종 배상 타결 금액으로 20억 파운드를 지급할 것에 합의하도록 설득하는 것이 현명하고 정당한 처사였을 것이라 믿는다. 이 길이 채택되었더라면 즉각적이고 확실한 해결책이 제공되었을 것이고, 독일에는 약간의 자율성이 주어진다면 지급이 아예 불가능하지 않았을 금액이 요구되었을 것이다. 이 금액이 연합국들 사이에서 각자의 필요와 일반적인 형평성에 비춰 분배되었어야 한다.

그러나 이 문제는 문제의 내재적 본질을 바탕으로 해결되지 않았다.

II. 평화회의와 평화조약의 조건

나는 휴전협정이 맺어지던 날 연합국의 책임감 있는 당국자 중에 연합국 영토의 침공과 잠수함전으로 인해 발생한 직접적인 물질적 피해에 대한 배상 이상으로 독일로부터 배상을 받아내리라 기대한 사람이 있었다고는 생각하지 않는다. 당시에는 독일이 연합국이 제시하는 조건을 받아들일 것인지에 대해 심각한 회의감이 퍼져 있었다. 이 조건들이 다른 측면에서 불가피하게 매우 혹독했기 때문이다. 또 연합국이 기대하지도 않았을뿐더러 아마 어떤 경우에도 지급하기 힘들 금액의 요구로 전쟁을 지속시킬 위험을 무릅쓰는 것은 정치가답지 않은 행위로 여겨졌을 것이다. 내 생각에 프랑스인들은 이런 견해를 결코 받아들이지 않았다. 그러나 영국의 태도는 분명히 그랬다. 그리고 바로 이 분위기 속에서 휴전 전 조건의 윤곽이 잡혔다.

한 달이 지난 후 분위기가 완전히 바뀌었다. 연합국은 독일의 상황이 정말로 희망이 없을 정도라는 사실을 확인했다. 이 사실을 다는 아니더라도 일부 사람은 예상하고 있었다. 그렇지만 그것이 완전히 확실하다고 감히 생각한 사람은 없었다. 연합국이 마음만 굳게 먹었다면 독일의 무조건 항복을 확실하게 얻어낼 수 있었음이 분명해졌다.

그러나 상황에 새로운 요소가 발생했고, 이는 국지적으로 매우 중요한 것이었다. 영국 수상은 적대 행위가 종결되면 곧이어 현재 자기의 개인적 출세가 기반하고 있는 정치 연합이 붕괴할 수 있다는 점을 간파했다.[24] 또 그는 군대 동원이 해제되고, 산업이 전시 체제에서 평화 체제로 바뀌며, 재정 상황이 바뀌고, 사람들의 마음에 전반적인 심리적 반응이 일어나면, 그에 부수적으로 국내 정치 상황에 어려움이 발생할 것이고, 이 어려움을 성숙해질 때까지 내버려둔다면 정적들에게 막강한 무기가 될 것임을 감지했다. 따라서 영국 정치계에서 특이할 정도로 당이나 정치 원칙과는 상관없이 자신의 권력을 개인적인 것으로 행사하던 로이드 조지에게 자신의 정치적 권력을 공고히 할 가장 좋은 기회는 승리의 영광이 퇴색하기

24 옮긴이 주 전쟁 초기에 영국을 포함한 연합군은 수세에 몰려있었다. 1915년에는 영국군에 포탄이 부족한 사태가 발생했고(이 사건을 계기로 영국은 군수부[軍需部; Ministry of Munitions]를 신설하고 로이드 조지를 초대 장관으로 임명했다), 영국군에서 20만 명의 사상자가 난 갈리폴리공세(Gallipoli Campaign, 1915년 2월~1916년 1월)는 실패로 끝났으며, 솜전투(Battle of the Somme, 1916년 7월~11월)에서 영국군은 42만 명에 달하는 사상자를 내면서도 소기의 목적을 달성하지 못했다. 당시 수상은 애스퀴스였다. 애스퀴스는 전쟁 초기에 보수당과 노동당 그리고 자신이 속한 자유당으로 구성된 거국 전시 연합내각을 구성했다. 그러나 전쟁 상황이 악화하자 보수당이 연합에서 탈퇴하면서 애스퀴스는 1916년 12월 수상직에서 사퇴했다. 군수 장관으로 영국의 무기 생산을 획기적으로 증가시키며 정치적 영향력이 커졌던 로이드 조지가 애스퀴스의 뒤를 이어 수상으로 임명되었다. 로이드 조지도 보수당, 노동당과 연합내각을 구성했다. 1918년 11월 독일과 휴전을 합의하자마자 12월에 로이드 조지는 총선을 시행했다. 이 총선에서 로이드 조지는 다시 (노동당이 연합을 탈퇴하고) 보수당과 자유당 일부로 구성된 연합내각을 구성했고, 연합내각을 지지하지 않던 자유당 계파는 독립 자유당으로 총선에 임했다. 이 총선에서 연합내각은 하원 707석 중 525석을 얻는 압도적인 승리를 거뒀다. 이 총선은 '1918년 국민대표법(Representation of the People Act 1918)'과 '1918년 의회(여성 자격)법(Parliament (Qualification of Women) Act, 1918)'이 제정된 후 처음 열린 총선이었다. 이 새로운 법에 따라 영국 의회 역사상 처음으로 (30세 이상의) 여성과 (21세 이상의) 모든 남성이 투표할 수 있었고, 여성이 처음으로 피투표권을 가지게 되었다(이전에 여성은 투표권과 피투표권이 없었고 남성 중 부의 수준에 따라 일부는 투표권이 없었다).

전에 정적들과의 싸움을 적극적으로 벌이는 것, 그리고 승리의 순간이 가져다준 정서의 바탕 위에 가까운 미래에 불가피하게 발생할 반발보다 더 오래 지속할 새로운 권력의 기반을 세우려 시도하는 것이었다. 따라서 휴전이 이뤄지고 얼마 지나지 않은 시점에, 당시 영향력과 권위가 최고조에 있으면서 대중적 인기를 누리고 있던 승자는 총선을 선언했다. 당시에 많은 사람이 이 행위가 정치적으로 비도덕적인 행위라고 생각했다. 새로운 시대의 사안 자체가 어느 정도 윤곽이 잡히고 나라 전체가 마음을 정해서 새로운 대표들에게 앞길을 지시할 무언가 좀 더 구체적인 것이 국민 앞에 나타날 때까지 약간의 시간을 두고 일을 늦추는 여유를 보이지 않는다면, 거기에는 공익을 위한 고려가 전혀 존재하지 않는다. 그러나 개인적 야망이 요구하는 바에 따라 미래가 다르게 결정되었다.

한동안 모든 게 잘 진행되었다. 그러나 선거운동이 시작된 지 얼마 되지 않아 여권 후보들은 자신들에게 효과적인 선거 구호가 없어 지지세가 약함을 깨달았다. 전시 내각은 전쟁에서 승리했다는 사실을 근거로 권력을 연장해달라고 요구하고 있었다. 그러나 부분적으로는 새로운 사안이 아직 윤곽을 드러내지 않았기 때문에, 부분적으로는 연합 정당 안의 미묘한 권력 균형 때문에 미래에 대한 수상의 정책은 아예 언급하지 않거나 일반적인 사안만을 이야기하는 것이었다. 따라서 선거운동에 대한 호응은 미지근했다. 그 후에 일어난 사건에 비춰볼 때 연합 정당이 진짜 위험한 상황에 있었을 가능성은 거의 없었다. 그러나 당의 관리자들은 매우 쉽게 '흔들리는(rattled)' 사람들이다. 사태에 좀 더 예민하게 반응하던 수상 보좌관들은 예상치 못한 위험한 사태가 일어나지 않으리라 보장할 수 없다고 조언했고, 수상은 그 말에 귀를 기울였다. 당 관리자들은 더 많은 '자극(ginger)'을 요구했다. 수상은 그런 자극거리를 찾으려 했다.

수상의 권력 재창출이 최우선 과제라는 가정 아래 나머지는 자연스럽게 따라오게 되어있었다. 바로 그 시점에 정부가 "독일 놈들을 그냥 놔주지" 않겠다는 충분하고도 명확한 약속을 전혀 하지 않았다는 말이 정치권의 여러 구석에서 떠들썩하게 흘러나왔다. 휴즈[25] 오스트레일리아 수상은 엄청나게 큰 배상금을 요구하면서 커다란 관심을 끌고 있었다.[26] 노스클리프 경[27]도 같은 명분에 그가 가진 막강한 힘을 빌려주고 있었다. 이런 사태는 수상에게 일석이조

25 **옮긴이 주** 빌리 휴즈(Billy Huges, 1862~1952)는 1915년부터 1923년까지 오스트레일리아의 7대 수상을 역임했다. 군인을 징병해 유럽 전쟁에 파병하겠다는 결정으로 자기가 속해 있던 노동당에서 축출되었으나 곧 새로운 당을 결성해 수상직을 계속했고, 1917년과 1919년 총선에서 승리를 거뒀다.

26 휴즈 수상의 명예를 위해 다음 말은 해야 할 것이다. 그는 휴전 전 협상이 전쟁의 전체 비용에 대한 배상을 요구할 영국의 권리에 미칠 영향을 처음부터 간파하고, 애초부터 그런 약속을 하기로 한 결정에 불만을 제기했다. 그러고는 자신은 그 약속과 아무런 상관이 없으므로 그 약속에 구속되지도 않는다고 주장했다. 그의 분노는 부분적으로는, 오스트레일리아가 전쟁의 피해를 크게 입지 않았기 때문에 영국의 권리와 관련해 좀 더 제한적인 해석을 하면 오스트레일리아는 아무런 배상 청구도 하지 못할 것이라는 예상에 기인했을 수 있다.

27 **옮긴이 주** 노스클리프 경(Lord Northcliffe, 1865~1922. 본명은 앨프리드 찰스 윌리엄 함스워스[Alfred Charles William Harmsworth])은 영국의 신문《더 타임스(The Times)》와《데일리 메일(Daily Mail)》,《데일리 미러(Daily Mirror)》를 소유한 언론 재벌이었다. 1914년에 노스클리프의 신문들은 영국의 아침 신문 발행량의 40퍼센트를 차지했다. 전쟁 중에 노스클리프 경은 이 신문들을 이용해 영국의 정치권과 대중의 의견에 막강한 영향력을 행사했다. 1915년 영국군 포탄 부족 사태를 특종 보도했고, 1918년에는 적국을 대상으로 한 선동 정책을 지휘하기도 했다.

평화의 경제적 결과

의 기회를 열어줬다. 자신도 휴즈와 노스클리프 경의 노선을 따르면 외부의 강력한 비판자들을 침묵시키는 동시에 당 관리자들에게 효과적인 선거 구호를 제공함으로써 당 내부 한편에서 점점 더 커지는 비판의 목소리를 잠재울 수 있었다.

1918년 총선은 한 인물이 본질적으로 지녔던 약점이 애석하고도 극적인 형태로 펼쳐진 과정이었다. 이 인물은 자신의 중요한 영감을 자기 안에서 우러나오는 진정한 충동이 아니라 자신을 잠시 둘러싸고 있는 분위기의 커다란 물결에서 끌어냈다. 로이드 조지의 태생적 본능은, 일반적으로 수상의 경우 그러하듯이, 정당하고 무리가 없었다. 로이드 조지 자신은 카이저(Kaiser, 독일제국 황제)를 교수형에 처해야 한다고 생각하지 않았고, 막대한 양의 배상금을 요구하는 것이 현명하거나 가능한 일이라고 믿지 않았다. 11월 22일 로이드 조지와 보너 로[28]는 그들이 결성한 연합 정당의 선거 선언문을 발표했다. 선언문에는 카이저나 배상에 대한 언급은 전혀 없었고, 오히려 무장해제와 국제연맹에 관한 이야기와 함께, "우리의 최우선 과제는 정의롭고 영속적인 평화를 뿌리내리는 것이며 그렇게 해 앞으로 영원히 전쟁이 일어나지 않을 새로운 유럽의 기초를 세우는 것"이라는 말로 끝을 맺었다. 의회 해산 전야(11월 24일)

---

28 옮긴이 주 앤드루 보너 로(Andrew Bonar Law, 1858~1923). 1918년 총선을 위해 로이드 조지는 보수당과 자유당 일부 그리고 아일랜드의 신페인(Sinn Féin)당으로 구성된 연합 정당을 만들었다. 이전에 로이드 조지가 형성한 연합내각에서 보너 로는 보수당 대표로 재무 장관과 하원 의장(Leader of the House of Commons)을 맡고 있었다. 총선에서 승리한 후 보너 로는 연합내각에서 옥새 상서(Lord Privy Seal)와 하원 의장을 맡았다.

에 울버햄프턴에서 행한 연설에서 그는 배상이나 반환 같은 말은 한마디도 꺼내지 않았다. 그다음 날 글래스고 연설에서 보너 로 또한 어떤 약속도 하지 않았다. "영국은 여러 연합국 중 하나로 평화회의에 참석할 것입니다. 회의에 참석하기 전에 정부의 한 관료가, 자기의 생각이 무엇이든 간에, 어떤 것이든 특정 문제에 관해 어떤 노선을 택할 것인지를 대중 앞에서 공개적으로 언급할 수는 없습니다." 이것이 그가 한 말이다. 그러나 며칠이 지난 후(11월 29일) 뉴캐슬 연설에서 로이드 조지 수상은 자기의 계획에 예열을 가하고 있었다. "독일이 프랑스에 승리를 거뒀을 때 독일은 프랑스로부터 배상을 받았습니다. 이것이 바로 독일 자신이 정립시킨 원칙입니다. 이 원칙에는 절대적으로 어떠한 의심의 여지도 없습니다. 그리고 바로 이것이 우리가 평화회의에서 고수할 원칙입니다. 즉, 독일은 독일이 지급할 수 있는 능력까지 전쟁 비용을 배상해야 합니다." 그러나 원칙을 천명하는 그의 말에는 현실에서 발생할 난관에 대한 수많은 '경고 문구'가 붙어있었다. "영국 정부는 모든 종류의 의견을 대표하는 전문가들로 막강한 위원회를 구성해 이들이 이 문제를 매우 신중하게 검토하고 이에 관해 자문을 제공하도록 했습니다. 우리가 하는 요구의 정당성에는 아무런 의심의 여지가 없습니다. 독일은 배상을 해야만 합니다. 독일은 능력이 닿는 데까지 배상해야 합니다. 그러나 우리는 독일이 우리의 산업을 파괴하는 방식으로 배상하게끔 허용하지는 않을 것입니다." 이 단계에서 수상은, 매우 혹독하게 독일을 대하겠지만, 실제로 배상금을 받아내리라는 과도한 희망을 불러일으키거나 평화회의에서 특정한 행동 노선을 고

평화의 경제적 결과

수하지 않을 것임을 시사하고 있었다. 런던시의 고위 관계자 중 한 명이 독일은 분명 200억 파운드를 지급할 수 있다는 견해를 강력히 주장하고 있으며, 이 관계자 자신은 이 금액이 두 배가 되더라도 개의치 않을 것이라는 소문이 떠돌았다. 그러나, 로이드 조지가 시사했듯이, 재무성 관리들의 의견은 달랐다. 따라서 로이드 조지는 여러 조언자의 의견 사이에 존재하는 넓은 간극 뒤에 자신을 숨긴 채, 독일이 지급할 수 있는 금액의 정확한 크기는 자신이 조국의 이득을 위해 최선을 다해 다뤄야 할 미해결 문제라고 치부할 수 있었다. 14개 조항에 따라 영국이 한 약속에 대해서 그는 침묵을 지켰다.

11월 30일 전시 내각 각료 중 한 명인 반스[29]는 노동당을 대변해야 했지만, 연단에서 "나는 카이저를 교수형에 처하는 것에 찬성합니다."라고 외쳤다.

12월 6일, 로이드 조지 수상은 자신의 정책과 목표에 관한 성

---

29 옮긴이 주 조지 니콜 반스(George Nicoll Barnes, 1859~1940)는 노동당 소속으로 로이드 조지의 전시 연합내각에서 연금 장관과 무임소 장관을 맡았다. 전쟁과 관련해 노동당은 전쟁을 지지하는 계파와 반대하는 계파로 나뉘었지만, 전쟁이 길어지면서 노동당 내에서 반대 의견이 점차 강해졌다. 30세 이상 여성과 21세 이상 모든 남성에게 투표권을 부여한 1918년의 '국민대표법'으로 인해 유권자 수가 이전에 비해 거의 세 배로 늘어나면서, 노동당을 지지하는 유권자 수도 크게 늘어났다. 이런 상황을 반영해 1918년 총선에서 노동당은 연합내각에서 탈퇴하기로 결정했다. 그러나 노동당을 대표해 전시 내각에 들어가 있던 반스는 각료직 사퇴를 거부했다. 노동당은 반스를 당에서 축출했고, 이에 반스는 총선에서 영국 노동자연맹(British Workers League)과 함께 국민민주노동당(National Democratic and Labour Party)을 결성해 로이드 조지의 연합내각에 합류했다. 반스는 로이드 조지의 신임을 받아 파리평화회의 대표단의 일원으로 참여했으며, 베르사유조약 서명자 중 한 명이 되었다. 1919년 10월 국제연맹 산하에 국제노동기구(International Labour Organisation, ILO)를 창설하는 데 산파 역할을 했다.

명을 발표했다. 여기서 그는 '유럽'이라는 단어를 매우 강조하면서, "모든 유럽 연합국은 동맹국이 그들의 지급 능력이 닿는 데까지 전쟁 비용을 배상해야 한다는 원칙을 받아들였다."라고 말했다.

　　그러나 그때는 투표일까지 한 주도 채 남아있지 않았고, 로이드 조지는 아직 사람들의 입맛에 맞는 내용을 충분히 말하지 않은 상태였다. 12월 8일, 《더 타임스》는 언제나 그랬던 것처럼 자신들이 지지하는 세력이 자제력을 제대로 갖추지 못했다는 사실을 겉보기에 점잖은 말로 덮어주면서, 신문 제1면에 "독일이 배상하게 하라"는 제목의 기사를 실었다. 여기서 그들은 "대중의 마음은 수상의 여러 성명에 아직도 당혹해 있다."라고 선언했다. 여기에 "독일인들을 쉽게 빠져나가게 하려는 영향력이 행사되고 있다는 의심이 팽배해 있다. 그러나 독일의 지급 능력을 결정할 때 고려될 수 있는 유일한 동기는 연합국의 이익이어야만 한다."라는 말이 덧붙었다. 이 신문의 정치 담당 기자는 "'카이저를 교수형에 처하라'는 반스의 구호를 받아들이고 독일이 전쟁 비용을 지급하도록 몰아붙이는 후보자, 청중을 불러일으켜 그들이 가장 관심 있게 반응하는 노래를 연주하는 후보자, 이런 후보자야말로 현재의 사안을 제대로 다루는 후보자"라고 썼다.

　　12월 9일의 퀸스홀(Queen's Hall) 연설에서 수상은 이 주제를 피했다. 그러나 이때부터 정치인들의 생각과 연설의 무절제는 시간이 갈수록 더해갔다. 가장 심각한 광경은 케임브리지의 길드홀(Guild Hall)에서 에릭 게디스 경(Sir Eric Geddes)이 행한 연설에서 나타났다. 이보다 앞선 과거 연설에서 그는, 한순간 지혜롭지 못한 솔직함

평화의 경제적 결과

으로, 독일로부터 전쟁 비용 전부를 받아낼 가능성에 회의감을 표했었다. 그 연설은 이후 심각한 의심의 대상이 되었고, 이제 그는 평판을 되찾아야만 했다. 이 회개자는 이렇게 외쳤다. "우리는 레몬즙을 짜낼 때처럼, 아니 즙보다 더, 독일로부터 배상을 받아낼 것입니다. 나는 레몬 씨가 으깨지는 소리를 여러분이 들을 수 있을 때까지 독일을 쥐어짤 것입니다." 그의 정책은 중립국과 연합국 영토에서 독일인이 소유한 재산 하나하나 모두, 독일인이 갖고 있는 모든 금·은·보석, 그리고 독일의 화랑과 도서관이 소장하고 있는 모든 예술품과 서적을 몰수해 연합국에 유리하게 팔아치우는 것이었다. "나는 독일이 벨기에를 발가벗겼듯이 독일을 발가벗길 것입니다." 라고 그는 외쳤다.

12월 11일이 되자 로이드 조지는 드디어 마음을 바꿨다. 그날 그가 유권자들에게 발표한, 여섯 개 항으로 구성된 최종 선언문은 3주 전에 자신이 발표한 계획과 우울하게 대비된다. 아래에 그 여섯 개 항을 전문 그대로 인용한다.

1. 카이저를 재판에 회부한다.
2. 잔혹 행위에 책임 있는 자들을 처벌한다.
3. 독일로부터 최대한의 배상금을 받아낸다.
4. 사회적으로나 산업적으로나 영국인을 위한 영국을 건설한다.
5. 전쟁에서 상처 받은 사람들을 원상태로 회복한다.
6. 모든 사람이 더 행복한 나라를 건설한다.

이 모두가 냉소하는 자들이 맛있게 즐길 식사거리다. 막강한 힘을 지닌 영국의 지배자들은 얼마 전까지만 해도 비굴하지 않은 모습으로 무장해제와 국제연맹을 이야기하고 새로운 유럽의 기초를 닦을 정의롭고 영속적인 평화를 이야기했었다. 그러나 3주 동안의 선거 기간 연설을 통해 이들은 탐욕과 감상, 편견과 기만으로 뒤엉킨 모습으로 쪼그라들었다.

같은 날 저녁 브리스틀(Bristol)에서 수상은 이전에 자기가 말했던 유보 사항을 실질적으로 철회하고 배상과 관련한 그의 정책 방향을 결정할 네 개의 원칙을 명시했다. 첫째, 우리는 전쟁 비용 전체의 배상을 요구할 절대적 권리를 갖고 있다. 둘째, 전쟁 비용 전체 배상에 대한 요구를 제안한다. 셋째, 전시 내각의 지휘 속에 임명된 위원회는 그런 배상이 가능하다고 믿고 있다.[30] 나흘 후에 로이드 조지는 투표소로 향했다.

로이드 조지 수상 자신은 독일이 전쟁 비용 전체를 갚을 수 있다고 믿는다는 말을 한번도 한 적이 없다. 그러나 배상 요구에 관한 계획은 선거운동 중 그의 지지자들 입에서 훨씬 더 구체적인 모습을 띠었다. 평범한 유권자들은 분명히 독일이 전쟁 비용을 전부 다는 아니더라도 대부분은 갚을 수 있을 것이라 믿게 되었다. 전쟁 비용 때문에 미래에 대해 현실적으로, 그리고 이기적인 마음에 불안

---

30 전쟁 비용 전체는 240억 파운드 이상이라 추정되었다. 이 말은 (감채기금을 제외하고도) 연간 이자가 12억 파운드임을 뜻한다. 전문가 위원회치고 이 액수를 독일이 갚을 수 있을 것이라 보고할 수 있는 위원회가 과연 있을까? 옮긴이 주 여기서 케인즈는 네 번째 원칙을 밝히지 않았다.

평화의 경제적 결과

해하던 사람들과 전쟁의 공포로 인해 그 정서가 흐트러져 있던 사람들 모두 어떤 위안을 받았다. 연합 정당의 후보자에게 투표한다는 것은 적그리스도(Antichrist)를 십자가에 못 박고 독일이 영국의 국가 부채를 떠맡는다는 것을 뜻했다.

이런 상황은 거부할 수 없는 내용의 결합인 것으로 밝혀졌고, 로이드 조지의 정치적 본능은 다시 한번 맞아떨어졌다. 이 계획을 거부할 때 자신이 안전하리라 생각한 후보자는 한 명도 없었고, 누구도 그 계획을 거부하지 않았다. 옛 자유당은 유권자들에게 이에 상당하는 제안을 내놓을 수 없었고, 결국 선거에서 지리멸렬 패배했다.[31] 새로운 하원이 구성되었다. 과반수 하원 의원들은 수상이 여러 안전장치와 함께 내놓은 약속보다 더 많은 것을 이행하겠다고 공언했다. 의원들이 의회에 입성하고 얼마 되지 않아 나는 이전의 의회를 잘 알고 있던 보수당의 한 친구에게 새 하원을 어떻게 생각하는지 물어봤다. "낯 두꺼운 사람들이 많네. 마치 자기들이 전쟁으로부터 무언가 아주 잘 얻어낸 것처럼 구는 사람들이네."가 그의 대답이었다.

이것이 수상이 파리로 떠날 때 영국의 분위기였다. 그리고 이런 얽히고설킨 혼란스러운 상황은 수상 본인이 만들어낸 것이었다.

---

31 그러나 불행하게도, 패배의 순간에 자유당은 당의 깃발을 영광스럽게 휘날리며 물러나는 모습을 보이지 못했다. 이러저러한 이유로 당의 지도자들은 상당 부분 침묵을 지켰다. 만일 그들이 배상과 관련한 전체 일의 진행 과정에서 행해진 사기와 얼버무림과 불명예스러움에 비판의 목소리를 견고하게 유지하는 가운데 선거에서 패배했다면, 그들이 지금 사람들한테 받고 있을 평가는 얼마나 달라졌겠는가!

그는 아무런 힘도 없는 적에게서, 이전에 영국이 엄숙하게 선언한 약속, 즉 바로 그 적국이 무기를 내려놓을 때 믿고 있던 약속과는 다른 배상을 받아내는 것을 자신과 영국 정부가 해야 할 일로 만들었다. 역사상 이 경우보다 후세 사람들이 용서할 근거를 더 찾을 수 없는 사건은 거의 없을 것이다. 전쟁은 외면상으로는 국제적 약속의 존엄성을 지키려고 벌어졌다. 그러나 그 전쟁은 이상을 지켜낸 승리자들이 약속 중에서도 가장 신성한 약속을 확실하게 깨뜨리는 것으로 끝나고 말았다.[32]

협상의 다른 측면은 차치하더라도 독일로부터 전쟁의 전반적 비용을 확보하겠다는 선거공약은 역사상 영국의 정치인들에게 귀책사유가 있는 가장 심각하고 무모한 정치적 행동 중 하나라고 나는 믿는다. 만일 로이드 조지 수상이나 윌슨 대통령이 그들이 관심을 둬야 할 가장 심각한 문제가 정치나 영토에 관한 문제가 아니라 재정과 경제에 관한 문제이며, 미래가 봉착할 위험은 국경이나 주권에 있지 않고 식량과 석탄과 도로와 철도에 있음을 이해했다면 아주 다른 미래가 유럽을 기다리고 있었을 것이다. 평화회의 당시에 이 두 사람 누구도 이런 문제에 적절한 관심을 보이지 않았다. 그러나 그들이 현명하고 사리 있게 상황을 고려할 수 있는 분위기는

---

32 나는 이 말을 매우 고통스러운 시간을 거쳐 깊이 생각한 끝에 적는다. 영국의 정치 지도자들이 거의 완벽하게 비판에 침묵하고 있다는 사실은 다른 사람을 자신이 무언가 잘못 생각하고 있다고 느끼게 만들고 있다. 그러나 나는 모든 사실을 알고 있다고 믿으며, 나 자신의 잘못을 찾아낼 수 없다. 어쨌든 나는 관련 있는 모든 약속을 이 책의 제4장과 현재 장의 앞머리에 밝혔다. 따라서 독자들은 스스로 판단을 내릴 수 있을 것이다.

평화의 경제적 결과

언제나 배상 문제에 대해 영국 대표단이 취한 완고한 태도 때문에 절망스러울 정도로 자욱하게 안개 낀 상태에 있었다. 수상은 자신이 불러일으킨 기대감에 떠밀려 독일과 체결할 조약에 불공정하고 실현 가능성이 없는 경제적 근거를 내세웠을 뿐만 아니라 윌슨 대통령과도 의견을 일치시키지 못했다. 그리고 다른 한편으로는 프랑스, 벨기에와 이해관계로 경쟁하고 있었다. 독일에 거의 아무것도 기대할 수 없다는 사실이 확실해질수록 애국심에 기댄 탐욕과 '신성한 이기심'을 행사해, 더 탄탄한 정당성과 더 큰 필요성을 지닌 프랑스와 충분한 근거에 기대어 기대감으로 차 있는 벨기에로부터 굵직한 몫을 빼내올 필요성이 더 커졌다. 그러나 조만간 유럽에 닥쳐올 재정 문제는 탐욕에 의해 해결될 수 없었다. 그 문제를 치유할 가능성은 관대함에 있었다.

유럽이 난국을 헤쳐 나오려면 미국의 매우 큰 아량이 필요할 것이다. 그리고 유럽 자신도 그런 아량을 베풀어야만 한다. 연합국들이 독일을, 그리고 자신들끼리도 최대한 등쳐먹으려고 혈안이 되어 있으면서 미국에 독일을 포함한 유럽 국가들이 다시 스스로 일어날 수 있도록 도와달라고 청하는 일은 부질없는 짓이다. 1918년 12월의 총선이 바보 같은 탐욕이 아니라 신중한 관용의 정신에서 치러졌더라면, 유럽의 재정 전망은 지금 훨씬 더 좋아졌을 것이다. 나는 아직도 평화회의 본회의가 시작되기 전에, 아니면 회의 진행의 아주 초기에, 영국 대표단이 미국 대표단과 함께 경제적·재정적 상황 전체를 깊이 검토하고 영국 대표단이 다음과 같은 일반적 방향을 따라 구체적인 제안을 할 권한을 위임받았어야 한다고 믿는다. 즉, (1) 연합국 상호 간의 부채는 모두 완전하게 탕감한다. (2) 독일이 배상해야 할 총액은 20억 파운드에 고정한다. (3) 영국은 이 배상금의 분배에 참여할 모든 권리를 포기하며, 영국이 분배받을 자격이 있다고 밝혀지는 금액이 있다면 그 금액은 평화회의에 위임해 새로 세워질 신생국의 재정을 돕는 목적으로 사용한다. (4) 어느 정도 신용의 기초가 즉시 사용될 수 있도록, 독일이 배상금으로 지급할 의무가 있는 총액의 적절한 비율에 해당하는 금액을 조약의 모든 당사국이 보증한다. (5) 옛 적국들도 경제적 부흥을 위해 그와 비슷한 보증이 따르는 무리 없는 양의 채권을 발행하도록 허용된다. 이런 제안을 실현하기 위해 미국의 관용에 대한 호소가 필요했다. 그러나 그런 조치는 불가피한 것이었다. 그리고 미국이 당한 재정적 희생이 다른 나라들보다 훨씬 더 적었다는 사실에 비춰볼 때 그 제안은 미국에 상당히 정당했을 호소다. 그 제안들은 실현 가능성이 컸다. 공상적이거나 유토피아적인 그 어떤 것도 없었으며, 그 제안이 실현되었다면 유럽에는 재정 안정성과 재건의 전망이 활짝 열렸을 것이다.

그러나 이런 생각에 대한 더 상세한 논의는 이 책의 제7장으로 미룬다. 이제 우리는 다시 파리로 돌아가야 한다. 나는 앞에서, 로이드 조지 수상이 파리에 갈 때 짊어지고 갔던 혼란에 관해 이야기했다. 다른 연합국 재무 장관들의 처지는 영국보다 더 나빴다. 우리 영국인은 자국의 재정 계획을 독일로부터 받을 것으로 예상되는 배상금에 기초하지 않았다. 그런 재원에서 받는 돈은 정도의 차이는 있겠지만, 뜻밖에 내게 떨어진 횡재와 성격이 비슷했을 것이다. 그리

평화의 경제적 결과

고 이후 진행된 사태에도 불구하고 영국은 당시에는 정상적인 방법으로도 재정 수지 균형을 이룰 수 있을 것이라 예상되었다. 그러나 프랑스나 이탈리아는 그렇지 않았다. 이 국가들의 경우, 기존 정책을 대폭 수정하지 않는다면 평화가 찾아온 이 시기에 균형 예산을 시도할 시늉조차 하지 못하고 균형 예산을 달성할 전망도 전혀 없었다. 정말로 이 나라들의 사정은 거의 절망적이었고, 지금도 그렇다. 이 나라들은 국가 파산을 향해 나아가고 있었다. 이 사실은 적국으로부터 엄청난 양의 배상금을 받을 기대에 의지해서만 숨겨질 수 있었다. 독일이 실상 양국의 비용을 배상하는 것이 불가능하고 또 적에게 자국의 부채를 떠넘기는 일이 실현 가능성이 없다는 사실이 밝혀지자마자, 프랑스와 이탈리아 재무 장관의 정치적 입지는 더는 견지될 수 없었다.[33]

이렇게 독일의 지급 능력에 대한 과학적 검토는 처음부터 의제에 포함되지 않았다. 눈앞의 정치적 필요 때문에 불러일으켜야 했던 기대감은 진실과 너무도 거리가 멀어서, 수치를 약간 왜곡하는 정도로는 쓸모가 없었다. 전체 사실을 무시해야만 했다. 그래서 나타난 거짓말은 근본과 관련된 것이었다. 그토록 엄청난 거짓이 근본이 되니, 그 위에 제대로 작동할 건설적인 재정 정책을 세우는 일은 불가능했다. 프랑스와 이탈리아의 재정 상태는 너무 열악했다. 그들이 처한 난국에서 빠져나올 대안적 방법을 제시해주지 않는다

---

33 옮긴이 주 파리평화회의 당시 프랑스의 재무 장관은 클로츠였고, 이탈리아 재무 장관은 필리포 메다(Filippo Meda, 1869~1939)였다. 클로츠는 1920년 1월, 메다는 1919년 6월에 재무 장관직에서 물러났다.

면 독일의 배상에 관한 주제를 논할 때 그들에게 이성적인 태도를 기대하는 건 불가능한 일이었다.[34] 내가 판단하건대, 미국 대표단은 고통받고 정신이 산만해진 유럽에 제시할 아무런 건설적인 제안도 갖고 있지 않았다는 점에서 큰 잘못을 저질렀다.

이 상황에 있던 다른 요소를 지나가는 말로만이라도 지적하는 것은 가치 있는 일일 것이다. 클레망소 수상의 '깔아뭉개버리기' 정책과 클로츠 재무 장관의 재정적 필요 사이에 있던 충돌이 그것이다. 클레망소의 목표는 가능한 모든 방법을 동원해 독일을 약화하고 무너뜨리는 것이었고, 나는 그가 배상에 대해서는 약간 경멸적이었다고 생각한다. 그는 독일이 상업 활동을 큰 규모로 할 수 있도록 내버려둘 의도가 전혀 없었다. 그러나 그는 배상금을 받아내는 일이나 불쌍한 클로츠를 압도하고 있던 재정적 어려움을 이해하는 일로 골치 썩고 싶지 않았다. 만일 조약에 큰 규모의 배상 요구를 포함하는 것이 재정 담당자들을 행복하게 한다면, 그 자체로는 아무런 해도 없다. 그러나 이 요구를 충족시키려는 시도 때문에 카르타고식 평화가 지니는 본질적 요구 사항이 간섭받아서는 안 된다. 클레망소가 비현실적인 사안에 대해 제시하는 '현실적' 정책과 클로츠가 매우 현실적인 사안에 대해 취한 가식적 정책이 결합하자, 조

---

34 일반 시민이면서 정치적 고려에 꽤 영향을 받지 않는 프랑스인들과 이야기해보면 이 측면은 매우 명확하게 나타난다. 그들에게 독일로부터 받아낼 금액에 대한 현재의 추산치가 너무 허황하다고 설득해볼 수 있을 것이다. 그러나 대화 끝에 가면 프랑스인들은 언제나 처음 생각으로 되돌아올 것이다. "하지만 독일은 배상해야만 합니다. 그렇지 않으면 프랑스는 어떻게 될까요?"

평화의 경제적 결과

약에는 본질적으로 실행 불가능한 배상 제안 외에 온갖 종류의 상충적인 조건이 밀려들었다.

여기서 내가 연합국들 사이에 한없이 진행된 논쟁과 음모에 관해 이야기할 수는 없다. 그 논쟁과 음모는 여러 달이 지난 후 배상에 관한 조약의 장이 최종안으로 독일에 전달되었을 때 드디어 최고조에 이르렀다. 파리평화회의만큼 그토록 왜곡되고, 비참하고, 회의 당사자들 모두에게 철저하게 만족스럽지 못한 협상은 역사상 거의 없을 것이다. 나는 그 논쟁에 깊이 참여했던 사람치고 훗날 그 시간을 돌아볼 때 수치심을 느끼지 않을 사람은 없으리라고 생각한다. 여기서는 이미 세상에 널리 알려진 최종 타협안의 여러 요소를 분석하는 데 만족해야 할 것이다.

해결되어야 할 문제는, 물론, 독일에 정당하게 지급을 요구할 수 있는 품목에 관한 문제다. 로이드 조지 수상은 연합국이 독일에 전쟁의 모든 비용을 요구할 권리가 있다는 취지의 선거공약을 내걸었지만, 이 공약이 지켜질 수 없다는 것은 처음부터 분명했다. 이 말을 좀 더 공평하게 표현한다면, 이 요구가 휴전 전의 약속과 일치한다고 윌슨 대통령을 설득하는 일은 가장 그럴듯한 설득의 힘을 넘어서는 것이었다. 최종적으로 이른 실제 타협안은 세상에 공개된 그대로 다음과 같은 조약의 문구로 표현된다.

제231조는 다음과 같다. "연합국과 관련국 정부는, 독일과 그 동맹국이 감행한 침공으로 연합국과 관련국이 치른 전쟁의 결과로 연합국과 관련국 그리고 그 국민이 겪은 모든 손실과 피해에 대해 독일과 그 동맹국이 책임을 진다는 사실을 확인하고, 독일은 그

책임을 인정한다." 이 조항은 매우 훌륭하게, 그리고 매우 신중하게 기안되었다. 윌슨 대통령은 이 조항을 전쟁을 일으킨 **도덕적 책임**이 독일에 있음을 인정하는 진술로 읽을 수 있었고, 로이드 조지 수상은 전쟁의 전반적 비용에 대한 **재정적 부채**를 인정하는 진술로 사람들에게 설명할 수 있었다. 이어지는 제232조는 다음과 같다. "연합국과 관련국 정부는, 본 조약의 다른 조건을 이행하는 과정에서 독일의 자원이 영구적으로 감소할 것을 고려해, 독일의 자원이 모든 손실과 피해를 완전히 배상하는 데 부적절하다는 것을 인정한다." 윌슨 대통령은 이 문구가 의심의 여지가 없는 사실을 적은 진술에 지나지 않으며, 독일이 배상액 일부를 지급할 수 없음을 인정하는 것이 곧 독일이 배상을 지급할 의무가 있음을 뜻하지는 않는다고 스스로 위안할 수 있었다. 그러나 로이드 조지 수상은 문맥으로 보아 이 조항은 이전 조항에서 확인된 독일의 이론적 부채 의무를 강조하고 있는 것이라고 주장할 수 있었다. 제232조는 다음과 같이 계속 이어진다. "그러나 연합국과 관련국 정부는, 육상·해상·공중에서 공격해 오는 독일에 맞서 연합국이나 관련국 각자가 치른 교전 기간에 연합국과 관련국의 민간인과 그들의 재산에 발생한 모든 피해에 대해, 그리고 일반적으로, 이 조약의 부속서 1에서 정의된 모든 피해에 대해, 독일이 배상할 것을 요구하며 독일은 그것을 약속한다."[35] 여기서 강조된 단어는 실제로 휴전 전에 제시된 조건에서 인용한 것이어서 윌슨

---

35 이어지는 항은 "벨기에를 완전히 복구하겠다고 한 독일의 사전 약속에 따라" 벨기에의 전쟁 비용을 주장한다.

평화의 경제적 결과

대통령의 도덕관념을 충족시켰다. 반면에, "그리고 일반적으로, 이 조약의 부속서 1에서 정의된 모든 피해에 대해"라는 문구는 로이드 조지 수상에게 부속서 1에서 주장을 펼칠 기회를 제공했다.

그러나 지금까지는 이 모든 것이 단지 단어의 문제, 문안 기안에 있어 기교의 문제일 뿐이다. 이 문제는 누구에게도 해를 끼치지 않는다. 그리고 당시에는 현재와 최후 심판의 날 사이에 그 어느 때보다 훨씬 더 중요하게 비친 문제였을 것이다. 그것이 실제 어떤 내용인지를 보려면 부속서 1로 방향을 틀어야 한다.

부속서 1의 상당히 많은 부분은 휴전 전에 제시된 조건과 완전히 일치하거나, 그렇지 않더라도 어쨌든 그 조건을 무리 없이 논의할 정도 이상으로 조건을 확대해석하지 않는다. 제1항은 민간인의 신체에 가한 상해로 인한 피해, 혹은 사망의 경우 그 부양가족에 입힌 피해에 대한 배상 요구. 제2항은 적들이 민간인 피해자에게 가한 잔혹 행위, 폭력, 부당한 대우에 대한 배상 요구. 제3항은 점령 지역이나 침공 지역에서 민간인의 건강, 일할 능력, 혹은 명예에 해를 가한 적들의 행위에 대한 배상 요구. 제8항은 적들이 민간인에게 가한 강제 노동. 제9항은 "해군이나 군사의 시설 혹은 물품을 제외하고" 적의 적대 행위 때문에 직접적으로 발생한 재산상의 피해에 대한 배상 요구. 제10항은 적들이 민간인에게 부과한 벌금과 부과금에 대한 배상 요구. 이 배상 요구들은 모두 정당하고 연합국의 권리에 부합한다.

"전쟁 포로에게 가해진, 어떤 종류의 것이든 부당 대우로 인해 발생한 피해"에 대해 배상을 요구하는 제4항은 글자 그대로 보면 의심쩍은 데가 많지만, 헤이그협정에 따라 정당화될 수 있고 관련된 금액도 매우 적다.

그러나 제5·6·7항에는 엄청나게 더 큰 중요성을 지닌 사안이 엮인다. 이 조항들은 전쟁 기간에 연합국 정부들이 군대에 동원된 사람들의 가족에게 지급한 별거 수당이나 그와 유사한 수당, 그리고 전투 중 다치거나 사망한 군인과 관련해 이 정부들이 현재와 미래에 지급해야 할 연금과 보상금에 대한 배상 요구를 천명한다. 아래에서 보듯이 재정적인 측면에서 이 항목들로 인한 돈은 엄청나게 큰 금액을 기존의 배상 요구액에 덧붙인다. 실제로 이 금액은 다른 항목에 대한 배상 요구액을 다 합한 액수의 두 배 정도다.

감상적인 이유에서라도 이 항목들의 피해를 포함하면 어떤 사태가 가능할지 독자들은 쉽게 이해할 것이다. 우선, 집이 파괴된 여성은 적에게서 배상을 요구할 권리가 있으나 남편이 전장에서 사망한 여성에게는 그런 권리가 주어지지 않는다면 그것은 일반적인 공평성의 관점에서 볼 때 괴물 같은 짓이라는 점을 지적할 수 있다. 혹은 농장을 몰수당한 농부는 배상을 요구할 수 있으나 남편의 수입능력을 잃은 여성은 배상을 요구할 수 없다면 그것도 마찬가지다. 사실 연금과 별거 수당의 포함 여부는 휴전 전에 제시된 조건에서 명시한 기준이 지닌 임의성을 어떻게 이용하느냐에 크게 좌우된다. 전쟁에 기인한 모든 손실 중에서 어떤 것은 특정 개인에게 더 가혹하게 발생했고, 어떤 것은 공동체 전체에 같은 정도로 골고루 퍼져 있다. 그러나 사실 정부가 제공하는 보상을 통해 전자의 손실은 후자의 손실로 전환된다. 전쟁의 전체 비용에 미치지 못하는 제한된

평화의 경제적 결과

배상 금액을 정할 때 가장 논리적인 기준은 국제적 규약이나 일반적으로 인정되는 전쟁 관행에 반한 적의 행위와 관련지어졌어야 했다. 그러나 이 기준 또한 적용하기가 매우 힘들었을 것이고, 벨기에나 영국과 비교할 때 프랑스에 불공정하게 불리했을 것이다(독일은 벨기에의 중립국 지위를 보장했고, 영국은 독일 잠수함의 비합법적 공격으로 인해 가장 피해를 많이 봤다).

어쨌든 위에서 대략 살펴본 감상이나 공정성에 호소하는 방식은 공허하다. 왜냐하면 별거 수당이나 연금의 수령자에게는 그들에게 그 수당이나 연금을 지급하는 국가가 보상을 이 항목 명목으로 받건 다른 항목 명목으로 받건 아무런 상관이 없기 때문이다. 또 일반적인 납세자에게는 국가가 수당이나 연금으로 지급한 돈을 독일로부터 수령한 배상금에서 회수하는 것은 전쟁의 전반적 비용으로 배상금을 받는 것과 마찬가지로 그들의 부담을 덜어주기 때문이다. 그러나 가장 중요하게 고려해야 할 사항은 휴전 전 조건이 완전하게 신중하고 논리적이었는지를 검토하거나 그 조건을 수정하기에는 너무 늦어버렸다는 것이다. 이제 논란거리가 되어버린 단 하나의 문제는 이 조건이 실제로 조약 부속서의 제1·2·3·8·9·10항에 명시된 것과 같은 민간인과 그들의 재산에 발생한 직접적 피해에 한정된 것인가 여부였다. 만일 단어가 어떤 뜻이든 의미를 지니거나 약속이 어떤 힘이든 구속력을 갖는다면, 우리는 국가가 지급하는 연금과 별거 수당으로 발생한 전쟁 비용에 대해서 배당을 요구할 권리가 없었다. 이것은 전쟁의 일반적 비용 중 다른 어떤 항목에 대해서 배당을 요구할 권리가 없는 것과 마찬가지다. 후자에 대해 배상을 요구할 권리가 있다고 상세하게 주장할 준비가 되어있는 사람이 과연 있을까?

실제로 일어난 일은 전쟁의 모든 비용에 대한 배상을 요구하겠다고 로이드 조지 수상이 영국 유권자들에게 한 약속, 그리고 휴전에 서명할 때 연합국이 독일에 한 반대의 약속, 이 두 약속 사이의 타협이었다. 수상으로서는, 전쟁의 전체 비용을 확보하지는 못했으나 상당히 많은 부분을 확보했고, 자신은 항상 독일의 지급 능력에 따른 제한적인 상황을 조건부로 자신의 공약을 제시했으며, 이제 결정된 배상금 총액은 상대적으로 분별력 있는 전문가가 추산한 지급 능력을 소진하고도 남는다고 주장할 수 있었다. 반면에, 윌슨 대통령은 자신의 신념에 그리 눈에 띄게 어긋나지 않는 방식을 확보했고, 감정과 열정에 어떠한 방식으로 호소하더라도 자신에게 불리할 수 있는 사안에 대해 그것이 대중적으로 논란이 되었을 때 연합국 대표들과 발생할 마찰을 피했다. 로이드 조지 수상의 선거공약을 고려할 때 윌슨 대통령은 수상과 공개적으로 갈등을 표출하지 않고 수상이 그 공약을 모두 폐기하게 만들기를 거의 기대할 수 없었다. 그리고 연금을 요구하는 외침은 어느 나라에서나 대중에게 압도적인 호소력을 지녔을 것이다. 다시 한번 로이드 조지 수상은 자신이 한 수 높은 정치 책략가임을 증명했다.

큰 난관을 지닌 또 다른 사항을 조약의 행간에서 쉽게 발견할 수 있다. 조약은 독일의 부채 규모의 수치를 명확히 적시하지 않는다. 조약의 이 측면은 매우 일반적인 비판의 대상이 되어왔다. 독일은 자신이 갚아야 할 금액이 얼마인지를 모르고 연합국은 자신이 받을 금액이 얼마일지 모른다는 사실은 독일과 연합국 모두에게 똑같은 불편함을 줬다. 겉으로 보기에 조약이 고려한 방식은 수없이 많은 개인이 토지, 농장 건물, 가축에 입은 피해를 수개월에 걸쳐 취합한 후 최종 결론에 이르는 것이었다. 그러나 분명히 이 방법은 현실성이 없다. 합리적인 방식은 세부 사항을 검토하지 않은 채 양측이 대략적인 합계액에 합의하는 것이었다. 이 대략적인 총액이 조약에 명시되었더라면 배상 문제의 해결은 좀 더 실무적인 기초 위에서 진행되었을 것이다.

그러나 이것은 두 가지 이유에서 불가능했다. 당시 서로 다른 종류의, 진실이 아닌 두 가지 주장이 널리 퍼져있었다. 하나는 독일의 지급 능력에 관한 것이고, 다른 하나는 황폐화한 지역과 관련해 연합국이 정당하게 내세울 배상 요구액에 관한 것이다. 이 두 액수 중 하나를 결정하는 일은 두 개의 뿔 중 하나를 고르는 딜레마[36]의

---

36 옮긴이 주 딜레마(dilemma)의 어원은 '두 개의(di) 명제(lemma)'다. 딜레마는 두 개의 선택지가 제공되었으나 어느 쪽을 고르더라도 만족할 수 없거나 난관에 직면하는 상황을 말한다. 이 두 선택지를 관용적으로 '(두 개의) 뿔(the horns of a dilemma)'이라고 표현한다. 이 관용구는 '뿔 모양의 논증(argumentum cornutum)' 혹은 '뿔 모양의 질문(cornuta interrogatio)'이라는 라틴어 표현에서 유래한다. 예를 들어 데시데리위스 에라스뮈스(Desiderius Erasmus, 1466~1536)는 《누가복음 11~24장 다시 쓰기(Paraphrasis in Lucam, 11-24)》에서 "그때 그곳에서 유대 사람들의 불경한 양심은 뿔 모양의 질문에 직면했다. 진실로 답하고자 원했다면 진리를 말하는 일은 간단하고 손 가까이 있었다. 그러나 그들은 자신이 사용하고 있던 바로 그 기술에 도전받고 있었다. 그리하여 그들은 속임을 택했다. 거짓된 외양을 갖추는 것보다 더 힘든 일은 없다. 한 번의 거짓말은 또 다른 거짓말을 낳고, 한 번의 속임수는 또 다른 속임수를 낳는다."라고 썼다. 여기서는 라틴어 관용구를 응용해 "The fixing of either of these figures presented a dilemma"를 "두 개의 뿔 중 하나를 고르는 딜레마"로 옮겼다.

문제였다. 독일이 미래에 지급할 수 있을 금액은 매우 솔직하고 충분한 정보를 갖고 있는 전문가들이 내놓은 추정치를 그리 많이 초과하지 않았겠지만, 영국과 프랑스 양국에서 대중이 기대하는 수치에는 절망적으로 미치지 못하는 액수였을 것이다. 반면에, 프랑스와 벨기에에서 부추겨진 기대를 전폭적으로 실망시키지 않을 확실한 피해 배상액 규모는 그에 대한 의구심에 바탕을 둔 도전을 받았을 때 정당화될 수 없었을 것이고[37], 자신들이 저지른 나쁜 짓의 정도와 폭에 대해 상당히 많은 증거를 축적해놓을 정도로 충분히 신중하다고 여겨진 독일은 이 수치에 심각한 비판을 가할 수 있었을 것이다.

따라서 정치가에게 가장 안전한 길은 수치를 전혀 언급하지 않는 것이었다. 배상과 관련한 조약의 장이 많은 양의 복잡함을 담게 된 이유는 본질적으로 바로 이 정치적 필요성에서 분출되었다.

그러나 배상 요구액에 대한 나의 추정치에 관심을 가질 독자가 있을 것이다. 이 추정치는 실제로 배상 관련 장의 부속서 1에 따라 구체적으로 입증할 수 있다. 이 책 현재 장의 첫 번째 절에서 나는 이미 연금과 별거 수당에 대한 배상 요구를 제외한 배상 요구액을 (내 추산치의 최대 상한으로) 30억 파운드로 추산했다. 부속서 1의 조건에 따르면, 연금과 별거 수당에 대한 배당 요구는 해당 정부가 지급할 보상의 **실제** 비용에 근거하지 않을 것이고, 조약이 발효되는

---

37 적의 도전뿐 아니라 다른 연합국들의 도전에도 대응했어야 했다. 적의 자원이 제한되어 있다는 사실을 고려할 때, 어쩌면 연합국의 어떤 국가도 과도한 배상을 받지 않도록 하는 데 더 큰 관심이 있던 건 적보다 연합국들 스스로였을 것이다.

날 프랑스에서 적용되는 규모를 근거로 계산된 수치로 제시될 것이다. 이 방법을 따르면 미국인이나 영국인의 생명을 프랑스인이나 이탈리아인보다 더 높은 수치로 가치를 매기는 불쾌한 과정을 거치지 않아도 된다. 프랑스의 연금과 수당 지급률은 중간 수준으로, 미국이나 영국만큼 높지 않으나 이탈리아나 벨기에 혹은 세르비아에 비해 더 높은 수준이다. 계산을 위해 유일하게 필요한 자료는 프랑스의 실제 지급률, 그리고 군대에 동원된 사람의 수와 다양한 연합국 군대의 각 부대에서 사망한 군인의 수다. 이 수치 중 어느 것도 사용할 수 있는 상세한 자료가 없다. 그러나 전반적인 수당의 수준, 참전 군인의 수, 그리고 전몰한 희생자의 수에 대해서는 정확한 수치에서 그리 멀리 떨어지지 않을 추정치를 계산할 수 있을 정도로 충분한 자료가 있다. 연금 및 수당과 관련해 더해져야 할 액수에 대한 나의 추정치는 다음과 같다.

(단위: 100만 파운드)

대영제국	1,400
프랑스	2,400[38]
이탈리아	500
기타(미국 포함)	700
합계	**5,000**

38 클로츠 프랑스 재무 장관은 이 항목에 대한 프랑스의 배상 요구액을 30억 파운드(750억 프랑. 수당으로 130억 프랑, 연금으로 600억 프랑, 그리고 전쟁으로 남편을 잃은 여성을 위해 20억 프랑)로 추산했다. 이 수치가 맞다면, 아마도 다른 수치도 이에 따라 확대되어야 할 것이다.

나는 여러 나라 사이에 총액을 분배한 금액보다는 총액 그 자체가 근사적으로 더 정확하다고 자신 있게 믿는다.[39] 독자들은 어쨌거나 연금과 수당을 더하면 배상 요구 총액이 엄청나게 증가한다는, 실제로 거의 두 배 가까운 금액을 늘린다는 사실을 볼 수 있을 것이다. 이 금액을 다른 항목에 대한 추산치와 합하면, 독일에 요구할 배상 총액은 80억 파운드가 된다.[40] 나는 이 수치가 매우 높아 보이기 때문에 실제 결과는 이보다 약간 낮을 것이라 믿는다.[41] 이 장의 다음 절에서는 이 수치와 독일의 지급 능력 사이에 어떤 관계가 있는지 검토할 것이다. 여기서는 조약에서 명확하게 밝힌 몇몇 특정 사항을 독자들에게 상기시킬 필요가 있다.

(1) 최종적으로 배상 요구 총액으로 확정되는 이 총액 중 10억 파운드는 1921년 5월 1일 이전에 지급되어야 한다. 그렇게 될 가능성에 대해서는 아래에서 논의할 것이다. 그러나 조약 자체는 금액

---

39 다시 말하면, 나는 총액의 정확도가 25퍼센트 안에 있다고 주장한다.

40 1919년 9월 5일 프랑스 하원에서 행한 연설에서 클로츠 장관은 조약에 따라 독일에 대해 연합국 전체가 요구할 배상 총액 추산치로 150억 파운드를 제시했다. 이 금액은 1921년까지 이자가 붙어 규모가 늘어날 것이고, 그 이후부터는 매년 약 10억 파운드씩 34년에 걸친 분납으로 완납될 것이라 했다. 여기서 프랑스는 매년 5억 5,000만 파운드를 수령할 것이라 했다. 클로츠는 이렇게 보고했다. "(프랑스가 독일로부터 매년 이 금액을 받을 것이라는) 이 진술의 전반적 효과는 우리나라 전체의 기운을 상당히 고양한 것으로 밝혀졌고, 정부 예산과 프랑스 전역의 기업계를 가로질러 즉각적으로 개선의 분위기가 감지되고 있습니다." 이런 진술이 파리에서 아무런 비판 없이 받아들여질 수 있는 한, 프랑스에 재정적·경제적 미래는 있을 수 없고, 그리 멀지 않은 미래에 환멸의 파국이 엄습할 것이다.

41 주관적으로 판단해볼 때 나는 이 수치가 정확도에 있어 10퍼센트는 과소하게, 20퍼센트는 과도하게 측정되었다고 생각한다. 즉, 정확한 결과는 64억 파운드에서 88억 파운드 사이에 있을 것이다.

을 감경할 경우에 대해서도 명시하고 있다. 우선 이 액수는 휴전 이후 점령군에게 발생한 비용(조약의 다른 항, 즉 제249항에 따라 독일에 부과되는 2억 파운드 상당의 대규모 비용)을 포함한다.[42] 그러나 더 나아가, "주요 연합국과 관련국의 정부가 독일이 배상 의무를 이행할 수 있게 하는 데 필요하다고 판단하는 식량과 원료는 상기 금액에서 지급되어야 한다."[43] 이것은 매우 큰 중요성을 지닌 제한 사항이다. 이 초안대로라면 이 조항은 연합국 재무 장관들이 이른 시기에 상당한 양의 배상금을 받을 것이라는 희망을 자국의 유권자들에게 심어줄 수 있는 한편, 배상 위원회에는 독일의 경제적 삶을 유지하는 데 필요한 만큼을 독일에 되돌려줄 재량권을 부여하고 있고, 배상 위원회는 현실의 힘을 좇아 그 재량권을 행사할 수밖에 없을 것이다. 이 재량권에 힘입어, 10억 파운드를 즉시 지급하라는 요구는

---

42 조약에 따르면 독일은 갚아야 할 배상액에 덧붙여, 평화조약이 서명된 이후 점령군에게 향후 15년 동안 발생하는 모든 비용도 지급해야 한다. 조약 본문에는 이 군대의 규모에 대한 제한이 전혀 없다. 따라서 프랑스는 자국의 평상시 군대 전체를 점령 지역에 주둔시켜서, 자국의 납세자들이 부담해야 할 금액을 독일 납세자들에게 전가할 수 있다. 물론 현실적으로 그런 종류의 정책은 독일이 아니라 프랑스의 협력국들에 부담이 될 것이다. 독일은 이미 지급 능력의 최대 상한까지 배상금으로 지급하고 있지만, 협력국들은 그만큼 배상금에서 더 작은 몫을 수령할 것이기 때문이다. 그러나 최근에 발간된 백서(칙령서 Cmd. 240)에 따르면, 미국·영국·프랑스 정부는 "해당 연합국과 관련국이 독일의 무장해제가 만족할 수준으로 완결되었다고 확신하는 즉시" 점령 비용을 위해 독일이 매년 지급해야 할 금액의 상한을 1,200만 파운드로 정하기로 약속한다고 선언했다. 내가 여기서 강조한 단어는 상당히 중요하다. 3대 강국은 자신들이 필요하다고 동의하면 어느 때든지 이 조치를 수정할 자유를 자신들에게 부여했다.

43 제235조. 이 조가 지니는 힘은 제251조에 의해 조금 더 강해진다. 제251조에 힘입어, 식품과 원료 외에 "그 밖의 다른 지급"에 대한 특별 허가가 부여된다.

그렇지 않을 경우보다 덜 해롭다. 그러나 그렇다고 아무런 해도 발생하지 않는 것은 아니다. 우선, 이 장의 다음 절에서 내가 내릴 결론이 시사하는 바에 따르면, 이 금액의 상당 부분을 독일이 물품 수입 대금을 지급할 수 있도록 독일에 실제로 되돌려준다 해도 이 금액을 언급된 시기 내에 마련하는 것은 불가능하다. 둘째, 배상 위원회가 이 재량권을 효과적으로 행사할 수 있으려면 배상 위원회가 독일의 대외무역 전체와 함께 거기에서 나오는 외환 모두를 통제해야 하는데, 이것은 배상 위원회 같은 조직이 가질 수 있는 능력 범위를 한참 넘어선다. 만일 배상 위원회가 10억 파운드의 금액 전체를 관리하고 그중 일부를 독일로 되돌려주려 진지하게 시도한다면, 중부 유럽의 무역은 최고의 비효율성을 지닌 관료적 규제로 목이 졸릴 것이다.

(2) 10억 파운드를 현금 혹은 현물로 조기에 지급해야 하는 것에 덧붙여, 독일은 추가로 20억 파운드에 해당하는 무기명증권을 발행해 연합국에 양도해야 한다. 혹은 1921년 5월 1일 이전에 현금이나 현물로 지급할 때 이 금액이 차감 허가에 따라 10억 파운드 이하일 경우, 독일이 현금, 현물, 무기명증권의 형태로 1921년 5월 1일까지 갚아야 할 총액이 모두 합해 30억 파운드가 되도록 무기명증권을 발행해 연합국에 양도해야 한다.[44] 이 무기명증권의 이자율은 1921년부터 1925년까지는 연 2.5퍼센트이고, 그 이후

---

[44] 이것이 사소한 세부 사항을 제외한 배상 관련 장의 부속서 2의 제12(c)항의 내용이다. 조약은 마르크 금화(gold marks) 형태로 지급하는 금액을 고정하는데, 마르크 금화는 1파운드당 20마르크의 비율로 환전된다.

평화의 경제적 결과

에는 연 5퍼센트에 원금 상환율 1퍼센트를 더한다. 따라서 독일이 1921년 이전에 배상금으로 상당한 금액을 지급하지 않는다면, 독일은 1921년부터 1925년까지는 매년 7,500만 파운드를, 그 이후에는 매년 1억 8,000만 파운드를 마련해야 할 것이다.[45]

(3) 배상 위원회가 독일이 이것보다 더 큰 금액을 지급할 수 있다고 판단하면, 5퍼센트 이율로 추가로 20억 파운드의 무기명증권을 발행해야 하며, 원금 상환율은 그 이후 위원회가 정한다. 이렇게 되었을 때, 이전에 발행했던 20억 파운드의 원금이 전혀 상환되지 않았다면 독일이 매년 지급해야 할 금액은 2억 8,000만 파운드가 된다.

(4) 그러나 독일의 부채 의무는 50억 파운드에 한정되지 않는다. 배상 위원회는 부속서 1에 따라 적의 부채 총액이 모두 변제될 때까지 무기명증권을 추가 발행하도록 요구할 수 있다. 부채 총액이 80억 파운드라는 나의 추산은 너무 높다는 이유보다는 너무 낮다는 이유로 비판받을 가능성이 크지만, 그 추산을 바탕으로 계산하면 무기명증권 발행액은 30억 파운드가 될 것이다. 이자율이 5퍼센트라고 상정하면, 원금 상환을 고려하지 않더라도 연간 지급액을 4억 3,000만 파운드만큼 상승시킨다.

(5) 그러나 이것마저도 다가 아니다. 엄청난 충격을 가져올 조건이 하나 더 있다. 30억 파운드를 초과해서 배상금을 지급하기 위

---

45 불가능하겠지만 만일 독일이 1921년까지 현금이나 현물로 5억 파운드를 지급한다면, 독일이 매년 지급해야 할 금액은 1921년부터 1925년까지는 6,250만 파운드, 그 후에는 1억 5,000만 파운드가 될 것이다.

한 채권은 독일이 그 채권에 대한 이자를 감당할 수 있다고 배상 위원회가 확인하기 전까지는 발행할 수 없다. 그러나 그렇다고 그 기간에 이자가 면제되는 게 아니다. 1921년 5월 1일 이후로 위에서 언급한 대로 현금이나 현물로 지급되거나 채권 발행을 통해 변제되지 않고 남아있는 부채에 대해서 독일은 이자를 지급해야 하며[46], "위원회가 미래 시점에 상황을 보고 이율을 변경하는 것이 정당하다고 판단하기 전까지 이율은 5퍼센트로 정한다." 즉, 부채의 총액은 복리로 계속 첩첩이 쌓여간다. 이 조건은, 독일이 초기에 상당한 규모의 부채를 갚지 못한다고 가정하면, 독일의 부담을 증가시키는 데 엄청난 영향을 끼친다. 5퍼센트 복리에서 갚아야 할 돈은 15년에 두 배가 된다. 독일이 1936년까지 매년 1억 5,000만 파운드(즉, 30억 파운드에 대한 5퍼센트 이자)를 갚지 못한다면, 이자를 갚지 못하는 50억 파운드는 100억 파운드가 되고, 연간 이자 부담액은 5억 파운드가 된다. 다시 말하면, 독일이 1936년까지 매년 1억 5,000만 파운드를 갚는다 하더라도, 1936년에 독일에는 현재 지고 있는 채무보다 반 이상이 더 많은 금액이 갚아야 할 빚으로 남아있을 것이다(현재의 80억 파운드에 비해 1936년에는 130억 파운드가 된다). 1936년 이후부터는 늘어나는 이자를 감당하려고 매년 6억 5,000만 파운드를

---

46 배상 관련 장 부속서 2의 제16항. "1918년 11월 11일부터 1921년 5월 1일까지 발생하는 물질적 피해로 인한 금액"에 대해 이자를 물릴 수 있다는, 의미가 모호한 조건도 있다. 이 표현은 재산에 끼친 피해와 사람의 신체에 끼친 피해를 구분하면서 전자를 더 중요시하기 위한 것으로 보인다. 그러나 이 조건은 연금과 수당에는 영향을 미치지 않는다. 연금과 수당의 비용은 조약이 발효되는 날 현재 가치로 자본화되기 때문이다.

갚아야 한다. 이 금액에 미달해 빚을 갚는 해가 있다면, 그해가 끝나는 시점에 독일은 그해가 시작된 시점에 지고 있던 것보다 더 큰 금액을 빚지고 있을 것이다. 만일 독일이 1936년 이후 30년에 걸쳐, 즉 휴전 후 46년의 기간에 걸쳐 빚 전액을 갚는다면, 독일은 매년 1억 3,000만 파운드를 추가로 지급해야 한다. 그때 이자 총액은 7억 8,000만 파운드가 된다.[47]

내가 판단하기에 독일이 이 수치에 조금이라도 가까운 금액을 전혀 지급할 수 없다는 것은, 잠시 후 내가 상세히 논할 이유로 인해 너무도 분명한 사실이다. 따라서 조약이 변경되기 전까지는, 실제로 독일은 앞으로 영원히 자국의 잉여생산물을 전부 연합국에 양도하겠다고 약속해버린 것이다.

(6) 배상 위원회가 이자율을 변경하고 주요 채무액 상환을 연기하거나 심지어 면제해줄 재량권을 갖고 있다고 해서 상황이 나아지지는 않는다. 우선, 이 재량권 일부는 배상 위원회 혹은 그 위원회에 대표를 파견하고 있는 정부들이 **만장일치**로 결정할 경우에만 행사될 수 있다.[48] 그런데 이보다 더 중요할지도 모를 사항이 있다. 조약이 대표하는 정책을 만장일치로 폭넓게 변경하기 전까지는, 독일

---

47 누구도 지지하지 않고 가장 낙관적인 사람이라도 그게 가능하다고 생각하지 않는 가정, 즉 독일이 처음부터 이자와 감채기금을 전액 갚을 수 있을 것이라는 가정을 하면, 연간 지급액은 4억 8,000만 파운드에 달한다.

48 부속서 2의 제13항에 따라, (i) 1921년과 1926년 사이에 지급되어야 할 분납금을 1930년이 지난 시기로 연기할 경우, (ii) 1926년이 지난 시기에 지급되어야 할 분납금을 3년 이상 연기할 경우 만장일치가 요구된다. 더 나아가 제234조에 따라 배상 위원회는 위원회에 대표를 파견한 모든 정부의 특정한 허가 없이는 부채의 어떤 부분도 면제할 수 없다.

로부터 매년 가능한 한 최대의 배상금을 받아내는 것이 배상 위원회의 임무가 될 것이다. 비록 매우 많은 금액이지만 독일이 조금이라도 자국을 위해 사용할 것을 남기고도 지급할 능력 안에 있는 수준으로 금액을 고정하는 것과, 독일의 능력을 넘어서는 수준으로 금액을 고정한 후 매년 해당 연도의 상황에 따라 발생할 최대의 금액을 받아낼 목적으로 활동하는 외국 위원회의 재량으로 그 금액을 낮추는 것 사이에는 커다란 차이가 있다. 전자는 독일에 조금이라도 진취성과 에너지와 희망을 추구할 동기를 남겨놓는다. 후자는 독일을 앞으로 영원히 산 채로 살가죽을 벗겨낼 것이다. 그 작업을 아무리 기술 좋고 조심스럽게 진행하면서 그 과정에서 환자를 죽이지 않으려고 모든 주의를 기울이더라도, 실제로 기획되고 의도적으로 실행된다면 그것은 얼마 지나지 않아 사람들이 문명의 역사에서 잔혹한 승자가 저지른 너무도 충격적인 행위 중 하나라고 판단하고 선언할 정책일 것이다.

조약에 따라 배상 위원회가 부여받는 매우 중요한 다른 여러 기능과 권한이 있다. 그러나 이는 다른 절에서 다루는 것이 적절하겠다.

Ⅲ. 독일의 지급 능력

독일이 갚겠다고 약속한 금액을 지급하는 형태에는 세 가지가 있다.

평화의 경제적 결과

(1) 금, 선박, 외국 증권 등 즉각적으로 양도 가능한 부. (2) 할양된 영토 혹은 휴전협정에 따라 양도된 영토에 있는 재산의 가치. (3) 일부는 현금으로, 일부는 석탄 생산물이나 탄산포타슘, 염료 같은 자원으로 정해진 햇수에 걸쳐 매년 상환되는 금액.

위에서 제외되는 것이 있다. 예를 들어 러시아의 금, 벨기에와 프랑스의 채권·가축·기계류·예술품같이, 적이 점령한 영토에서 다른 곳으로 옮겨진 재산을 실물 그대로 상환하는 것이다. 몰수된 실제 물건을 확인하고 복구할 수 있는 한, 이 물건들은 분명 원래 소유자에게 되돌려져야 하며 전반적인 공동 배상 물품으로 분류되어서는 안 된다. 이 내용은 조약의 제238조에 명시적으로 언급된다.

1. 즉각적으로 양도 가능한 부

(a) **금.** 러시아로 돌려줘야 할 금을 제외한 후, 1918년 11월 30일의 독일은행(Reichsbank) 보고서에 보고된 공식적 금 보유량은 1억 1,541만 7,900파운드어치다. 이 양은 전쟁 전 독일은행 보고서에 나타난 것보다 훨씬 더 많은 양이다.[49] 이것은 전쟁 중 독일에서 열렬하게 진행된 운동, 즉 금화뿐 아니라 모든 종류의 금 장식품을 독일은행으로 양도하자는 운동의 결과다. 분명 개인이 소유한 금이 아직도 있다. 그러나 금 모으기 운동에서 나타난 커다란 노력에 비춰볼 때, 독일 정부나 연합국이 개인이 소유한 금을 찾아낼 수는 없을 것이다. 따라서 보고서에 보고된 금은 아마도 독일 정부가

---

49 1914년 7월 23일 그 양은 6,780만 파운드어치였다.

자국 국민에게서 거둬들일 수 있는 최대 수준이라고 간주할 수 있을 것이다. 독일은행에는 금 외에 약 100만 파운드어치의 은이 있었다. 그러나 상당한 양의 은이 추가로 시중에 유통되고 있음이 틀림없다. 왜냐하면 독일은행의 은 보유량은 1917년 12월 31일자로 910만 파운드어치나 되었는데, 독일 내에서 모든 종류의 통화에 대해 무작정 인출이 시작된 1918년 10월의 후반까지는 약 600만 파운드어치였기 때문이다.[50] 따라서 휴전 조약을 맺은 날 금과 은을 합한 총가치는 (추산해) 1억 2,500만 파운드로 잡을 수 있다.

그러나 이 금과 은 보유고는 더는 그대로 남아있지 않을 것이다. 휴전 서명과 평화회의 사이의 긴 시간 동안에 연합국이 독일에 외국으로부터 식량을 조달해줘야만 하는 상황이 되었다. 당시 독일의 정치적 상황과 스파르타쿠스주의(Spartacism)[51]의 심각한 위협

---

50 마르크화의 평가절하와 은의 가격 상승이 합해져서 독일 은화에는 매우 높은 프리미엄이 붙어있다. 이 때문에 사람들 수중에서 은화를 빼내는 일은 매우 실현 가능성이 작다. 그러나 은은 개인 투기자들의 작업으로 인해 점차 독일 국경을 빠져나갈 수 있고, 그를 통해 간접적으로 독일은 환율 상황에서 전반적으로 이득을 볼 수도 있다.

51 옮긴이 주 독일 사회민주당은 전쟁을 공식적으로 지지했는데, 이런 당 노선에 반대해 1914년에 로자 룩셈부르크(Rosa Luxemburg, 1871~1919)를 주축으로 하고 카를 리프크네히트(Karl Liebknecht, 1871~1919), 프란츠 메링(Franz Mehring, 1846~1919), 클라라 체트킨(Clara Zetkin, 1857~1933) 등이 중심이 되어 마르크스주의 혁명운동을 표방하는 국제 그룹이 결성되었다. 1916년부터는 자신들을 '스파르타쿠스단(Spartakusgruppe)'이라고 불렀다. 1918년 11월 전쟁이 끝나갈 무렵 독일의 노동자들과 일부 군인들이 혁명을 시도했고, 이 과정에서 스파르타쿠스단은 독일에 소비에트 공화국을 건설한다는 목적으로, '스파르타쿠스 연맹(Spartakusbund)'이라는 이름으로 전국적인 규모의 (그러나 아직 정당의 형태를 갖지 않은) 단체로 참여했다. 11월혁명은 정부에 의해 무참히 진압되었고, 스파르타쿠스 연맹은 1918년 12월 30일부터 1919년 1월 1일

평화의 경제적 결과

때문에, 연합국은 자기들이 상대할 독일의 정부가 안정적으로 유지되기를 바란다면 그런 조치가 연합국 자신의 이해를 위해서라도 필요했다. 그러나 식량 조달 비용을 어떻게 지급할 것인가 하는 문제는 심각하게 어려웠다. 미래의 배상 지급 전망에 가능한 한 가장 적은 해를 끼칠 지급 방식을 찾아낼 목적으로 트레브, 스파, 브뤼셀, 그다음에는 샤토빌레트와 베르사유에서 연속으로 회의가 열렸다. 독일 대표단은 자국의 재정적 고갈이 너무 심각해서 당분간 연합국이 한시적으로나마 융자를 해주는 것이 유일하게 가능한 방법이라고 처음부터 주장했다. 독일에 헤아릴 수 없이 더 큰 금액을 즉시 갚으라고 요구할 준비를 하고 있던 시기에, 연합국은 이 주장을 쉽사리 수용할 수 없었다. 그러나 이 이유 말고도 아직 양도되지 않고 남아있는 독일의 금과 거래되지 않은 외국 증권이 그대로 있는 한, 독일의 주장은 엄격하게 정확한 것으로 받아들여질 수 없었다. 어쨌든 독일에 상당한 양의 융자를 해줄 수 있다는 생각이 1919년 봄 연합국이나 미국의 대중의 마음속에 있었다고 상정하는 것은 어불성설이다. 다른 한편, 금은 종류가 얼마 되지 않는 가장 분명한 배상 지급의 출처 중 하나를 제공하는 것처럼 보이는데, 연합국이 이 금

까지 진행된 전국 전당대회에서 '국제 독일 공산주의자(Internationale Kommunisten Deutschlands)'와 합병해 '독일 공산당(Die Kommunistische Partei Deutschlands, KPD)'을 결성했다. 독일 공산당은 1919년 1월 5일 베를린 무기 공장 노동자들이 일으킨, 이후 '스파르타쿠스 봉기(Spartakusaufstand)'로 불리는 무장봉기에 합세했으나, 봉기는 곧 독일제국군과 '자유부대(Freikorps)'라는 용병단에 의해 진압되었다. 자유부대에 붙잡힌 룩셈부르크와 리프크네히트는 얼마 지나지 않아 그들에게 무참히 살해당했다.

을 독일에 식량을 조달하려고 다 사용하기를 꺼린다는 것은 자연스러운 일이었다. 모든 가능한 대안을 찾는 데 많은 시간이 할애되었다. 그러나 궁극적으로, 만일 독일의 수출품과 판매 가능 외국 증권이 충분한 가치를 지녀 사용할 수 있다고 해도 그것을 제시간 안에 청산할 수는 없으며, 독일의 재정적 파탄이 너무 심해서 독일은행의 금을 제외하면 당장 사용할 수 있을 정도로 양이 상당한 것은 아무것도 없다는 사실이 확실해졌다. 따라서 독일은행이 보유한 금에서 총 5,000만 파운드를 초과하는 금이 식량에 대한 지급금으로 1919년의 전반 6개월 동안 독일에서 연합국으로 옮겨졌다(금은 주로 미국으로 건너갔지만, 영국도 상당한 양을 배분받았다).

그러나 이것이 전부가 아니었다. 독일은 휴전협정의 첫 번째 연장 조건에 따라[52] 연합국의 허가 없이는 금을 수출하지 않기로 동의했으나 연합국이 이 허가를 무한정으로 보류할 수는 없었다. 독일은행의 부채 중에는 이웃 중립국들에 지고 있는 것이 있었고, 이 부채는 금이 아닌 다른 형태로는 지급될 수 없었다. 독일은행이 빚을 갚지 못하는 경우 독일 마르크화는 평가절하될 것이고, 이 평가절하는 독일의 미래 배상 전망에 심각한 영향을 끼칠 정도로 독일의 신용을 악화시킬 것이다. 따라서 연합국 최고 경제 위원회는

---

52 **옮긴이 주** 휴전은 세 번 연장되었다. 처음에 휴전은 1918년 11월 11일 오전 11시에 시작해 같은 해 12월 13일까지였다. 첫 번째 휴전 연장은 1918년 12월 13일부터 1919년 1월 16일까지, 두 번째 휴전 연장은 1919년 1월 16일부터 2월 16일까지, 세 번째 휴전 연장은 1919년 2월 16일부터 1920년 1월 10일까지였다. 마지막 휴전 기간에 파리평화회의가 진행되었고, 평화조약은 최종적으로 1920년 1월 10일 비준되었다.

평화의 경제적 결과

경우에 따라 독일은행에 금을 수출할 허가를 내줬다.

이런 여러 조치가 가져온 최종 결과로 독일은행의 금 보유량은 절반 이상 줄어들어, 기존의 1억 1,500만 파운드에서 1919년 9월에는 5,500만 파운드로 떨어졌다.

이렇게 남은 금을 조약에 따라 모두 배상 목적으로 사용하는 것은 가능하다. 그러나 남은 금의 양은 독일은행이 발행한 통화량의 4퍼센트도 되지 않는다. 그것을 전부 몰수하는 경우 그것이 사람들의 심리에 미칠 영향은 (엄청나게 많은 양의 마르크화를 외국에서 보유하고 있다는 사실을 고려할 때) 마르크화의 외환 가치를 거의 완벽하게 파괴할 것으로 예상될 수 있다. 500만 파운드, 1,000만 파운드, 심지어 2,000만 파운드까지도 특별한 목적으로 몰수할 수 있을 것이다. 그러나 배상 위원회 입장에서는 미래에 배상금을 확보해야 할 전망을 고려해, 독일의 통화 체계를 완전히 파괴하는 일은 신중하지 못하다고 판단할 것이다. 특히 점령 지역이나 할양 영토 내에서 이전에 유통되던 엄청난 양의 마르크화를 보유하게 된 프랑스와 벨기에 정부로서는 배상 전망과 상당히 별개의 문제로, 마르크화의 외환 가치를 어느 정도 유지하는 데 큰 관심이 있었다는 사실 때문에 더욱 그렇다.

따라서 1921년까지 갚아야 할 10억 파운드의 초기 배상금 중에 금이나 은으로 지급하리라고 언급할 수 있을 만한 양은 없다.

(b) **선박.** 위에서 본 바와 같이 독일은 자국의 상선 전부를 연합국에 양도하기로 약속했다. 실제로 그중 상당 부분은 평화협정이 맺어지기 전에 이미 항구에 억류되거나, 식량 운송과 관련한 브뤼

셀 협정에 따라 일시적인 선박 이전을 통해 연합국의 수중에 들어가 있었다.[53] 조약에 따라 양도될 독일 선박의 총톤을 400만 톤으로 추산하고 1톤당 평균 가치를 30파운드로 추정하면, 이와 관련된 총금액은 1억 2,000만 파운드다.[54]

(c) **외국 증권.** 1916년 9월에 독일 정부는 외국 증권 보유 실태 조사를 시행했다.[55] 조사의 정확한 결과는 공개되지 않았다. 이 조사 이전에는 독일에서 그런 투자에 대한 공식 보고서가 작성된 적이 없었고, 공공연하게 알려져 있듯이 다양한 비공식적 추정치는

53 이전에 말한 대로 연합국은 휴전 기간에 유럽 전반, 특히 독일에 식량을 공급했다. 그러려면 식량을 운송할 목적으로 운행할 수 있도록 독일 상선 중 상당 부분을 연합국에 일시적으로 이전해야 했다. 독일은 이 조건에 동의하기를 꺼렸고, 그 때문에 식량 공급은 위험하게도 오랜 기간 지연되었다. 그러나 1919년 1월 16일, 2월 14~16일, 3월 4~5일에 트레브(Trèves: Trier)와 스파(Spa)에서 열린 회의에서는 아무런 소득이 없었고, 드디어 1919년 3월 14일에 열린 브뤼셀 회의에서 협약이 이뤄졌다. 독일이 협상을 마무리하는 데 망설였던 주된 이유는 배를 양도하는 경우 식량을 얻을 수 있는지를 연합국이 절대적으로 확실하게 보장해주지 않았기 때문이다. 그러나 연합국에 대한 무리 없는(reasonable) 믿음을 가정할 때(하지만 휴전의 다른 조항과 관련해 연합국의 행동에 흠잡을 여지가 전혀 없었던 것은 아니었기에, 적들에게는 의심할 만한 정당한 근거가 있었다), 연합국의 요구가 부적절한 것은 아니었다. 왜냐하면 독일 선박 없이는 식량을 운송하는 일이 불가능하지는 않았더라도 매우 힘들었을 것이고, 양도된 독일 선박 혹은 그에 상당하는 운송 수단은 실제로 거의 모두 다시 독일로 식량을 나르는 데 사용되었기 때문이다. 1919년 6월 30일까지, 102만 5,388톤의 독일 선박 176척이 브뤼셀 협정에 따라 연합국에 양도되었다.
54 실제로 양도된 총톤의 규모는 이보다 크고, 톤당 가치는 이보다 작을 수 있다. 그러나 총액이 1억 파운드보다 작거나 1억 5,000만 파운드를 초과할 가능성은 크지 않다.
55 실태 조사는 1916년 8월 23일의 칙령에 따라 시행되었다. 1917년 3월 22일에 독일은 독일인이 소유한 외국 증권의 사용에 관해 완전한 통제권을 획득했고, 1917년 5월에 일부 스웨덴·덴마크·스위스 증권을 현금화하려고 이 통제권을 사용하기 시작했다.

독일 주식시장에 유입된 외국 증권, 인지세, 영사관 보고서 등의 불충분한 자료에 근거해 있다. 전쟁 전에 받아들여지고 있던 주요 독일 추산치를 아래 각주에 적어놓았다.[56] 이 수치를 보면 독일의 전문가들 사이에서는 독일의 순 외국 투자가 12억 5,000만 파운드 이상이라는 의견에 전반적으로 합의가 이뤄져 있었음을 알 수 있다. 나는 이 수치가 과장되었다고 생각한다. 아마도 10억 파운드 정도가 알맞은 수치일 것이다. 그러나 나는 내 추산에서 이 수치를 사용했다.

이 총액에서 다음 네 가지 항목이 제외되어야 한다.

(i) 연합국과 미국을 합하면 전 세계의 상당한 부분을 차지하는데, 이 지역에 대한 투자는 공공 위탁 관리사(Public Trustees), 적국 재산 관리자, 그 외 그와 비슷한 기관에 의해 압수되었고, 개인

56

		100만 파운드
1892년	슈몰러	500
1892년	크리스티안스	650
1893~1894년	코흐	600
1905년	폰 할레	800 *
1913년	헬페리히	1,000 •
1914년	발로트	1,250
1914년	피스토리우스	1,250
1919년	한스 다비트	1,050 ••

* 증권 외 다른 투자액 5억 파운드는 제외.
• 순 투자. 즉, 외국인이 소유한 독일 내 재산을 제외한 액수. 다른 추산치도 순 투자액일 수 있다.
•• 1919년 6월 13일자 《세계경제신문(Weltwirtschaftszeitung)》에 실린 이 추산치는 전쟁 발발일 현재 독일의 외국 투자 가치의 추산치다.

들의 여러 청구를 모두 갚고 남지 않는 한 배상으로 사용할 수 없다. 이 책의 제4장에서 개략된 적국 부채 처리 방식에 따라, 이 자산들에 최우선으로 적용되는 변제 대상은 독일 국적자에 대해 연합국 민간인이 요구하는 채무 권리다. 미국의 경우를 제외하면 다른 목적을 위해 사용할 수 있을 만큼 충분히 큰돈이 남을 가능성은 거의 없다.

(ii) 전쟁 전 독일의 가장 중요한 외국 투자 지역은 영국의 경우처럼 바다 건너 국가가 아니라 러시아, 오스트리아-헝가리, 오스만 제국, 루마니아, 불가리아였다. 이 투자 대부분이 이제는, 적어도 잠시는, 거의 쓰레기가 되어버렸다. 특히 러시아와 오스트리아-헝가리에 대한 투자가 그렇다. 현재의 시장가격을 기준으로 삼으면, 이 국가들에 대한 투자 중 명목가(nominal figure) 이상으로 팔릴 수 있는 것은 하나도 없다. 연합국이 미래에 현금화할 목적으로 증권을 명목 시장 평가액을 훨씬 넘는 가격으로 구매해서 보유할 준비가 되어있지 않다면, 배상금 지급에 즉시 사용할 기금의 원천으로 이 국가들에 대한 투자는 크게 도움이 되지 않는다.

(iii) 전쟁 기간에 독일은 영국이 그랬던 정도로 외국 투자를 현금화할 처지가 되지 못했지만, 그럼에도 어떤 나라의 경우에는, 또 할 수 있는 한도까지 투자를 회수했다. 미국이 참전하기 전 독일은 미국 증권에 투입한 투자금의 상당 부분을 되팔았다고 알려져 있다. 그러나 (6,000만 파운드 정도라 알려진) 이 판매액에 대한 현재 추산치는 아마도 과장되었을 것이다. 그런데 전쟁 기간 전반에 걸쳐, 특히 마르크화가 약세에 있고 이웃 중립국에 대한 융자금 규모가

매우 작아졌던 전쟁 후기에 들어, 독일은 네덜란드·스위스·스칸디나비아 국가들이 구매하거나 담보로 받아들일 증권을 처리하고 있었다. 1919년 6월에 이르자 이 국가들에 대한 독일의 투자는 엄청 줄어서 무시할 정도의 크기가 되었고, 오히려 독일이 이 국가들에 진 부채가 이보다 훨씬 더 커졌다. 독일은 시장에서 거래될 수 있는 일부 해외 증권, 예를 들어 아르헨티나 증권(cédulas)[57]도 팔아버렸다.

(iv) 분명히 휴전 이후 그때까지도 개인이 보유하고 있던 외국 증권의 상당량이 외국으로 반출되었다. 이런 상황을 방지하기는 극도로 힘들다. 일반적으로 독일의 외국 투자는 무기명증권 형태이고 등록되지 않는다. 이런 증권은 독일의 넓은 내륙 국경을 건너 외국으로 쉽게 밀반출된다. 또 평화 협상이 마무리되기 전 몇 달 동안, 연합국 정부들이 방법을 찾아내지 못하면 각국의 증권 소유자들이 그 증권을 계속 보유하도록 허용되지 못할 것이 뻔했다. 이런 요소가 결합하면서 인간의 기발한 능력을 자극했고, 그런 유출을 효과적으로 차단하려는 연합국과 독일 정부의 노력은 대부분 소용이 없었다.

이런 모든 사실에 비춰볼 때 배상으로 지급할 돈이 많이 남아

---

57 옮긴이 주 여기서 세둘라(cédula)는 cédula hipotecaria, 즉 '담보부 사채 (mortgage bond)'를 말한다. 스페인어 cédula는 일반적으로 '증서(證書)'를 뜻하며, 동전이나 화폐도 이렇게 부른다. 예를 들어 100페소 화폐는 cédula de 100 pesos라 칭한다. cédula de cambio는 '환어음(bill of exchange)'을, cédula de identidad는 '신분증명서'를 뜻한다.

있다면 그야말로 기적일 것이다. 연합국과 미국, 독일의 동맹국, 독일 근처의 중립국은 문명화된 세계의 거의 전체를 구성한다. 그런데 방금 살펴본 바와 같이, 이 지역 어느 곳을 투자해도 배상으로 쓸 많은 양의 돈이 나오리라 기대할 수는 없다. 실제로 남아메리카 국가들을 제외하고 투자와 관련해 중요한 나라는 남아있지 않다.

외국 반출로 인한 차감의 중요성을 수치로 표현하는 일에는 많은 추측 작업이 관련된다. 나는 사용할 수 있는 자료와 다른 관련된 자료에 비춰 문제를 깊이 생각해본 후에 내가 도출할 수 있는 최선의 개인적 추산치를 다음처럼 독자들에게 알린다.

항목 (i)에 따른 차감을 나는 3억 파운드로 잡는다. 이 중 개인 부채 등을 청산한 후 마지막까지 남을 액수는 1억 파운드다.

항목 (ii)와 관련해, 1912년 12월 31일 오스트리아 재무부에서 시행한 실태 조사에 따르면, 당시 독일이 보유한 오스트리아-헝가리 증권의 명목 가치는 1억 9,730만 파운드였다. 전쟁 전 독일이 러시아에 공채를 제외하고 한 투자는 9,500만 파운드로 추정된다. 이 금액은 예상보다 훨씬 적다. 그리고 1906년에 자르토리우스 폰 발터샤우젠[58]은 독일이 러시아 공채에 투자한 금액을 1억 5,000만 파운드로 추산했다. 따라서 총투자액은 2억 4,500만 파운드가 되는

---

58 옮긴이 주 아우구스트 자르토리우스 폰 발터샤우젠(August Sartorius von Waltershausen, 1852~1938)은 독일의 경제학자로 미국 경제 전문가다. 그의 아버지 볼프강은 유명한 지질학자였고, 할아버지 게오르크는 경제학자로 애덤 스미스의 《국부론》을 독일어로 번역했다. 아우구스트의 아들 헤르만은 작곡가이자 지휘자로 활동했다.

데, 이 금액은 1911년에 이시차니안[59] 박사가 의도적으로 수수하게 잡은 추산액인 2억 파운드라는 수치로 어느 정도 입증된다. 루마니아의 경우, 루마니아가 참전할 당시에 출간된 추산치에 따르면, 독일이 루마니아에 한 투자의 가치는 400만 파운드에서 440만 파운드 정도이며, 이 중에서 280만 파운드에서 320만 파운드는 정부 증권의 형태다. 1919년 9월 8일자《르 탕(Le Temps)》에 보도된 바와 같이, 오스만제국에서 프랑스의 이해관계 보호를 목적으로 하는 한 기관은 오스만제국에 투자된 독일 자본의 총량을 약 5,900만 파운드로 추산했고, 외국 채권 소유자 위원회의 최근 보고서에 따르면, 이 중 3,250만 파운드를 독일 국적자가 오스만제국의 대외 채무로 보유하고 있었다. 독일이 불가리아에 한 투자의 추산치는 구하지 못했다. 모두 합해 나는 이 국가들 전체와 관련한 차감 규모로 5억 파운드를 조심스럽게 제시해본다.

항목 (iii)에 속하는, 전쟁 중에 재판매된 증권과 담보로 잡힌 증권의 금액으로 나는 1억 파운드에서 1억 5,000만 파운드를 잡는다. 이 금액은 독일이 보유한 스칸디나비아·네덜란드·스위스 증권의 실질적인 전부, 남아메리카 증권의 일부, 그리고 미국이 참전하기 전 독일이 팔아버린 북아메리카 증권의 상당한 일부로 구성된다.

항목 (iv)에 따른 적합한 차감과 관련해서는 당연히, 사용할 수

---

59 옮긴이 주 바치시 이시차니안(Bachschi Ischchanian)은 독일의 러시아계 경제학자다. 대표작으로《러시아 경제에서 외국 요소(Die ausländischen Elemente in der russischen Volkswirtschaft)》(1913)가 있다. 그의 저작은 레닌에게 영향을 미친 것으로 알려져 있다.

있는 수치가 존재하지 않는다. 지난 몇 개월 동안 유럽의 언론은 문제를 처리하려고 채택한 방법에 관한 자극적인 기사로 도배되었다. 그러나 독일에서 이미 반출되었거나 아무리 엄중하고 강력한 방법으로도 찾아낼 수 없게 독일 내에 안전하게 숨겨진 증권의 가치를 1억 파운드로 잡으면, 그 수치가 과장되었을 가능성은 그리 크지 않다.

따라서 이 여러 항목을 다 합하면 개략적으로 약 10억 파운드 징도의 차감액이 되며, 그 결과 아직도 이론적으로 배상에 사용할 수 있는 금액으로 2억 5,000만 파운드가 남는다.[60]

일부 독자들에게는 이 수치가 낮아 보일 수 있을 것이다. 그러나 이 수치는 독일 정부가 공공 목적을 위해 처리할 수 있을 판매 가능한 증권의 잔여분임을 상기시키고자 한다. 내 생각에는 오히려 이 수치도 지나치게 높으며, 문제를 다른 방식으로 다루면 이보다 더 낮은 수치에 도달한다. 몰수된 연합국 증권, 그리고 오스트리아와 러시아 등에 한 투자를 고려에서 제외하면, 국가와 기업별로 구분해 모아놓은 증권 더미 중 독일이 여전히 보유할 수 있으면서 2억 5,000만 파운드 정도에 해당하는 증권 더미가 과연 있을까? 나는 이 질문에 답할 수 없다. 독일은 몰수되지 않은 중국 공채를 어느 정도 보유하고 있다. 어쩌면 약간의 일본 증권, 그리고 좀 더 상당한 양의 최우량 남아메리카 재산을 보유하고 있다. 그러나 최우

---

60 알자스-로렌 주민들과 이제는 더는 독일 국적자가 아닌 사람들이 소유한 증권은 차감액에 포함하지 않았다.

평화의 경제적 결과

량 투자 중 아직도 독일의 수중에 있는 것은 거의 없다. 보유하고 있는 **최우량 투자**의 가치도 1,000만 혹은 2,000만 파운드 정도이지 5,000만 파운드나 1억 파운드가 되지 않는다. 독일의 해외투자 중 몰수되지 않고 남은 부분을 현금으로 1억 파운드를 지급하는 연합체에 참여하는 사람은, 내 판단에는, 경솔하기 짝이 없는 사람이다. 만일 배상 위원회가 이렇게 적은 금액이라도 실현하려면, 위원회는 자신들이 몰수한 자산을 지금 처리하려 하지 말고 얼마 동안 고이 모셔둬야 할 것이다.

따라서 독일이 보유한 외국 증권에서 배상으로 사용할 수 있을 최대의 금액은 1억 파운드에서 2억 5,000만 파운드 사이의 규모다.

그렇다면 독일이 보유한 즉각적으로 양도 가능한 부는 (a) 금과 은 약 6,000만 파운드, (b) 선박 1억 2,000만 파운드, (c) 외국 증권 1억~2억 5,000만 파운드로 구성된다.

금과 은을 상당한 양으로 몰수하는 일은 실제로 그리 현실적이 아니다. 그런 몰수가 독일 통화 체계에 끼칠 영향은 연합국 자신의 이해관계에도 해를 끼칠 것이기 때문이다. 따라서 배상 위원회가 1921년 5월까지 확보하기를 희망하는 이 원천을 모두 합해 배상으로 쓸 수 있을 금액은 최대 2억 5,000만에서 3억 5,000만 파운드로 추산될 수 있다.[61]

---

61 이 모든 수치와 관련해 나는 조약에 반해 과대 추산할 수 있다는 염려 때문에, 나 자신이 실제로 판단한 크기를 넘는 값을 제시하고 있음을 의식하고 있다. 독일의 자원에 대한 공상적인 추산치를 종이에 써내는 것과 실제로 현금 형태로 배상금을 끌어내는 것 사이에는 커다란 간극이 있다. 위에 언급한 항목들에서 두

2. 휴전협정에 따라 할양 혹은 양도된 영토 내의 재산

조약의 초안에 따르면 독일은 할양된 영토 안에 있는 독일 재산에 대해서 배상에 사용할 금액을 많이 인정받지 못할 것이다.

대부분의 할양 영토 안에 있는 사유재산은 연합국 국적자에게 독일인이 진 개인 채무를 갚는 데 사용되고, 그리고 남는 금액이 있으면 그 금액을 배상에 사용할 수 있다. 폴란드와 다른 신생국에 소재하는 사유재산의 가치는 그 재산의 소유자에게 직접 지급될 수 있나.

알자스-로렌 지역, 벨기에에 양도된 영토, 위임통치국으로 이전된 독일의 옛 식민지에 있는 독일 정부의 재산은 배상으로 전혀 사용되지 않고 모두 몰수될 것이다. 옛 폴란드 왕국에 속했던 건물과 숲, 그 외 정부 재산도 배상으로 사용되지 않고 몰수된다. 따라서 이제 남는 것은 방금 언급한 것을 제외하고 폴란드에 양도된 정부 재산, 덴마크에 양도된 슐레스비히(Schleswig) 지역에 있는 정부 재산[62], 자르 탄전의 가치, 항구·수로·철도에 관한 조약의 장에 따

수치 중 낮은 값 정도만으로도 배상 위원회가 1921년 5월까지 실제로 자원을 확보할 수 있다고는 나 자신도 믿지 않는다.

62 조약(제114조)은 슐레스비히 지역에서 덴마크 정부가 양도받을 재산과 관련해 배상 위원회에 어느 만큼의 금액을 지급할 의무가 있는지를 매우 모호한 채로 남겨두고 있다. 예를 들어 덴마크 정부는 할양 영토 내 거주자들이 소유한 마르크화의 가치같이 배상 금액을 상쇄할 것에 대해 조치를 마련해줄 수 있다. 어쨌든 이와 관련한 금액은 매우 작은 규모다. 덴마크 정부는 "독일 채무 중 슐레스비히 지역이 소유한 몫, 독일의 공공재산 구매, 슐레스비히 거주자 돕기, 통화 문제 해결" 등의 공동 목적을 위해 660만 파운드(1억 2,000만 크로네)를 융자받으려 하고 있다.

라 양도될 몇몇 강의 선박 등의 가치, 그리고 배상 장의 부속서 7에 따라 이전되는 독일 해저 케이블의 가치다.

조약에서 어떻게 명시하건, 배상 위원회는 폴란드 지역에서는 현금 지급을 전혀 확보하지 못할 것이다. 나는 자르 탄전이 1,500만 파운드에서 2,000만 파운드 사이로 평가된다고 생각한다. 사유재산과 관련해 배상으로 사용할 수 있는 잉여 재산을 제외하고, 위에 언급한 항목을 모두 합해 개략적으로 3,000만 파운드로 잡으면 상당히 후한 평가일 것이다.

이제 남은 것은 휴전협정에 따라 양도된 물자의 가치다. 제250조는 휴전협정에 따라 양도된 철도 차량뿐 아니라 다른 특정 항목, 그리고 "비군사적 가치를 갖는 것"으로 양도된 물자에서 배상위원회가 배상금 일부로 사용할 수 있다고 생각하는 물자는 어떤 것이든 배상 위원회를 통해 배상액에 반영할 것이라 규정한다. 이중 가치가 많이 나가는 것은 철도 차량(15만 대의 화차와 5,000대의 기관차)뿐이다. 휴전협정에 따라 양도되는 것 모두를 합한 가치로 대략 5,000만 파운드를 계산하면 이것도 상당히 후한 평가일 것이라 생각한다.

따라서 이전 항목에 대한 추산치 2억 5,000만~3억 5,000만 파운드에 이 항목들에 대한 추산치 8,000만 파운드가 합해진다. 이 항목들에 대한 평가 금액은 연합국의 재정 상황에 도움이 될 현금을 마련해주지 못하고 당사자 간에 혹은 그들과 독일 간에 성립하는 장부상 신용 관계에 지나지 않는다는 점에서 이전 항목에 대한 평가 금액과 다르다.

그러나 이제 우리가 계산해낸 3억 3,000만 파운드에서 4억 3,000만 파운드 사이의 총액이 모두 배상에 쓰이지는 않는다. 조약의 제251조에 따라, 이 금액에서 제일 먼저 충당할 것은 휴전 기간과 평화 협상 종결 이후에 걸쳐 점령군 주둔으로 발생하는 비용이다. 1921년 5월까지 이 명목의 비용 총액은 철군 속도가 알려질 때까지는 계산할 수 없다. 철군이 시작되면 월간 주둔 비용은 1919년의 전반기에 2,000만 파운드를 초과해 발생한 금액에서 궁극적으로 정상적인 금액이 될 100만 파운드로 감소할 것이다. 그러나 나는 이 점령군 주둔 비용이 약 2억 파운드 정도가 될 것이라고 추산한다. 그러면 아직 1억 파운드에서 2억 파운드가 남는다.

　　이 금액과 상품 수출 대금, 그리고 조약에 따라 1921년 5월 이전에 이뤄질 현물 지급(이것과 관련해 나는 아직 아무런 차감을 하지 않았다)을 이용해, 연합국은 그들이 독일에 필수 불가결하다고 판단하는 필수 식품과 원료를 독일이 구입할 수 있게 할 금액을 독일에 되돌려줄 수 있으리라고 희망하고 있었다. 현재로서는 독일이 자국의 경제활동을 재정립하려고 외국으로부터 구입해야 할 물품의 화폐가치, 그리고 연합국이 자신의 재량권을 행사할 관용의 정도, 그 어느 것에 대해서도 정확하게 판단할 수 없다. 독일의 원료와 식품 보유고가 1921년 5월 이전에 조금이라도 정상 수준에 가깝게 복구된다면, 독일은 현재 수출액에 더해 적어도 1억 파운드에서 2억 파운드에 상당하는 외국 구매력이 필요할 것이다. 이런 상황이 허락되지 않을 가능성이 크기 때문에 나는 조심스럽게 다음과 같은 생각을 (논쟁이 합리적으로 진행된다면) 논쟁의 여지가 없는 것으로 주장하고자 한다. 즉, 독일은 자국의 사회적·경제적 상황으로 인해 1921년 5월 이전의 기간에 수출이 수입을 초과해 잉여를 획득할 가능성이 전혀 없으며, 독일이 조약에 따라 석탄·염료·목재 혹은 그 밖의 다른 물품 형태로 연합국에 제공할 수 있을 현물 지급의 가치는 독일에 되돌려져서 독일이 생존을 위해 필수 불가결한 물품을 수입할 수 있도록 해야 한다.[63]

따라서 배상 위원회는 즉시 양도 가능한 독일의 부를 처분하고 조약에 따라 독일에 지급해야 할 금액을 계산하고 점령군 주둔 비용을 변제한 후에, 우리가 배상 위원회가 통제할 수 있을 것이라 가정한 1억 파운드에서 2억 파운드의 금액에 더 추가할 돈을 다른 원천에서 찾기를 기대할 수 없다. 벨기에는 평화조약과 별도로 프랑스, 미국, 영국과 개별적인 합의를 확보했다. 이를 통해 벨기에는 연합국이 배상으로 사용할 수 있을 전체 금액에서 **제일 먼저 1억 파운드를** 자국의 배상 요구를 충족하려고 수령할 것이다. 이 상황의 결론은, 벨기에에는 1921년 5월까지 1억 파운드를 받을 **가능성이** 존재하나 다른 연합국들 중에 그 날짜까지 언급할 가치가 있을 정도의 배상금을 확보할 나라는 전혀 없다는 것이다. 어쨌든 연합국의 재무 장관들이 다른 가설을 바탕으로 계획을 세운다면 그것은 매우 신중하지 못한 행동일 것이다.

---

63 다시 한번 이 점에 관해 나의 판단은 지금 언급한 것보다 훨씬 더 나아간다. 이 기간에 독일의 수출이 수입과 같아질 가능성에 대해서조차 나는 짙은 의구심을 갖고 있다. 그러나 본문에서 말한 진술은 내 주장이 의도하는 목적을 전달하는 데 충분하다.

3. 정해진 햇수에 걸쳐 연간 지급될 금액

독일은 식민지와 해외 거래망, 상선, 해외 재산을 거의 모두 상실했고, 영토와 인구의 10퍼센트, 석탄 생산량의 3분의 1과 철광석의 4분의 3을 할양했으며, 200만 명에 달하는 한창나이의 젊은이들이 전사했고, 자국민이 4년에 걸쳐 기아에 허덕였으며, 엄청난 양의 전쟁 부채를 부담했고, 자국 통화의 가치가 이전의 7분의 1도 안 되는 수준으로 하락했으며, 자국의 동맹국들과 그들의 영토가 교란되었고, 국내에서는 혁명이 일어났으며, 볼셰비키들이 혁명에 성공한 나라와 국경을 접하고 있고, 모든 것을 삼켜버린 전쟁을 겪다가 궁극적으로 패배를 당한 4년 동안 나라가 지닌 힘과 희망이 측정할 수 없을 정도로 파괴되었다. 이런 상황 속에서 외국에 배상금을 매년 지급해야 할 독일의 능력이 전쟁 전 수준에서 영향받지 않고 그대로 있을 수 없음은 자명하다.

쉽게 생각할 수 있듯이, 이 모든 것은 명백하다. 그러나 독일로부터 받을 대규모 배상금에 대한 대부분의 추정치는 독일이 미래에 과거에 했던 것보다 훨씬 더 큰 규모로 경제활동을 할 수 있다는 가정을 바탕으로 계산된다.

하나의 수치를 도출할 목적에서는 지급이 현금(혹은 외환)의 형태로 이뤄지든, 일부 현물(석탄·염료·목재 등)로 이행되든 그리 큰 영향이 없다. 이것이 조약이 염두에 둔 것이다. 어떤 경우에도 독일이 배상금을 지급할 수 있는 유일한 방식은 특정 상품을 수출하는 것이고, 이 수출의 가치를 어떤 방식으로 배상을 위해 사용할 것인가는 상대적으로 부차적인 세부 사항의 문제다.

평화의 경제적 결과

어느 정도까지는 제일 원칙으로 되돌아가고 할 수 있는 경우에는 언제나 현재 사용 가능한 통계자료로 돌아가지 않는다면, 우리는 가설의 늪에 빠져버릴 것이다. 독일이 매년 배상금을 지급할 수 있을 유일한 방법은 분명 몇 해에 걸쳐 수입을 줄이고 수출을 늘리면서 무역수지를 자국에 유리하게 만들어 그것을 외국에 지급하는 데 사용하는 것이다. 장기적으로 독일은 상품, 오직 상품으로만 배상금을 지급할 수 있을 것이다. 상품을 연합국에 직접 제공하든지 아니면 중립국에 판매하고 그로 인해 발생하는 중립적 신용을 연합국에 넘기든지 아무런 상관이 없다. 따라서 이 과정이 진행되는 정도를 추정할 가장 견고한 기초는 전쟁 전 독일의 무역을 분석하는 데 있다. 그런 분석을 바탕으로 해서만, 그리고 그런 분석을 독일의 거시적 부 창출 능력에 관한 일반적 자료로 보충할 때, 독일의 수출이 수입을 초과할 최대 수준에 대해 합리적인 추산을 할 수 있다.

통과무역과 금괴를 제외하고, 1913년에 독일의 수입은 5억 3,800만 파운드이고, 수출은 5억 500만 파운드였다. 즉, 수입이 수출을 약 3,300만 파운드 정도 초과했다. 그러나 1913년을 마지막으로 하는 5년 동안 평균적으로 독일의 수입은 이보다 훨씬 더 큰 규모로, 즉 7,400만 파운드 정도로, 수출보다 컸다. 따라서 전쟁 전 독일의 신규 외국 투자액보다 많은 금액이 기존의 외국 증권에 대한 이자와 선박 및 대외 금융 등에서 발생하는 이윤에서 파생했다는 결론이 도출된다. 이제 독일의 외국 재산과 상선이 몰수당할 것이고, 대외 금융을 비롯해 다른 사소한 외국 수입원이 크게 파괴되어버린 상황에서, 전쟁 전의 수출입을 바탕으로 했을 때 독일은 외국에 지급할 잉여를 생산해내기는커녕 자기 자신을 지탱하기도 힘들 것으로 보인다. 따라서 독일이 해야 할 첫 번째 임무는 이 적자를 충당하려고 소비와 생산을 재조정하는 것이어야만 한다. 그다음에야 비로소 수입한 상품을 사용하는 데 독일이 추가로 만들어낼 경제성과 추가로 발생할 수출 증가를 배상에 사용할 수 있을 것이다.

독일 수출입 거래의 3분의 2를 다음 표에 항목별로 분류해 열거한다. 나머지 3분의 1의 항목은 개별적으로 그리 중요하지 않은 상품으로 구성되는데, 이 항목들에는 열거된 항목에 대한 분석이 어느 정도 동일하게 적용된다고 가정할 수 있다.

이 표들은 가장 중요한 수출이 다음 항목으로 구성되어 있음을 보여준다. (1) 양철판을 포함한 철 제품(13.2퍼센트), (2) 기계류 등(7.5퍼센트), (3) 석탄·해탄·조개탄(7퍼센트), (4) 천연 양모와 소모(梳毛) 양모를 포함한 양모 제품(5.9퍼센트), (5) 모직과 원사(原絲), 천연 면화를 포함한 면 제품(5.6퍼센트). 이 다섯 가지 항목은 전체 수출의 39.2퍼센트를 차지한다. 이 제품들이 모두 전쟁 전에 독일과 영국이 서로 격하게 경쟁하던 종류라는 점에 주목하자. 따라서 해외로 혹은 유럽 국가들로 향하는 이 제품들의 수출량이 크게 증가하면 그에 따라 영국의 수출에 끼칠 영향은 틀림없이 매우 심각할 것이다. 이 중 두 가지 항목, 즉 면 제품과 양모 제품과 관련해서, 수출 증가는 원료 수입의 증가에 영향을 받는다. 독일에서 면화는 전혀, 양모는 거의 나지 않기 때문이다. 따라서 독일이 전쟁 전의 소비 수준을 넘어서는 양으로 이 원료들을 확보할 시설이 마련되지 않는다면(시설 마련 비용은 온전히 연합국의 부담일 수밖에 없다.) 이 제

평화의 경제적 결과

독일의 수출, 1913년

	금액 (100만 파운드)	총수출 중 비율 (퍼센트)
철 제품(양철판 등 포함)	66.13	13.2
기계류와 부품(자동차 포함)	37.55	7.5
석탄, 해탄, 조개탄	35.34	7.0
양모 제품(천연 양모와 소모 양모 및 의류 포함)	29.40	5.9
면 제품(천연 면화, 원사, 방적사 포함)	28.15	5.6
	196.57	**39.2**
곡물 등(호밀, 귀리, 밀, 홉 포함)	21.18	4.1
가죽 및 가죽 제품	15.47	3.0
설탕	13.20	2.6
종이 등	13.10	2.6
모피	11.75	2.2
전기 제품(설비, 기계류, 전등, 전선)	10.88	2.2
견사 제품	10.10	2.0
염료	9.76	1.9
구리 제품	6.50	1.3
장난감	5.15	1.0
고무 및 고무 제품	4.27	0.9
서적, 지도, 음악	3.71	0.8
탄산포타슘	3.18	0.6
유리	3.14	0.6
염화포타슘	2.91	0.6
피아노, 오르간 및 부품	2.77	0.6
천연 아연	2.74	0.5
자기 제품	2.53	0.5
	142.34	**28.0**
기타 제품, 비분류 제품	165.92	32.8
총합	**504.83**	**100.0**

품들의 거래량은 확대될 수 없고, 설사 이 제품들의 거래량이 확대되더라도 실제로 발생할 증가분은 수출의 전체 가치가 아니라 완제품 수출 가치에서 수입 원료 가치를 제한 규모에 불과하다. 다른 세 범주에 속하는 제품, 즉 기계류, 철 제품, 석탄과 관련해서는 독일이 이 제품들의 수출량을 증가시킬 능력은 폴란드, 고지 실레시아, 알자스-로렌 지역의 영토가 할양됨에 따라 독일에서 떨어져 나갈 것이다. 이미 지적한 바대로 독일 석탄 생산량의 거의 3분의 1에 달하는 양이 이 지역들에서 나왔다. 그러나 이 지역들은 독일 철광석 생산량의 4분의 3 이상, 용광로의 38퍼센트, 철 주조소와 철강 주조소의 9.5퍼센트도 공급했다. 따라서 알자스-로렌 지역과 고지 실레시아가 철광석을 독일 본토에 보내 가공되도록 하지 않는다면, 독일로서는 지급할 돈을 찾아야 하는 수입을 증가시켜야 할 것이고, 그러면 수출 거래의 증가가 가능하기는커녕 오히려 수출의 감소가 불가피해질 것이다.[64]

그다음으로 목록에는 곡물·가죽 제품·설탕·종이·모피·전기제품·견사(絹紗) 제품·염료가 있다. 곡물은 수출 초과 품목이 아니고, 동종의 상품 수입이 수출을 훨씬 넘어선다. 설탕과 관련해, 전쟁 전 독일의 수출 중 90퍼센트가량이 영국으로 왔다.[65] 우리 영국

---

[64] 고지 실레시아를 상실했을 뿐 아니라 프랑스에 영토가 할양되었기 때문에, 독일의 철 주괴(iron ingots) 연간 생산량은 전쟁 전 수준인 2,000만 톤에서 1,400만 톤으로 감소할 수 있고, 프랑스의 철 주괴 생산량은 500만 톤에서 1,100만 톤으로 증가할 수 있다.

[65] 1913년 독일의 설탕 수출은 111만 73톤으로 가치로는 1,309만 4,300파운드이고 이 중 83만 8,583톤은 905만 800파운드의 가치로 영국으로 수출되었다. 이

평화의 경제적 결과

이 독일산 설탕에 우선권을 부여하거나, 석탄과 염료 등에 대해 제안된 것과 같은 방향으로 배상금 일부를 갚는 데 사용하도록 조정이 이뤄지면, 독일의 설탕 무역 거래량은 증가할 자극을 받을 것이다. 종이 수출도 약간 증가할 수 있을 것이다. 가죽 제품, 모피, 견사제품은 무역 계정의 다른 변에서 이에 대응하는 항목의 수입에 영향받는다. 견사 제품 거래는 주로 프랑스 및 이탈리아와 경쟁 관계에 놓여있다. 이 외 다른 제품은 개별적으로 매우 작은 규모다. 그렇기 때문에 나는 배상금이 포타슘 계열 제품으로 상당 부분 지급될 수 있을 것이라는 말을 들은 적이 있다. 그러나 전쟁 전에 탄산포타슘은 독일의 전체 수출에서 0.6퍼센트밖에 차지하지 않았고, 총가치로는 약 300만 파운드에 불과했다. 게다가 자국 영토에 있던 탄산포타슘 매장지를 돌려받은 프랑스로서는 이 제품을 독일이 수출하도록 크게 자극하는 일을 그리 달갑게 여기지 않을 것이다.

수입 품목을 보면 수입의 63.6퍼센트가 원료와 식품임을 알 수있다. 원료군에 속하는 주요 품목, 즉 면·양모·구리·가죽·철광석·모피·견사·고무·양철은 수출 거래량에 영향을 끼치지 않고는 크게 감소될 수 없을 것이고, 수출 거래량을 늘리려면 이 품목들의 수입도 늘려야 할 것이다. 식품, 즉 밀·보리·커피·달걀·쌀·옥수수 등의 수입은 다른 문제를 제기한다. 전쟁 전에 독일의 노동자계급이 소비한 식품이 약간의 평안을 위해 소비한 양 외에 최대의 효율

수치들은 정상적인 수준을 넘어서는데, 1913년 이전 5년 기간의 설탕 평균 총수출량은 1,000만 파운드 정도다.

독일의 수입, 1913년

	금액 (100만 파운드)	총수입 중 비율 (퍼센트)
I. 원료		
면화	30.35	5.6
천연 가죽 및 가죽 제품	24.86	4.6
양모	23.67	4.4
구리	16.75	3.1
석탄	13.66	2.5
목재	11.60	2.2
철광석	11.35	2.1
모피	9.35	1.7
아마 및 아마씨	9.33	1.7
초석(硝石)	8.55	1.6
견사(絹紗)	7.90	1.5
고무	7.30	1.4
황마(黃麻)	4.70	0.9
석유	3.49	0.7
주석(朱錫)	2.91	0.5
인(燐) 덩어리	2.32	0.4
윤활유	2.29	0.4
	190.38	**35.3**
II. 식품, 담배 등		
곡물 등(밀, 보리, 왕겨, 쌀, 옥수수, 귀리, 호밀, 클로버)	65.51	12.2
기름 종자, 기름 덩어리 등(야자 핵, 코프라, 코코아 콩)	20.53	3.8
가축, 양(羊) 지방, 방광	14.62	2.8
커피	10.95	2.0
달걀	9.70	1.8
담배	6.70	1.2
버터	5.93	1.1
말	5.81	1.1
과일	3.65	0.7
생선	2.99	0.6
가금류	2.80	0.5
포도주	2.67	0.5
	151.86	**28.3**

평화의 경제적 결과

III. 제조품		
면직, 면사 및 면 제품	9.41	1.8
모직 및 양모 제품	7.57	1.4
기계류	4.02	0.7
	21.00	**3.9**
미분류 제품	175.28	32.5
총합	**538.52**	**100.0**

성을 달성하는 데 필요한 수준을 초과했을 가능성은 거의 없다. 어쩌면 실제 식품 소비량은 그 수준에 미달했을 것이다. 따라서 식품 수입이 상당한 양으로 줄어들면 산업에 종사하는 사람들의 효율성에 영향이 있을 것이고, 결과적으로 독일이 생산해내야만 하는 잉여 수출량이 영향을 받을 것이다. 노동자들이 영양을 제대로 섭취하지 못하면 독일 산업의 생산성이 크게 증가해야 한다는 주장을 내세우기가 거의 불가능하다. 그러나 똑같은 이야기가 보리·커피·달걀·담배에는 사실이 아닐 수 있다. 미래에 독일인들이 맥주나 커피를 마시지 않거나 담배를 전혀 피우지 않는 체제를 강제하는 것이 가능하다면 상당한 양이 저축될 수 있을 것이다. 그렇지 않은 것이 사실이므로, 이 품목들의 수입을 상당한 양으로 감축할 여유는 그리 크지 않아 보인다.

독일의 수출과 수입을 수출이 향하는 국가와 수입을 해오는 국가에 따라 분석해보는 것도 현재 논의와 관련이 있다. 이 분석에서 다음 사실을 확인할 수 있다. 1913년 독일 수출에서 18퍼센트는 대영제국으로, 17퍼센트는 프랑스와 이탈리아 및 벨기에로, 10퍼센트는 러시아와 루마니아로, 7퍼센트는 미국으로 향했다. 즉, 수출량의 절반 이상이 연합국과 관련국에서[66] 거래 시장을 찾았다. 반대로 동맹국 쪽으로는 12퍼센트가 오스트리아-헝가리제국과 오스만제국, 불가리아로, 35퍼센트가 다른 나라들로 향했다. 따라서 현재 연합국이 독일 제품 수입을 장려할 준비가 되어있지 않으면, 수출 총량의 획기적 증가는 중립국 시장을 전면적으로 독일 제품으로 뒤덮어야만 겨우 가능하다.

위 분석은 평화조약이 체결된 후 적용될 조건 속에서 독일의 수출이 최대로 변화할 수 있는 규모에 대해 약간의 시사점을 던져 준다. 다음의 조건, 즉 (1) 면과 양모 같은 원료를 공급받을 때(이 제품들의 세계 공급량은 한정되어 있다), 영국은 자국보다 독일을 특별히 더 선호하지 않는다. (2) 프랑스는 이제 철광석 매장지를 확보했으므로 용광로와 강철 교역을 확보하려고 각고의 노력을 기울일 것이다. (3) 독일이 해외시장에서 철을 포함한 다른 제품에 대한 연합국의 교역을 잠식하도록 장려하거나 돕지 않는다. (4) 대영제국에서 독일 제품에 대해 높은 선호가 주어지지 않는다는 조건이 성립하면, 특정 제품을 살펴볼 때 현실에서 실현될 것은 그리 많지 않다는 사실이 확실해진다.

주요 품목을 다시 한번 살펴보자. (1) 철 제품. 독일이 자원을 상실했다는 사실을 고려할 때 순 수출량의 증가는 불가능하며 오히려 대규모 감소 가능성이 크다. (2) 기계류. 약간의 증가가 가능

---

66 옮긴이 주 "연합국과 관련국에서"의 원문은 "우호조약국에서(in the countries of the Entente nations)"다.

수출의 도착지와 수입의 출발지에 따른 독일 무역(1913년)

	독일 수출의 도착지		독일 수입의 출발지	
	100만 파운드	퍼센트	100만 파운드	퍼센트
영국	71.91	14.2	43.80	8.1
인도	7.53	1.5	27.04	5.0
이집트	2.17	0.4	5.92	1.1
캐나다	3.02	0.6	3.20	0.6
오스트레일리아	4.42	0.9	14.80	2.8
남아프리카	2.34	0.5	3.48	0.6
대영제국 합계	91.39	18.1	98.24	18.2
프랑스	39.49	7.8	29.21	5.4
벨기에	27.55	5.5	17.23	3.2
이탈리아	19.67	3.9	15.88	3.0
미국	35.66	7.1	85.56	15.9
러시아	44.00	8.7	71.23	13.2
루마니아	7.00	1.4	3.99	0.7
오스트리아-헝가리	55.24	10.9	41.36	7.7
오스만제국	4.92	1.0	3.68	0.7
불가리아	1.51	0.3	0.40	-
기타 국가	178.04	35.3	171.74	32.0
총합	504.47	100.0	538.52	100.0

하다. (3) 석탄과 해탄. 전쟁 전 독일의 순 수출량은 2,200만 파운드였다. 연합국은 당분간 독일이 최대로 수출할 수 있는 양은 2,000만 톤이며, 문제의 소지가 다분하게(실제로는 불가능할 것이지만) 미래의 어느 시점에는 4,000만 톤으로 증가시킬 수 있다는 데 동의했다. 2,000만 톤을 수출하더라도 전쟁 전 가격으로 계산할 때 가치의 증가는 거의 없다.[67] 반면에, 석탄과 해탄의 수출이 이렇게 증가하면 생산에 석탄이 필요한 제조품의 수출은 훨씬 더 큰 가치로 감소

할 것이다. (4) 양모 제품. 천연 양모가 없으면 양모 제품의 수출 증
가는 불가능하다. 천연 양모 공급에 대한 다른 요구를 고려할 때 양
모 제품 수출량은 감소할 가능성이 크다. (5) 면 제품. 양모에 대한
분석과 같은 분석이 적용된다. (6) 곡물. 수출이 수입을 초과한 적이
없었고 앞으로도 절대 그럴 일이 없다. (7) 가죽 제품. 양모에 대한
분석과 같은 분석이 적용된다.

　　지금까지 전쟁 전 독일이 수출한 품목 중 거의 반을 살펴봤고,
이제 독일의 수출에서 이전에 3퍼센트 이상을 차지한 상품은 없다.
독일은 어떤 상품으로 배상해야 할 것인가? 염료? 1913년에 염료
의 총가치는 1,000만 파운드였다. 장난감? 탄산포타슘? 탄산포타슘
의 1913년 수출은 300만 파운드였다. 설사 갚을 상품이 특정되더라
도 그 상품을 어떤 시장에서 거래할 수 있을 것인가? 우리가 논의하
고 있는 것이 연간 수천만 파운드 정도의 가치를 지닌 제품이 아니
라 수억 파운드 정도의 가치를 지닌 제품임을 고려하라.

　　수입 측면을 보면 오히려 많은 것이 가능하다. 생활수준을 낮
추면 상품 수입에 대한 지출을 상당히 많이 줄일 수 있다. 그러나 이
미 본 바와 같이, 덩어리가 큰 많은 항목은 수출량에 영향을 끼치지
않으면서 줄일 수 없다.

　　할 수 있는 한 최대로, 그렇지만 바보가 되지 않을 정도로, 높게
추정치를 잡아서, 자원·시설·시장·생산력이 감소하더라도 어느
정도 시간이 지난 후 독일이 수출을 늘리고 수입을 줄여서 무역수

67　이 계정에서 수출과 수입 양변에 필요한 가격 조정은 후에 같이 논의할 것이다.

　　　　　　　　　　　　　　　　　　평화의 경제적 결과

지 전체를 전쟁 전 가격으로 연간 1억 파운드 증가시킬 수 있을 것이라 가정해보자. 이 무역수지는 전쟁 전 5년 동안 평균 7,400만 파운드였던 무역 적자를 벌충하는 데 제일 먼저 사용되어야 한다. 그러나 이렇게 한 후 독일에 연간 5,000만 파운드의 무역 흑자가 남아 있다고 가정할 것이다. 가격이 전쟁 전과 비교해 상승한 것을 고려해 이 가치를 두 배로 잡으면 1억 파운드가 된다. 순전히 경제적인 요소뿐 아니라 정치적·사회적·인간적 요소를 고려하면, 나는 독일이 향후 30년 동안 이 금액을 매년 갚을 수 있을 것인가에 대해 회의가 든다. 그러나 독일이 그렇게 할 수 있으리라 단언하거나 희망해 보는 것이 완전히 바보 같은 짓은 아닐 것이다.

이자율이 5퍼센트라 하고 원금 상환율이 1퍼센트라 하면 위 금액은 현재 가치로 17억 파운드의 가치를 지닌 자산이 된다.[68]

따라서 내가 최종적으로 도달한 결론은, 즉각 양도 가능한 부, 할양 영토, 연간 배당 분납금 등 가능한 모든 지급 방법을 포함할 때, 20억 파운드가 독일이 지급할 수 있는 금액의 최고 상한의 합리적인 수준이라는 것이다. 모든 가능한 경우를 고려해볼 때 나는 독일이 그만큼도 지급하기 어려울 것이라 생각한다. 이 수치가 매우 낮은 수치라 생각하는 사람들은 다음과 같은 놀라운 비교를 염두에 두기 바란다. 1871년 프랑스의 부는 1913년 독일의 부의 반보다

---

68 감채기금의 양이 감소하고 연간 지급이 더 오랜 기간에 걸쳐 이뤄지면 현재 가치는 크게 증가할 수 없다. 복리법에 따른 계산은 그토록 강력한 힘을 가진다. 이자율을 이전처럼 5퍼센트로 상정하고 1억 파운드를 무한한 기간에 걸쳐 매년 갚는다고 하면, 현재 가치는 20억 파운드로밖에 증가하지 않을 것이다.

약간 낮은 수준이었다. 따라서 통화가치의 변화를 차치하고서라도, 독일이 갚을 5억 파운드의 배상금은 1871년 프랑스가 독일에 지급한 금액과 얼추 비슷하다. 배상금의 실질적 부담은 명목 가치보다 더 높은 비율로 증가하므로, 독일이 지불할 20억 파운드는 1871년에 프랑스가 독일에 지급했을 2억 파운드에 비해 더 심각한 결과를 가져올 것이다.

위에서 전개한 주장과 같은 맥락에서 도달한 수치에 추가할 수 있는 항목이 딱 하나 더 있다. 즉, 독일 노동자가 실제로 전쟁으로 황폐해진 지역으로 이송되어 복구 작업에 참여하는 경우다. 나는 이런 종류의 제한적인 계획이 실제로 고려되고 있다는 소식을 들은 바 있다. 그렇게 해서 얻을 수 있는 추가적인 배상금 지급액은 독일 정부가 그런 방식을 통해 성공적으로 유지할 수 있는 노동자 수, 그리고 여러 해에 걸쳐 벨기에와 프랑스 국민이 자신들 사이에 섞여 있기를 용납할 독일 노동자 수에 달려있다. 어떤 경우에건 실제의 복구 작업에 여러 해에 걸쳐 독일 노동자들을 고용하더라도 (예를 들어) 2억 5000만 파운드가 넘는 순 현재 가치를 생산할 노동을 수입하는 것은 매우 힘든 일이다. 그리고 이것이 실현되더라도 이 금액은 다른 방식으로 얻을 수 있을 연간 배당 지급금에 실질적으로 크게 기여하지 못할 것이다.

따라서 80억 파운드를 지급할 능력 혹은 심지어 50억 파운드를 지급할 능력도 사람들이 무리 없이 상정할 수 있는 가능성의 한도 내에 들어오지 않는다. 독일이 매년 수억 파운드의 금액을 지급할 수 있다고 믿는 사람들은 **어떤 특정 상품으로** 독일이 지급하기를 원하는지, 그리고 그 제품들이 어떤 시장에서 거래될 수 있는지를 말해야 할 것이다. 어느 정도 상세하게 일을 진행하고 자신들이 내세우는 결론을 뒷받침할 구체적 증거를 내놓을 때까지 그들은 사람들의 신뢰를 얻을 자격이 없다.[69]

여기서 나는 세 개의 단서만 붙일 것이다. 이 단서 중 어느 것도 즉각 현실에 적용될 목적으로 내세운 나의 주장이 가진 힘에 영향

---

69 경제적 상황에 대한 대중의 잘못된 이해의 한 예로, 시드니 로 경(Sir Sidney Low)이 1918년 12월 3일 《더 타임스》에 기고한 다음 편지는 인용할 가치가 있다. "나는 독일의 광물 자원과 화학 자원의 총가치를 2,500억 파운드 정도, 혹은 그 이상의 수준으로 잡는 전문가의 추정치를 본 적이 있다. 루르 분지 광산 전체 하나만 하더라도 450억 파운드의 가치가 있다고 한다. 어쨌든 이 자연 자원 공급의 자본 가치는 모든 연합국에 진 전쟁 부채 총액보다 훨씬 크다. 이 부의 일부를 충분한 기간에 걸쳐 그 소유자로부터 떼어내 독일이 공격하고 추방하고 상해를 입힌 시민들에게 배정하지 않아야 할 이유가 있을까? 연합국 정부들은 향후 30년, 40년 혹은 50년에 걸쳐, 예를 들어 매년 1억에서 2억 파운드의 수입을 올릴 독일의 광산과 광물 보유고에 대한 사용권을 연합국에 양도하도록 독일에 정당하게 요구할 수 있을 것이다. 이 방식으로 우리는 독일이 자국의 제조품과 수출 교역을 무리하게 확장해 우리에게 해를 끼치는 일을 하지 않으면서 독일로부터 충분한 배상금을 받아낼 수 있을 것이다." 독일이 2,500억 파운드가 넘는 부를 갖고 있는데도 시드니 로 경이 매년 겨우 1억에서 2억 파운드에 해당하는 쥐꼬리만 한 금액에 만족하는 이유가 무엇인지는 확실하지 않다. 그러나 그의 편지는 어떤 사고방식에 관한 매우 훌륭한 귀류법적 논증이다. 지구의 배 속 한가운데로 수백 마일 깊숙한 곳에 매장되어 있는 석탄의 가치를 마치 난로 옆 석탄 통에 있는 석탄처럼 생각하면서 이것을 999년에 걸쳐 매년 1,000파운드, 총 99만 9,000파운드로 임대하는 것처럼 추산하고, 밭의 가치를 (추측하건대) 지구가 끝날 때까지 그 밭에서 자랄 모든 작물의 가치로 추산하는 계산 방식은 엄청난 가능성을 열어준다. 그러나 그 계산 방식은 양날의 칼이기도 하다. 만일 독일의 총자원의 가치가 2,500억 파운드에 달한다면, 독일이 알자스-로렌 지역과 고지 실레시아를 할양하면서 포기하는 자원은 전쟁의 전체 비용과 배상금을 일거에 지급하는 데 충분하고도 남을 것이다. 사실을 말하자면, 독일에 있는 모든 종류의 광산의 시장가격 현재 가치에 대한 추산치는 3억 파운드다. 이 금액은 시드니 로 경이 기대하는 금액의 1,000분의 1보다 조금 많을 뿐이다.

을 끼치지 못한다.

첫째, 연합국이 5년 혹은 10년 동안 독일에 많은 양의 융자금을 제공하고, 이 기간에 충분한 양의 선박과 식품을 공급하면서, 독일을 위해 시장을 형성해주고, 자국의 모든 자원과 선의를 동원해 독일을 세계 전체는 아니더라도 유럽에서 가장 큰 산업국가로 키우는 방식으로 독일의 무역과 산업을 '보호 육성'한다면, 어쩌면 그 이후에는 상당히 큰 금액을 독일로부터 빼내올 수도 있다. 독일은 매우 높은 생산성을 발휘할 능력이 있기 때문이다.

둘째, 화폐량으로 추정치를 제시하면서 나는 우리의 가치 단위의 구매력이 급격한 변화를 겪지 않는다고 가정한다. 만일 금의 가치가 현재 가치의 절반 혹은 1할 수준으로 가라앉는다면, 금으로 고정된 지급액의 실질적 부담은 그에 비례해 감소할 것이다. 만일 1파운드 금화가 현재의 1실링 가치로 떨어지면, 독일은 당연히 내가 파운드 금화로 측정한 것보다 더 큰 금액을 갚을 수 있을 것이다.

셋째, 자연과 재료의 도움으로 사람의 노동이 얻는 수확에서 획기적인 변화가 일어나지 않는다고 가정한다. 과학의 발전으로 인해 전체 생활수준을 측정할 수 없을 정도로 높일 방법과 장치가 우리의 품 안에 안기는 일은 **불가능**하지 않다. 그렇게 되면 미래의 주어진 생산량은 현재 그만큼을 생산하려는 노고의 아주 작은 일부만으로도 충분히 제공될 것이다. 이 경우에 '능력'에 관한 모든 기준이 어디에서나 변경될 것이다. 그렇다고 해서 모든 것이 가능하다는 사실이 터무니없는 말을 할 변명이 되지는 않는다.

1870년에 누구도 1910년에 독일이 지닐 능력을 예측할 수 없었다는 것은 사실이다. 한 세대 넘어 일어날 일에 대비하기를 기대할 수는 없다. 세상의 경제적 조건이 시간에 걸쳐 변화하고 인간의 예상은 오류를 범하는 경향이 있기 때문에, 사람들은 이 방향 아니면 저 방향으로 실수를 저지를 가능성이 크다. 분별력 있는 사람이라면 사용할 수 있는 증거를 바탕으로 정책을 수립하고 그것을 5년 혹은 10년 기간에 적용하는 것보다 더 낫게 행동할 수 없다. 그 기간에 대해 정책을 이야기한다는 것은 우리가 어느 정도의 선견(先見) 능력을 가졌다고 가정하는 것과 같다. 또 인간 삶에 일어날 극단적인 우연이나 자연의 질서 혹은 인간과 자연 사이에 존재하는 관계의 질서에서 일어날 혁명적 변화를 고려하지 않는다고 그것이 잘못된 일은 아니다. 장기간에 걸친 독일의 배상금 지급 능력에 대해 우리가 충분히 알고 있지 못하다는 사실이, 독일은 100억 파운드를 지급할 수 있다고 말할 근거가 되지는 않는다(그러나 나는 오히려 그 사실이 독일의 지급 능력에 대한 근거라 주장하는 사람들이 있다는 말을 들었다).

세상 사람들은 왜 정치인들의 성실치 못한 말을 그토록 쉽게 맹신하는 것일까? 설명이 필요하다면, 나는 이 특별한 맹신의 원천을 부분적으로 다음 영향력에서 찾을 것이다.

첫째, 엄청난 전쟁 비용, 물가 상승, 통화가치의 하락, 그에 따라 발생한 가치 기준의 완전한 불안정성. 이 모든 것으로 인해 사람들은 돈과 관련한 일에서 숫자와 크기에 대한 감각을 모두 잃어버렸다. 가능성의 한계라 믿었던 것은 엄청나게 확장되었고, 과거를 바탕으로 예측한 사람들의 착오가 너무 자주 일어났다. 그러자 거리의 평범한 사람들은 이제 조금이라도 권위를 앞세워 그들에게 전해지는 말은 무엇이든지 믿을 준비를 끝냈고, 수치가 클수록 더 쉽게 그것을 받아 삼킨다.

그러나 사안을 좀 더 깊게 들여다보는 사람도 가끔은 분별력 있는 사람들에게 더 자주 발생하는 오류에 잘못 이끌리고는 한다. 그런 사람이 독일의 수출 잉여와는 다른, 독일의 연간 생산량의 총 잉여를 바탕으로 결론을 도출한 경우가 있다. 헬페리히[70]가 1913년 독일의 연간 부 증가량에 대해 계산한 추산치는 4억 파운드에서 4억 2,500만 파운드 사이였다(여기에는 기존 토지와 재산의 명목 가치 증가분은 제외되었다). 전쟁 전에 독일은 군비로 5,000만 파운드에서 1억 파운드 사이의 돈을 지출했는데, 이제는 이 돈을 다른 용도로 사용할 수 있다. 따라서 독일이 연합국에 매년 5억 파운드의 돈을 지급하지 못할 이유가 있을까? 이 같은 주장은 대강 만든 주장을 매우 강하고 매우 그럴듯한 모습으로 바꿔버린다.

그러나 여기에는 두 가지 오류가 있다. 무엇보다도 먼저, 독일이 전쟁 중에 그리고 휴전 이후 겪어온 고통으로 매년 저축할 수 있는 금액은 전쟁 전에 독일이 했던 저축에 훨씬 미치지 못할 것이다.

---

70 옮긴이 주 카를 테오도어 헬페리히(Karl Theodor Helfferich, 1872~1924)는 독일의 정치가·경제학자·금융가다. 1908년 독일은행 총재로 임명되었고, 1916~1917년 재무 장관을 역임했다. 1918~1919년 독일 11월혁명 시기 반혁명 측에서 혁명 봉기를 진압하는 데 일조했다. 1920년에 독일 의회 의원으로 선출된 후 베르사유조약의 내용에 대해 강력히 반대했다. 케인스가 본문에서 언급하는 헬페리히의 추산치는 그의 저서《독일의 국부, 1888~1913(Deutschlands Volkswohlstand, 1888-1913)》(1915)에 보고된 것이다.

평화의 경제적 결과

그리고 그 돈이 앞으로 매년 독일로부터 떼어져 나간다면 독일의 저축이 이전 수준에 다시 도달할 가능성은 없다. 알자스-로렌, 폴란드, 고지 실레시아를 상실한 대가는 잉여 생산량으로 측정할 때 연간 5,000만 파운드보다 적게 평가될 수 없다. 독일은 자국의 선박, 외국 투자, 외국 금융과 거래망으로부터 연간 약 1억 파운드의 수익을 획득한 것으로 생각되는데, 이제 이 모든 것을 몰수당했다. 군비에서 절약한 돈은 이제 2억 5,000만 파운드로 추산되는 연간 연금 지출을 상쇄하기에도 부족한데[71], 연금이야말로 잃어버린 생산능력의 실질적인 규모를 보여주는 항목이다. 2,400억 마르크에 상당하는 대내 채무 부담을 생산성의 문제가 아니라 국내 분배의 문제로 치워놓더라도 독일이 전쟁 기간에 진 외국 부채, 원료 재고의 고갈, 가축의 격감, 비료와 노동력 부족으로 발생한 토지 생산력의 저하, 거의 5년에 걸친 기간에 보수와 갱신을 유지하지 못해 발생한 부의 감소 등을 여전히 고려해야만 한다. 현재 독일은 전쟁 전만큼 부유하지 않다. 위의 이유로 미래에 일어날 독일의 저축 감소량은, 이전에 고려했던 요소와는 사뭇 다르게 10퍼센트, 즉 연간 4,000만 파운드 이하로 잡기가 매우 힘들다.

이런 요소로 인해 독일의 연간 잉여 생산량은 이전에 우리가 다른 근거를 바탕으로 독일이 연간 지급할 수 있을 배상금 수준으

---

71 이 금액을 마르크화로 50억에 해당한다고 평가하면, 현재 마르크화의 가치가 하락하고 있기 때문에, 현재의 실제 연금 지급액 부담을 화폐로 표현한 규모는 과대평가된 것이다. 그러나 전쟁으로 사망한 사람들로 인해 국가 전체의 생산성에 발생한 실질적 손실이 화폐액으로 과대평가되는 일은 전혀 있을 수 없다.

로 확인한 1억 파운드 이하로 이미 규모가 줄어들었다. 그러나 패배한 적에게 통상 부과될 수 있는, 생활수준과 편리함의 하락을 독일이 감내하고 있다는 사실이 고려되지 않았다는 반론이 제기되더라도, 이런 계산 방식에는 또 다른 근본적인 오류가 있다.[72] 국내 투자에 사용할 수 있는 연간 잉여 생산이 외국 수출로 사용할 수 있을 잉여로 전환되려면 행해지는 일의 종류에 급격한 변화가 있어야만 한다. 독일 노동자는 독일 내에서 진행되는 작업에 동원되어 효율적으로 일할 수 있지만 해외무역 시장에서는 고용되지 못할 수 있다. 여기서 수출 무역을 분석할 때 나타났던 것과 같은 문제가 다시금 나타난다. 즉, 어떤 수출 무역에서 독일의 노동자가 더 크게 확장된 시장을 찾을 수 있을 것인가? 노동이 다른 경로 쪽으로 옮겨지면 반드시 노동의 효율성은 감소하며 자본에 대한 지출은 증가한다. 독일 노동자가 국내에서 자본 개선을 위해 생산할 수 있는 연간 잉여는, 이론적으로나 현실적으로나, 독일이 외국에 지급할 수 있을 연간 배당금의 수단이 절대로 아니다.

---

72 말이 나온 김에 하는 말이지만, 한 국가의 잉여 생산성에 미치는 영향에 생활수준의 하락은 양방향으로 작동한다는 사실을 간과해서는 안 된다. 더군다나 우리는 거의 노예 상태에 가까운 조건에서 백인종이 겪을 심리 상태를 이전에 경험해보지 않았다. 그러나 한 사람의 잉여 생산을 그 사람에게서 모두 뺏어버리면 그의 효율성과 근면성은 감소한다는 것이 일반적인 생각이다. 근면히 일한 결과가 자기 자식들, 자신의 노후, 자신의 명예 혹은 자신의 지위에 이득을 주기 위해서가 아니라 외국 정복자의 즐거움을 위해 빼내진다면 기업가와 발명가는 노력하지 않을 것이고, 무역업자와 가게 주인은 저축하지 않을 것이며, 노동자는 열심히 일하지 않을 것이다.

평화의 경제적 결과

4. 배상 위원회

이 조직은 매우 놀라운 모임이며, 만일 조금이라도 기능한다면 유럽의 삶에 지대한 영향을 미칠 것이다. 따라서 배상 위원회의 성질은 별도의 검토를 받을 가치가 있다.

본 조약에 따라 독일에 부과된 배상금과 비슷한 예는 역사상 존재하지 않는다. 이전에 일어난 전쟁의 경우 종전 후에 문제 해결의 일부로 사용된 강제 금전 징수는 현재의 것과 근본적인 측면에서 두 가지 다른 점이 있다. 요구된 금액의 규모가 확정되어 있었고, 화폐의 총액으로 측정되었다. 패전국이 연간 분납금을 현금으로 꼬박꼬박 지급하는 한, 더는 간섭이 필요하지 않았다.

그러나 앞에서 상세히 논의된 이유로 인해, 현재의 경우 강제 징수되는 금액은 아직 확정되지 않았고, 금액이 확정되더라도 그 금액은 현금으로 지급할 수 있는 양을 넘을 것이다. 실제로 지급할 수 있는 모든 것을 넘을 것이다. 그렇기 때문에 배상 요구 청구서를 작성하고, 지급 방식을 정하며, 필요할 경우 감액과 지급 연장을 승인하기 위한 조직을 만드는 것이 필요했다. 이 조직에 적국의 국내 경제활동을 통제할 광범위한 권한을 줘서 그들에게서 매년 최대한의 배상을 빼내는 지위를 주는 것은 너무도 가능한 일이었다. 적국은 이제부터 파산한 국가로서 채권자들이 자신들의 이득을 위해 관리할 대상으로 다뤄진다. 그러나 위원회의 권한과 기능은 이 목적을 위해 필요한 수준을 훨씬 넘어 확대되었고, 배상 위원회는 조약 자체에서는 결정하지 않고 그대로 남겨두는 것이 더 편했을 수많은 경제적·재정적 사안을 최종적으로 중재할 기관으로서 입지를 부여

받았다.[73]

배상 위원회의 권한과 구성에 관한 내용은 독일과 체결할 조약의 제233조부터 제241조까지와 배상 장 부속서 2에 주로 적시되어 있다. 그러나 이 위원회는 평화협정만 맺어진다면 오스트리아와 불가리아, 그리고 어떤 경우에는 헝가리와 오스만제국에도 권한을 행사할 수 있다. 따라서 오스트리아와 체결한 조약[74]과 불가리아와 체결한 조약[75]에는 상황에 맞게 수정된 비슷한 조항이 들어가 있다.

주요 연합국은 각자 한 명의 수석대표를 배상 위원회에 참여시킨다. 미국·영국·프랑스·이탈리아의 수석대표는 모든 회의에 참석하고, 벨기에 수석대표는 일본 수석대표나 세르비아-크로아티

---

73 평화회의에서 타협이 이뤄지고 결정이 연기되는 과정에서, 어떤 결정이건 도달하려면 모호함과 불확실함의 여지를 남겨둬야 할 문제가 많이 있었다. 평화회의가 따른 방법 전체가 이 방향으로 나아갔다. 4인 위원회는 해법이 아니라 조약을 원했다. 정치적인 문제와 영토에 관한 문제에 대해서는 최종 조정을 국제연맹의 손에 맡기는 쪽으로 나아갔다. 그러나 재정적·경제적 문제는 배상 위원회가 이해관계를 가진 당사국으로 구성된 집행기관임에도 불구하고, 전반적으로 이 위원회에 맡겨졌다.

74 오스트리아가 배상해야 할 금액은 전적으로 배상 위원회의 재량으로 결정하게 되어있다. 조약의 본문에는 어떤 종류의 확정적인 수치가 언급되지 않는다. 오스트리아와 관련한 문제는 배상 위원회 특별 분과가 다룰 것이다. 이 분과는 배상 위원회 본회의가 인정하는 것 외에 다른 권한을 갖지 못할 것이다.

75 불가리아는 1920년 7월 1일부터 반년에 한 번씩 9,000만 파운드의 배상금을 지급해야 한다. 이 금액은 배상 위원회를 대신해 소피아에 있는 연합국 상호 위원회가 징수를 관리할 것이다. 어떤 면에서 보면 불가리아의 연합국 상호 위원회는 배상 위원회와는 독립된 권한과 권위를 가진 것처럼 보인다. 그러나 이 위원회는 배상 위원회의 대리인으로 활동해야 하며, 예를 들어 1년 2회 분납금을 감액하는 것에 대해 배상 위원회에 의견을 전달하는 권한을 지니고 있다.

아-슬로베니아 수석대표가 참여하지 않는 회의에 참석한다. 일본 수석대표는 해상과 관련하거나 특별히 일본과 관련한 문제를 다루는 모든 회의에 참석한다. 세르비아-크로아티아-슬로베니아 수석대표는 오스트리아, 헝가리 혹은 불가리아와 관련한 문제가 논의되는 회의에 참석한다. 다른 연합국들도 당사자들의 요구 권한과 이해가 논의될 때는 언제든지 대표를 참석시킬 수 있으나 표결권은 없다.

일반적으로 배상 위원회는 다수결로 결정한다. 예외는 만장일치가 필요한 몇몇 특별한 경우인데, 그중 가장 중요한 것은 독일 채무의 면제, 분납금의 장기 연기 그리고 독일 채권의 판매다. 배상 위원회에는 자신들이 내린 결정을 이행할 집행 전권이 부여된다. 위원회는 집행을 담당할 사무국을 만들고 소속 직원들에게 권한을 위임할 수 있다. 위원회와 사무국은 외교 특권을 누리며, 그들의 보수는 독일이 지급한다. 그러나 독일은 보수 수준을 결정할 권한이 없다. 위원회가 다양한 기능을 제대로 수행하려면 서로 다른 언어를 사용하는 거대한 관료 조직이 만들어져야 한다. 파리에 본부를 둘 이 조직에 중부 유럽의 경제적 운명이 맡겨질 것이다.

배상 위원회의 주요 기능은 다음과 같다.

(1) 위원회는 조약 배상 장의 부속서 1에 따라 연합국 각국의 배상 요구에서 상세 사항을 검토해 적국들에 물릴 배상 요구가 정확히 얼마인지를 결정한다. 이 임무는 1921년 5월까지 마무리되어야 한다. 위원회는 독일 정부와 독일의 동맹국에 "위원회의 결정이 무엇이건 그 결정에 참여하지는 못하나 그에 관해 의견을 개진할

정당한 기회"를 부여한다. 다시 말하면, 위원회는 당사자와 심판자의 역할을 동시에 한다는 것이다.

(2) 배상 요구를 확정한 다음에, 위원회는 독일이 이자와 함께 이 총금액을 30년에 걸쳐 갚을 수 있게 하기 위한 지급 계획을 마련한다. 위원회는 가능한 범위 내에서 계획을 수정하려고 수시로 "독일의 자원과 지급 능력을 고려하고 …… 독일 대표에게 의견을 개진할 정당한 기회를 제공한다."

"독일의 지급 능력을 정기적으로 평가하면서 위원회는 다음과 같은 목적으로 독일의 조세 체계를 점검한다. 첫째, 독일은 자국의 조세수입을, 대내적으로 융자를 발행하거나 융자금 변제를 위해 사용하기 이전에 먼저 독일이 지급해야 할 배상금을 갚는 데 사용해야 한다. 둘째, 독일의 조세 체계 전반이 배상 위원회를 대표하는 연합국 각자의 조세 체계가 자국민에게 부담시키는 것과 비례한 부담을 독일 국민에게 완전히 지울 것임을 확인한다."

(3) 위원회는 10억 파운드의 배상금을 확보하려고 1921년 5월까지 독일의 재산이 어느 것이든 어디에 소재하든 모두 양도할 것을 요구할 권한을 갖는다. 다시 말하면, "독일은 금·상품·선박·증권 등 상관없이 위원회가 정하는 분납금 규모와 분납 방식으로 배상금을 지급한다."

(4) 위원회는 러시아·중국·오스만제국·오스트리아-헝가리·불가리아에서, 혹은 이전에 독일이나 그 동맹국에 속했던 영토에서, 독일 국적자가 맡고 있는 공공시설 사업의 권리와 이권 중 어떤 것을 수용해서 위원회에 양도할 것인지를 결정한다. 위원회는

평화의 경제적 결과

그렇게 해서 이전되는 이권의 가치를 평가하고 그 전리품을 분배한다.

(5) 위원회는 독일이 자국 경제조직의 생명을 이어가면서 미래에 배상금 지급을 계속할 수 있게 할 목적으로, 그동안 뜯어내온 독일의 자원을 얼마나 되돌려줘야 할지 결정한다.[76]

(6) 위원회는 휴전협상과 평화조약에 따라 할양된 재산과 이권의 가치를 평가한다. 이때 독일의 이견 제시나 중재안은 받아들이지 않는다. 여기에는 철도 차량, 상선, 강의 선박, 가축, 자르 탄광, 할양된 영토 내에서 배상금 지급에 사용될 수 있는 재산 등이 포함된다.

(7) 위원회는 배상 장의 여러 부속서에 따라 독일이 매년 현물로 지급해야 할 배상의 양과 가치를 (어떤 정해진 범위 안에서) 결정한다.

(8) 위원회는 독일이 몰수해간 재산 중 확인할 수 있는 것을 독일이 반환하도록 준비할 것이다.

(9) 위원회는 독일로부터 현금이나 현물로 받는 모든 것을 수령·관리·분배한다. 또한 위원회는 독일의 채권을 발행하고 거래한다.

(10) 위원회는 전쟁 전 독일의 공채 중에서 슐레스비히·폴란드·단치히·고지 실레시아의 할양된 지역이 양도받아야 할 몫을 할

---

76 조약에 따르면, 이것은 반드시 배상 위원회에 부여된 기능이 아니라, 주요 연합국과 관계국 정부가 이 목적으로 지정하는 기관에 부여되는 기능이다. 그러나 이 특별한 목적을 위한 제2의 기관은 설립되지 않을 것으로 생각해도 되겠다.

당한다. 또 위원회는 옛 오스트리아-헝가리제국의 공채를 그 구성 지역에 분배한다.

(11) 위원회는 오스트리아-헝가리은행을 청산하며, 옛 오스트리아-헝가리제국의 통화 체계를 철폐하고 재정립하는 과정을 감독한다.

(12) 독일이 지급 의무 이행에 미치지 못한다고 위원회가 판단하면 그 사실을 보고하고 강제할 방법을 조언하는 것은 위원회가 할 일이다.

(13) 전반적으로, 위원회는 오스트리아와 불가리아에 대해서는 독일에 대해 하는 것과 동일한 기능을 위원회의 하부 조직을 통해 수행하며, 헝가리와 오스만제국에 대해서도 그렇게 할 수 있다.[77]

이외에도 배상 위원회에 부여된 비교적 사소한 임무도 많이 있다. 그러나 위의 요약은 위원회 권한의 범위와 중요성을 충분히 보여준다. 이 권한은 조약에서 명시한 요구가 독일의 지급 능력을 대체적으로 넘어선다는 사실에 의해 훨씬 더 중요해진다. 결과적으로 위원회가 독일의 경제 상황으로 보아 필요하다고 판단해 배상금 경감을 결정할 수 있도록 허용하는 조약의 조항에 힘입어, 위원회는 수많은 여러 특정 사안과 관련해 독일 경제활동의 중재자가 되었다. 위원회는 독일의 전반적인 지급 능력을 점검하고 (배상 과정의 초기에는) 어떤 식품과 원료 수입이 필요한지 결정할 수 있을 뿐 아

---

77 이 글을 쓰는 시점에 이 국가들에 대한 조약 안은 마련되지 않았다. 오스만제국은 별도의 위원회가 다룰 가능성이 있다.

니라, 배상금이 독일의 전체 자원에서 최우선적으로 지급되어야 할 것임을 확실하게 할 목적으로 독일 조세 체계(부속서 2의 제12b항)와 독일의 대내 지출에 압력을 행사할 권한을 갖고 있다.[78] 또한 위원회는 기계류와 가축 등에 대한 요구와 계획에 따른 석탄 인도가 독일의 경제활동에 미칠 영향을 결정할 수 있다.

조약 제240조에 따라 독일은 배상 위원회와 위원회의 권한을 "연합국과 관련국 정부가 구성하는 바대로" 공개적으로 인정하며, "본 조약에 따라 배상 위원회에 부여된 권한과 권위를 위원회가 소유하고 행사할 권리를 갖고 있음에 동의하고 이 동의를 결코 취소할 수 없다." 독일은 모든 관련된 정보를 위원회에 제공할 것을 약속한다. 마지막으로 제241조에 따르면, "독일은 이 조건들을 완전하게 실행하는 데 필요한 모든 법령·명령·칙령을 제정하고 공표하며 유효하게 유지할 것을 약속한다."

독일 재정 위원회가 베르사유에서 이 내용에 대해 내놓은 논평은 결코 과장이 아니었다. "이제 독일의 민주주의는 독일 국민이 힘든 투쟁을 마치고 막 국가를 재건하려는 순간에 초토화되고 말았다. 그것도 전쟁 기간 내내 우리에게 민주주의를 세워주려 한다고 줄기차게 주장해온 바로 그 사람들에 의해서 말이다. 독일은 더는 국민도, 나라도 아니다. 이제 독일은 채권자가 채무 변제금 수령

---

78 "하지만 부속서 2의 제12b항은 독일에 조세를 지시 또는 강제하거나 예산의 성격을 규정할 권한을 배상 위원회에 제공하지 않는다."는 연합국의 응답이 그런 의도를 부인하고는 있지만, 내게는 이 내용이 바로 (이 조항이 어떤 의미라도 갖는다면) 이 조항이 취하는 입장인 것으로 보인다.

자의 수중에 놓아준 경제적 거래의 관심에 지나지 않는다. 독일은
채무 의무를 충족시킬 의지를 스스로 증명할 기회조차 부여받지 못
했다. 배상 위원회는 본부가 영원히 독일 밖에 있을 것임에도, 카이
저가 역사상 지녔던 것에 비교가 되지 않을 정도로 더 큰 권한을 독
일 안에서 가질 것이다. 위원회가 지배하는 체제에서 독일 국민은
수십 년 동안 모든 권리를 양털 깎이듯 몰수당하고, 절대왕정 시절
에 사람들이 당했을 것보다 훨씬 더 큰 규모로 행동의 독립성과 개
인의 경제활동, 심지어는 윤리적 발전을 꾀할 기회까지도 빼앗기고
마는 상황에 놓일 것이다."

　이런 논평에 대한 답변에서 연합국은 그들의 논평에 실질적 내
용이나 근거 또는 설득력이 조금이라도 있다고 인정하기를 거부했
다. 연합국은 이렇게 선언했다. "독일 대표단의 논평은 본 조약의
여러 조항을 차분하고 신중하게 검토했는지 믿기 어려울 정도로 본
위원회의 의견을 심각하게 왜곡하고 부정확하게 이해하고 있다. 위
원회는 억압을 위한 엔진도, 독일의 주권에 간섭하기 위한 도구도
아니다. 위원회는 독일 영토 내에서 집행 권한을 갖지 않는다. 제시
된 대로 위원회는 독일의 교육 체제 혹은 다른 여러 체제를 지휘하
거나 통제할 수 없다. 위원회의 임무는 지급되어야 할 것을 청구하
는 것, 독일이 그것을 지급할 수 있음을 확실하게 하는 것, 독일이
지급을 이행하지 않을 경우 본 위원회가 대변하는 바로 그 연합국
들에 보고하는 것이다. 만일 독일이 필요한 금액을 자신의 방식으
로 형성한다면 위원회는 독일에 다른 방식으로 금액을 형성하라고
명령할 수 없다. 만일 독일이 현물 지급을 제안하면 위원회는 그런

지급 방식을 인정할 수 있다. 그러나 조약 자체에서 명시된 경우를 제외하고 위원회는 그런 지급 방식을 요구할 수 없다."

여기에 쓰여있는 말과 위에서 내가 요약한 말 혹은 조약 자체와 비교해보면 곧 밝혀지듯이, 이는 배상 위원회의 권한 범위와 권위에 대한 솔직한 발언이 아니다. 예를 들어, 위원회가 "행사할 수 있는 어떠한 권한도 없다."라는 진술은 조약 제430조에 비춰볼 때 정당화되기 약간 어렵지 않을까? 이 조에는 다음과 같이 쓰여있다. "점령 기간에 혹은 위에서 언급한 15년 기간이 만료된 후에도 독일이 배상과 관련한 본 조약에 따른 의무를 전부 혹은 일부라도 준수하기를 거부함을 배상 위원회가 발견하는 경우, 연합국과 관련국은 제429조가 특정하는 지역의 전체 혹은 일부를 즉시 재점령할 것이다." 여기서 짚고 넘어가야 할 점은, 독일이 약속을 지켰는지, 그리고 독일이 약속을 지킬 수 있는지를 판단하는 일은 국제연맹이 아니라 배상 위원회 자체에 맡겨진다는 것이다. 배상 위원회가 부정적으로 판단을 내리면 무력 사용이 "즉시" 따라오게 되어있다. 더군다나 연합국 답변은 위원회 권한을 축소하려 시도하고 있는데, 이런 시도는 "필요한 금액을 자신의 방식으로 형성"하는 일이 독일에 열려있다는 가정에 크게 의존한다. 만일 사정이 가정과 같다면 배상 위원회 권한 중 많은 부분이 실질적인 효력을 발휘하지 않을 것이다. 그러나 실제로는 배상 위원회를 구성한 일 자체가 독일이 자국에 명목적으로 부과된 부담을 지고 갈 수 없을 것이라는 예상을 바탕으로 한 것이다.

빈(Wien)의 시민들이 배상 위원회의 한 부서가 빈을 방문할 것이라는 소식을 듣고 특유의 성격대로 그들에게 희망을 걸고 있다는 보도가 있다. '재정 문제를 다루는 조직이 우리에게서 떼어갈 것은 분명 전혀 없다. 왜냐하면 우리에게는 떼어갈 그 어떤 것도 없으니까. 따라서 이 조직은 우리를 도와주고 위로해줄 목적으로 방문하려는 것이 틀림없다.' 이것이 빈 사람들의 생각이다. 그들은 아직 적대감 속에서도 마음을 가볍게 갖고 있다. 어쩌면 그들의 생각이 옳을 수도 있다. 배상 위원회는 유럽이 직면하고 있는 문제를 지척에서 볼 것이고, 가진 권한에 비례해 책임감도 커질 것이다. 따라서 배상 위원회는 그 위원회를 만든 사람들 중 일부가 의도한 것과는 매우 다른 역할을 할 수도 있다. 정의를 위한 기구이며 더는 이해관계를 따지는 기구가 아닌 국제연맹으로 이전된다면, 배상 위원회가 마음과 목적을 바꿔 억압과 약탈의 도구에서 적국에서조차 삶과 행복의 복구를 목적으로 삼는 유럽의 경제 위원회로 탈바꿈할지 누가 알겠는가?

5. 독일의 역제안

독일의 역제안은 약간 모호한 동시에 솔직하지 못한 편이다. 독일의 채권 발행을 다루는 배상 장의 조항은 대중의 마음에 배상금이 50억 파운드로 확정되었다는 인상을, 혹은 어쨌든 이 금액이 최소 금액이라는 인상을 심어줬다. 따라서 독일 대표단은 이 수치를 바탕으로 자신들의 답변을 작성했다. 그들은 연합국 대중이 겉모양새로라도 50억 파운드보다 작은 것에는 만족하지 않으리라고 가정하는 듯이 보였다. 그러고는 그토록 많은 금액을 제공할 준비가

248

평화의 경제적 결과

정녕 되어있지 않았으므로, 꼼수를 써서 실제로는 이 금액보다 훨씬 적은 액수인데도 마치 이 금액을 주는 것처럼 연합국에 보일 공식을 만들어냈다. 그렇게 해서 제시된 공식은 그것을 꼼꼼히 읽어보고 사실을 알고 있는 사람에게는 뻔해 보였고, 그 공식을 만든 사람들이 연합국 협상자들을 속일 수 있으리라고 기대하기는 거의 불가능했다. 따라서 독일이 택한 전략은 연합국 협상자들도 독일과 마찬가지로 어느 정도 사실에 부합하는 해결 방안에 도달하기를 남모르게 간절히 원하고 있고, 따라서 연합국이 자국 대중과의 관계에서 빠져들어 간 난국을 고려하면 조약안을 만들 때 약간의 담합을 할 의향이 있으리라고 가정하는 것이었다. 이것은 약간 다른 상황이었다면 매우 훌륭한 협상의 기초가 되었을 가정이다. 실제 벌어진 상황을 보면 이런 교묘함에서 독일은 그리 많은 혜택을 보지 못했다. 한편으로 자국이 지고 있는 부채의 규모, 다른 한편으로 부채를 갚을 자국의 능력이라고 판단하는 수치를 단순하고 솔직하게 추산했더라면 독일은 훨씬 더 나은 협상 결과를 도출해냈을 것이다.

독일이 그들이 갚겠다고 주장하며 내세운 50억 파운드 제안은 다음과 같다. 첫째, 이 제안은 다음 내용을 독일에 확인해주는 조약 속의 유보 조항을 조건으로 삼는다. "독일은 휴전 관례[79]에 상응하는 영토의 온전성을 유지하고, 독일의 식민지 소유물과 대규모 총톤의 상선에 대한 소유권을 유지하며, 독일 자국에서, 넓게는 세계에서 모든 다른 나라 국민이 향유하는 바와 동일한 행동의 자유를

---

79 이 말이 무엇을 뜻하든 간에.

향유하고, 독일이 전쟁 수행을 위해 제정한 법령은 모두 즉각 폐지되며, 전쟁 동안에 독일의 경제적 권리와 독일의 사유재산 등에 가해진 모든 간섭 행위는 호혜주의 원리에 따라 처리된다." 다시 말하면, 독일의 제안은 조약의 나머지 부분 중 많은 부분이 폐기된다는 조건 위에서 성립한다. 둘째, 배상 요구액은 최대 50억 파운드를 넘지 않아야 하며, 이 중 10억 파운드는 1926년 5월 1일까지 갚아야 한다. 그리고 이 액수에는 그 금액을 갚는다는 조건 말고 이자가 전혀 포함되지 않아야 한다.[80] 셋째, (다른 것도 있지만) 다음 항목이 위 금액에서 공제될 것으로 허용되어야 한다. (a) 군수물자(예를 들어, 독일 해군)를 포함해 휴전협상에 따라 양도되는 모든 것의 가치. (b) 할양된 영토 내에 있는 모든 철도와 국가 재산의 가치. (c) 할양된 영토가 독일 공채(전쟁 부채 포함)에서 맡는 몫, 그리고 이 할양 영토가 독일 영토로 계속 남아있을 경우 맡아야 했을 배상 지급액. (d) 전쟁 중에 독일이 동맹국에 빌려준 금액 중 독일이 연합국에 양도한 권한의 가치.[81]

(a) · (b) · (c) · (d)의 항목에 따라 경감되어야 할 금액은 실제 조약에서 허용한 금액을 넘을 수 있다. 항목 (d)에 따라 허용될 금액을 계산하기는 매우 어렵지만, 그 초과 금액을 대략 추산해보면

[80] 원금을 33년이라는 짧은 기간에 걸쳐 균일하게 청산한다고 가정하면, 미변제 원금에 5퍼센트의 이자가 붙는 경우 갚아야 할 금액과 비교할 때 배상 부담을 반으로 줄이는 효과가 있다.

[81] 이상의 내용이 가장 중요한 요점이므로 여기서 나는 독일 제안의 상세 사항에 대한 분석을 멈춘다.

평화의 경제적 결과

20억 파운드 정도가 된다.

따라서 독일이 제안한 50억 파운드의 실제 가치를 조약에 명시된 내용을 바탕으로 추산해보면 여기서 먼저 20억 파운드를 빼야 하는데, 이 금액은 조약이 허용하지 않는 감경의 경우로 주장되기 때문이다. 그런 다음, 이자가 붙지 않아야 한다는 지연된 지급액의 현재 가치를 반영하려고 나머지 금액을 반으로 잘라야 한다. 이렇게 하면 독일의 제안은 15억 파운드로 줄어들며, 이것은 나의 대략적인 추산에 따라 조약이 독일에 요구할 80억 파운드와 비교된다.

독일이 제안한 금액은 그 자체로도 매우 많은 금액이었다. 실제로 이 제안은 독일 내에서도 광범위하게 비판을 불러일으켰다. 그러나 그 제안이 조약의 나머지 부분 중 많은 부분을 폐기한다는 조건에서 성립한다는 사실에 비춰볼 때, 그 제안을 진지한 것으로 받아들이기는 매우 어렵다.[82] 그러나 독일 대표단은 자국이 할 수 있다고 생각하는 수준을 덜 모호한 표현으로 진술했더라면 훨씬 더 좋은 협상 결과를 얻었을 것이다.

이 역제안에 대해 연합국이 전한 최종 답변에는 중요한 조항이 하나 있다. 나는 이 조항을 지금까지 다루지 않았으나 여기가 이 조항을 다룰 적절한 지점이라 생각한다. 개략적으로 말해, 조약의 원래 초안에는 배상 장에 유보 조항을 담고 있지 않았다. 그러나 연합국

---

82 이 이유로, 독일의 제안은 내가 이 장의 초기 절에서 논의한 독일의 지급 능력과 엄격하게 비교할 수 없다. 나의 추산치는 조약의 나머지 부분이 효력을 발생할 때 독일이 겪을 상황을 바탕으로 계산되었기 때문이다.

은 독일에 부과할 부담의 액수가 확정되어 있지 않다는 사실이 가져올 불편을 인정하고, 1921년 5월 1일이 도달하기 전에 최종 배상 요구액의 규모를 확정할 방법을 제안했다. 그리하여 연합국은 조약 서명 이후 4개월 안에 (즉, 1919년 10월 말에 이를 때까지) 독일이 조약에서 명시한 독일의 부채 전체를 청산할 금액의 총액을 제안할 자유가 있으며, 그 후 2개월 이내에 (즉, 1919년 말 이전에) 연합국이 "독일이 할 어떤 제안에도 가능한 한 최대한으로 답변할 것"이라고 약속했다.

연합국의 제안은 세 가지 조건에 좌우된다. "첫째, 독일 당국은 그런 제안을 하기 전에 직접적으로 관련되는 연합국 대표와 상의한다. 둘째, 그 제안은 모호한 말로 표현되지 않을 것이며 정확한 수치로 명백히 표현되어야 한다. 셋째, 독일 당국은 배상 범주와 배상 조항을 더는 논의할 필요 없이 확정된 것으로 받아들여야 한다."

이 제안은 내놓자마자 독일의 지급 능력 문제를 활짝 열어놓을 가능성을 전혀 고려하지 않은 듯이 보인다. 이 제안은 조약에서 명시한 대로 배상 요구 총액을, 그것이 (예를 들어) 70억 파운드이건 80억 파운드이건 혹은 100억 파운드이건 상관없이, 확정하는 데에만 관심이 있다. 여기에 연합국은 다음의 말을 덧붙인다. "문제는 단순히 사실의 문제, 즉 독일이 갚아야 할 부채의 규모이고, 그 문제는 이런 방식으로 다뤄질 수 있다."

약속된 협상이 진정 이런 길을 따라 진행된다면 그 협상이 결실을 맺을 가능성은 그리 크지 않다. 1919년이 끝나기 전에 금액 규모에 합의하는 것은 평화회의 기간에 합의에 이르는 것보다 쉽지 않을

평화의 경제적 결과

것이다. 그리고 어떤 계산 기준을 사용하더라도 조약에 따른 부채로 계산될 엄청나게 많은 금액을 독일이 갚아야 한다는 사실을 확실히 안다고 해서 독일의 재정 사정이 나아지는 것도 아니다. 그러나 이 협상 과정은 배상 지급에 관한 문제 전체를 다시 검토하는 기회를 제공한다. 물론 연합국 대중의 견해가 이토록 이른 날짜에 분위기를 충분히 바꿨을 것이라고 희망하기는 힘들겠지만 말이다.[83]

나는 이 문제에 대한 정당한 처리가 마치 우리 자신의 약속 아니면 경제적 사실에 전적으로 좌우되리라는 듯이 논의를 마무리할 수 없다. 독일을 한 세대에 걸쳐 노예 상태로 격하하고, 수백만 인간의 삶을 퇴화시키며, 한 나라의 모든 국민에게서 행복을 박탈하는 정책은 혐오스럽고 가증스러운 정책이다. 그 정책을 실행할 수 있더라도, 그 정책이 우리에게 부를 가져다줄지라도, 비록 그 정책이 유럽의 문명적 삶 전체를 쇠퇴시킬 씨앗을 뿌리는 것은 아닐지라도, 그 정책은 혐오스럽고 가증스러운 정책이다. 어떤 사람은 그것을 정의의 이름으로 설교한다. 인간 역사의 위대한 사건에서, 국가들의 뒤얽힌 운명이 풀어헤쳐지는 과정에서 정의는 그리 간단한 일이 아니다. 만일 그렇게 간단하다면, 적국의 어린이들에게 그들 부모나 통치자가 저지른 잘못의 벌을 받게 하는 권한이 종교나 자연적 도덕의 이름으로 국가에 주어지지 않을 것이다.

---

83 연합국 측에서 조약 비준이 늦어지는 이유로, 배상 위원회는 1919년 10월 말인 지금까지 공식적으로 출범하지 못했다. 따라서, 내가 아는 한, 위의 제안을 발효시킬 조치는 아직 하나도 취해지지 않았다. 그러나 상황에 비춰볼 때 어쩌면 시행일이 연장되었을 것이다.

제6장

조약 후의 유럽

이 장은 비관주의로 가득 찬 장이 될 것이다. 조약에 유럽 경제의 재건을 위한 조항은 하나도 포함되어 있지 않다. 패전국이 된 중부 유럽의 제국을 선한 이웃 나라로 만들거나 새롭게 형성된 유럽의 신생국을 안정시키거나 러시아를 교화시킬 조항은 전혀 없다. 연합국들 사이에 경제적 연대 계약을 촉진하는 길도 전혀 제시하지 않는다. 파리평화회의에서는 무너져버린 프랑스와 이탈리아의 재정을 복구하기 위한 조정 계획이 전혀 마련되지 않았다. 구세계와 신세계의 체계를 서로 맞출 조정 계획도 전혀 없었다.

4인 위원회는 이런 사안에 아무런 관심도 보이지 않았다. 그들의 관심은 다른 것에 매몰되어 있었다. 클레망소는 적의 경제를 짓밟아버리는 데에만, 로이드 조지는 타협을 통해 국내에서 일주일이라도 무사하게 넘어갈 무언가를 영국으로 갖고 가는 데에만, 윌슨 대통령은 정의롭지 않거나 옳지 않은 것을 절대로 하지 않는 데에만 관심이 있었다. 그들의 눈앞에는 아사 상태에 빠져 붕괴하고 있는 유럽이 있었다. 다른 것도 아니고 이 근본적인 경제 문제가 4인방의 관심을 끌지 못했다는 사실이 놀라울 따름이다. 그들이 경제라는 법판에 나가 주로 한 일은 배상에 관한 것뿐이었다. 그리고 그들은 그것을 신학의 문제로, 정치의 문제로, 선거를 위한 속임수의 문제로, 자신들이 운명을 쥐고 있는 국가들의 경제적 미래에 관한 문제가 아닌 다른 모든 관점에서 보면서 확정했다.

이 지점 이후에 나는 파리와 평화회의와 조약을 떠나, 전쟁과 평화가 만들어낸 유럽의 현재 상황을 간략하게 살펴보고자 한다. 전쟁이 불러온 불가피한 결과와 평화가 가져올 회피 가능한 불행 사이를 구분하는 것은 더는 내가 세운 목적의 일부가 아니다.

내가 보는 현재 상황의 근본적 사실은 간단하게 표현될 수 있다. 유럽은 인류 역사상 가장 많은 인구가 밀집해 있다. 이 인구는 비교적 높은 생활수준에 익숙해져 있다. 여기에서는 현 상황에서도 일부 사람은 퇴화보다는 개선이 일어날 것이라 예상한다. 다른 대륙과의 관계에서 유럽은 자기 충족적이지 않다. 특히 유럽은 단독으로 식량을 조달할 수 없다. 유럽 내부적으로 인구는 균등하게 분포되어 있지 않고, 인구의 많은 부분이 상대적으로 소수의 밀집된 산업 지역에 몰려있다. 전쟁 전에 이 인구는 정교하고 엄청나게 복잡한 조직을 수단으로 잉여의 여유는 거의 없이 생계를 꾸려가고 있었다. 이 조직의 기초는 석탄과 철, 운송 그리고 다른 대륙에서 수입해오는 식품과 원료의 끊임없는 공급으로 지탱되었다. 이제 이 조직이 파괴되고 공급의 흐름이 끊어졌기에 이 인구 중 일부는 생계 수단을 박탈당한 상태에 있다. 남아도는 과잉 인구에 이민이 열려있는 것도 아니다. 실제로 그렇지도 않지만, 설령 그들을 받아줄 준비가 되어있는 나라가 있더라도, 그들을 해외로 이송하는 데에는

평화의 경제적 결과

몇 년의 시간이 걸릴 것이기 때문이다. 따라서 우리의 면전에 있는 위험은 유럽 인구의 생활수준이 실제로 기아로 사망하는 사람들이 있을 수준까지 급격히 악화될 수 있다는 것이다(러시아는 이미 그 수준에 도달했고, 오스트리아도 그 수준에 거의 다가갔다). 사람들은 죽을 때 언제나 가만히 죽지 않는다. 기아는 어느 정도의 무력감과 절망스러운 자포자기를 불러오고, 다른 기질을 신경쇠약적인 불안정성과 광기 어린 절망감까지 몰아붙인다. 그렇게 된 기질은 고통받는 와중에 조직의 나머지마저 뒤집어엎고, 개인에게 반드시 필요한 것을 필사적으로 충족하려는 시도 속에서 문명 자체를 바닷속으로 가라앉힐 수 있다. 이것이 바로 우리의 모든 자원과 용기와 이상주의가 함께 협력해 싸워야 할 위험이다.

1919년 5월 13일, 브로크도르프-란차우는 연합국과 관련국이 모인 평화회의에서, 평화의 조건이 독일 국민의 상태에 미칠 효과를 분석하는 임무를 맡은 독일 경제 위원회의 보고서를 바탕으로 연설했다. 독일 경제 위원회의 보고에 따르면, "지난 두 세대에 걸친 기간에 독일은 농업국가에서 산업국가로 탈바꿈했다. 농업국가였던 시기에 독일은 4,000만 명을 먹여 살렸다. 산업국가 독일은 6,700만 명 인구의 생계 수단을 확보할 수 있었다. 1913년에 식품 수입량은 개략적으로 1,200만 톤에 달했다. 전쟁 전에 독일에서는 총 1,500만 명이 대외무역, 해운 그리고 외국 원료의 직간접 사용으로 생계를 이었다." 평화조약에서 관련되는 주요한 조항을 열거한 후 보고서는 다음과 같이 이어진다. "이렇게 생산이 감소한 후에, 식민지와 상선, 외국 투자를 상실한 결과로 나타난 경기 침체 후에, 독일은 외국에서 필요한 만큼의 원료를 수입할 수 없을 것이다. 따라서 독일 산업의 엄청나게 큰 부분이 불가피하게 파괴될 운명에 처할 것이다. 식품 수요를 충족시킬 가능성이 감소하는 만큼 식품을 수입할 필요성도 상당하게 증가할 것이다. 따라서 얼마 가지 않아 독일은 해운과 무역을 통해 생계를 꾸릴 수 없는 수천만 주민에게 식량과 일자리를 제공할 형편이 안 될 것이다. 이 사람들은 해외로 나가려 하겠지만 물리적으로 이민은 불가능하다. 많은 나라가, 그리고 가상 중요한 나라들이, 독일인의 이민을 반대할 것이기 때문에 더욱 그렇다. 따라서 평화의 조건이 집행된다는 것은 논리적으로 볼 때 독일에 사는 수백만 명의 희생을 뜻한다. 전쟁 기간에는 봉쇄 때문에, 또 휴전 기간에는 굶주림이라는 봉쇄가 더 강화되었기 때문에, 주민들의 건강이 무너져 내렸다는 사실을 고려하면 이 파국 상태는 그리 오래지 않아 그들에게 도달할 것이다. 도움의 손길이 아무리 크고 아무리 오랫동안 지속되더라도, 그 도움이 이런 집단 죽음을 막을 수는 없을 것이다." 보고서는 다음 말로 결론을 내린다. "산업국가이면서 인구가 매우 밀집되어 있고 세계 경제체제와 밀접하게 연결되어 있으며 엄청나게 큰 규모의 원료와 식품을 수입해야만 하는 독일이, 만일 반세기 전의 경제 상황과 인구수에 대응하는 발전 단계로 되돌려진다면 어떤 결과가 불가피하게 발생할 것인가를 연합국과 관련국이 깨닫고 있는지 우리는 알지 못한다. 아니, 깨닫고 있다고 생각하지 않는다. 이 조약에 서명하는 사람들은 수백만 명의 독일 남녀노소에게 내리는 사형선고에 서명하는 것이다."

나는 이 말에 대한 적절한 답변을 알지 못한다. 이런 비난은 독

평화의 경제적 결과

일에 대한 해법과 마찬가지로 적어도 오스트리아에 대한 해법에도 해당한다. 이것이 바로 우리 앞에 놓여있는 근본적 문제다. 이 문제 앞에서 영토 조정과 유럽 패권 균형의 문제는 중요하지 않다. 역사상 인류의 진보를 뒷걸음치게 만든 파국이 여럿 있었다. 이 파국 중 일부는, 한시적으로 호의적 상황이 지속되면서 인구 규모가 그런 호의적 상황이 끝날 때 부양될 수 있을 규모를 넘어선 상황에서, 자연적 경로를 따라서건 인간의 행위에 의해서건 한시적인 호의적 상황이 갑자기 중단되었을 때 그에 따라 나타날 반응에 기인한다.

눈앞에 당장 닥쳐올 상황이 지닐 중요한 면모는 다음 세 가지 항목으로 분류될 수 있다. 첫째, 당분간 찾아올 유럽 내 생산성의 절대적 하락. 둘째, 제품을 가장 많이 원하는 곳으로 이동시키는 수단인 운송과 교역의 붕괴. 셋째, 유럽이 통상적으로 필요한 양의 제품 공급을 해외로부터 구입할 능력의 부재.

생산성 하락의 정도는 쉽게 측정될 수 없고 과장의 대상이 될수도 있다. 그러나 일단 보이는 증거 자료는 생산성 하락을 압도적으로 입증하고 있고, 이 요소는 후버가 그의 사려 깊은 경고에서 밝힌 가장 중요한 부담이었다. 다양한 원인이 이 요소를 발생시켰다. 러시아와 헝가리에서는 폭력적인 국내 혼란이 장기간 이어졌고, 폴란드와 체코슬로바키아에서 새로 설립된 신생 정부는 경제 관계 재조정에 대한 경험이 부족했다. 계속되는 동원과 전쟁 사상자로 인해 유럽 전역에서 능률 좋은 노동력의 손실이 일어났고, 중부 유럽 제국 사람들의 영양 결핍이 계속되면서 효율성 또한 하락했다. 전쟁 기간에 이전처럼 인공 비료를 사용하지 못해 토양이 고갈되었고, 노동자계급은 삶의 근본이 되는 경제적 사안에 대해 마음이 안정되어 있지 않았다. 그러나 이런 것보다 먼저 (후버의 말을 빌리면), "여러 집단의 사람들이 궁핍과 전쟁으로 인한 정신적·물리적 긴장으로 인해 신체적으로 탈진되었고 그에 대한 반사작용으로 일에 기울이는 노력이 많이 느슨해졌다." 많은 사람이 이러저러한 이유로 일자리를 찾지 못하고 있다. 후버에 따르면, 1919년 7월에 유럽의 실업사무국이 제출한 요약에서 볼 수 있듯이, 1,500만 가구가 이러저러한 형태로 실업수당을 받고 있으며 주로 인플레이션으로 통화의 가치가 계속 하락하는 상태였다. 독일과 관련해서는 (조약이 명시하는 배상 조건을 글자 그대로 받아들이는 한) 노동과 자본의 작동을 방해하는 또 다른 요소가 있다. 즉, 독일이 자국의 최소 생계 수준을 넘어 생산하는 것은 모두 앞으로 오랫동안 그들에게서 떨어져 나가리라는 전망이다.

어쩌면 우리가 갖고 있는 것 같은 명확한 자료에 비춰보더라도 유럽이 겪는 쇠퇴의 전반적 모습에 더 많은 것이 더해지지는 않을 것이다. 그러나 나는 독자들에게 그 자료 중 한두 가지를 상기시키고자 한다. 유럽 전체의 석탄 생산은 30퍼센트가량 하락했다고 추산된다. 석탄이야말로 유럽 산업의 커다란 부분과 유럽의 운송 체계 전체를 좌지우지하는 자원이다. 전쟁 전에 독일은 자국 주민이 소비하는 식품 전체의 85퍼센트를 자체 생산했는데, 이제 토지 생산성은 40퍼센트가 하락하고 가축의 실질적 품질은 55퍼센트가 감소했다.[1] 이전에 외국에 수출할 대규모 잉여 생산량을 소유했던 유럽 국가 중에서 러시아는 생산량 감소뿐 아니라 운송 시설 부족으로 인해 기아 상태에 빠질 수 있다. 헝가리는 이미 겪고 있던 다른 문제 외에도 추수 직후에 루마니아 사람들에게 약탈당했다. 오스트리아는 1919년 자국의 식품 생산 전체를 이해가 끝나기 전에 소진할 것이다. 이 수치들은 너무 압도적이어서 사람들에게 거의 확신을 주지 못할 정도다. 수치가 그토록 나쁘지 않았다면 그 수치에 대한 사람들의 실질적인 믿음은 더 강했을지 모른다.

그러나 석탄을 확보하고 곡물을 추수할 수 있더라도, 유럽의 철도 체계가 파괴되었기 때문에 그것을 운송할 수 없다. 제품을 만들 수 있더라도, 유럽의 통화 체계가 파괴되었기 때문에 그것을 팔수 없다. 나는 앞에서 이미 전쟁으로 인해, 그리고 휴전에 따른 양도 조건으로 인해 독일의 운송 체계에 발생할 손실을 기술했다. 그렇지만 독일의 경우 그런 손실을 제조업으로 대체할 능력이 있으므로, 독일이 처한 상황은 독일의 이웃 나라 일부가 처한 상황에 비해서는 심각하지 않은 편이다. 러시아의 경우(이 나라의 상황에 대해서는 정확한 정보가 없지만) 철도 차량은 전반적으로 절망적인 상태에 있다고 믿어지며 러시아가 현재 겪고 있는 경제적 혼란의 가장 중요한 요소 중 하나다. 폴란드나 루마니아, 헝가리의 상황도 그리 낫지 않다. 그러나 현대 산업사회에서 삶은 기본적으로 효율적인 운송 시설에 좌우되며, 이 수단을 사용해 생계를 확보해온 사람들은 그것 없이는 생계를 이어갈 수 없다. 통화 체계의 붕괴와 통화의 구

| 어니스트 H. 스탈링(Earnest H. Starling, 1866~1927) 교수의《독일 식량 상황에 관한 보고서(Report on Food Conditions in Germany)》, 칙령서 Cmd. 280.

매력에 대한 불신은 이런 해악을 더욱 가중한다. 이에 대해서는 대외무역과의 관계 속에서 좀 더 상세하게 다뤄야만 할 것이다.

그렇다면 현재 유럽의 모습은 어떤 것일까? 농촌인구는 자신이 이룬 농업 생산의 결실을 바탕으로 생계를 유지할 수 있지만, 도시인구에 맞춰진 잉여 생산량을 달성하지 못하고 있다. 그리고 (원료 수입이 부족하고, 그에 따라 도시에서 생산하는 판매 가능한 공산품의 종류도 적고 규모도 작기 때문에) 농업 종사 인구가 식품을 다른 제품과 맞교환하려고 시장에 내놓을 통상적인 동기도 존재하지 않는다. 산업 종사 인구는 식품이 모자라는 탓에 일할 힘을 유지할 수 없고, 원료가 부족해 생계를 위한 수입을 올릴 수 없으며, 따라서 국내의 생산성 하락을 외국으로부터 수입해서 메꿀 수도 없다. 후버에 따르면, "개략적인 추산이 시사하는 바를 보면, 유럽 인구는 식품을 수입하지 않고 지탱할 수 있는 수준보다 1억 명 정도 더 많으며 이들은 수출품 생산과 분배를 통해 삶을 꾸려나가야만 한다."

대외무역에서 생산과 교환의 영원한 순환을 다시 시작하도록 하는 문제를 고려하다 보면 중심 주제에서 약간 벗어나더라도 유럽의 통화 상황에 대해 논의하는 것이 필요하다.

레닌은 자본주의 체제를 무너뜨릴 최선의 방법은 통화를 망가뜨리는 것이라 선언했다고 알려져 있다. 인플레이션이 지속되면 정부는 사람들이 눈치채지 못하는 사이에 은밀하게 자국 시민의 부에서 많은 부분을 몰수할 수 있다. 이런 방법을 사용해서 정부는 단지 몰수만 하는 것이 아니라 임의적으로 몰수한다. 인플레이션 과정은 많은 사람을 가난하게 만들지만 실제로는 일부 사람을 부유하게 만든다. 이런 임의적인 부의 재배치가 눈앞에 나타나면 생계에 대한 안전감뿐 아니라 현존하는 부의 분배에 대한 신뢰에도 충격이 가해진다. 자신의 자격에 맞게 받을 수준을 넘어, 심지어는 자신이 기대하거나 원했던 수준을 넘어 횡재를 맞은 사람들은 '폭리 모리배(暴利謀利輩; profiteers)'가 되고, 이들은 인플레이션으로 인해 프롤레타리아계급보다 덜하지 않게 빈곤해진 부르주아계급의 증오 대상이된다. 인플레이션이 계속 이어지고 통화의 실질 가치가 다달이 심하게 오르내리면 자본주의의 궁극적인 기초를 이루는 채무자와 채권자 사이의 모든 영속적 관계가 완전하게 무너져, 이제 그 관계는 거의 아무 의미도 갖지 못한다. 그리고 부를 획득하는 과정은 도박이나 복권으로 전락하고 만다.

레닌은 확실히 옳았다. 기존 사회의 기초를 전복하는 데 통화를 망가뜨리는 것보다 더 교묘하고 확실한 방법은 없다. 이 과정에는 파괴라는 측면에 숨어있는 모든 경제법칙의 힘이 작동한다. 그리고 이 과정은 수많은 사람 중에 단 한 명이라도 진단할 수 있을 방식으로는 진행되지 않는다.

전쟁의 후기 단계에, 서로 교전 중이었던 정부들은 필요에 따라서 혹은 무능력으로 인해서, 볼셰비키가 고의로 했을 법한 짓을 저질렀다. 전쟁이 끝난 지금에도 대부분의 정부가 나약함으로 인해 똑같은 잘못된 행동을 계속하고 있다. 그러나 유럽의 정부들은 이제 나약함에 더해 무모하기까지 하다. 그들은 어떤 결과가 자신들의 사악한 방법으로 인해 나타났다는 게 더 확실함을 알고 있으면서도, 그 결과에 쏟아지는 대중의 분노를 '폭리 모리배'로 알려진 계

층 쪽으로 돌리려 하고 있다. 이 '폭리 모리배'는 넓게 말하면 자본
주의의 기업가 계층이다. 자본주의사회 전체를 통틀어 가장 능동
적이고 건설적인 요소인 폭리 모리배들은 물가가 급격히 상승하는
시기에 자신들이 원했든 원하지 않았든 빠르게 부가 증가할 수밖
에 없었던 사람들이다. 물가가 계속 오르면 주식을 사뒀거나 재산
과 공장을 소유한 사람들이 이득을 얻는 것은 불가피한 일이다. 따
라서 대중의 증오를 이 계층에 돌림으로써 유럽의 정부들은 레닌의
교묘한 머리가 의식적으로 구상했던 치명적 과정을 한 단계 더 앞
으로 나아가게 하고 있다. 폭리 모리배는 물가 상승의 결과지 원인
이 아니다. 자본주의적 계약과 부의 기존 균형이 폭력적으로 그리
고 임의로 교란되는 것은 인플레이션이 가져오는 불가피한 결과다.
유럽의 정부들은 이 교란이 사회의 안정성에 이미 가한 충격과 기
업가 계층에 대한 대중의 증오감을 결합하고 있고, 그럼으로써 유
럽이 19세기에 누렸던 사회적·경제적 질서가 계속 이어지는 것을
빠르게 불가능한 것으로 만들고 있다.

　이렇게 우리는 유럽에서 자본가계급, 19세기에 산업적 승리를
통해 발생하고 얼마 전까지만 해도 모든 권력을 가진 주인처럼 보
였던 위대한 계급이 놀랄 만한 나약함을 보이는 광경을 목도하고
있다. 이제 이 사회 계급에 속한 개인들이 갖고 있는 공포심과 개인
적 소심함은 매우 커졌고, 사회에서 자신들이 차지하는 위치와 자
신들이 사회라는 유기체에 필요한 정도에 대한 자신감은 매우 작아
졌다. 이리하여 그들은 쉽게 협박의 희생자가 되어버렸다. 현재 미
국이 그렇지 않은 것처럼, 25년 전만 해도 영국의 상황도 그렇지 않

　　　　　　　　　　　　　　평화의 경제적 결과

았다. 그때 자본가들은 자신에 대해, 사회에서 자신들이 가진 가치에 대해, 자신들의 부를 향유하고 자신들의 권력을 맘껏 행사하면서 누리는 자신들의 존재가 지닌 적절함에 대해 믿음을 갖고 있었다. 이제 자본가들은 비난 하나하나에 모두 두려움에 떤다. 자본가들을 친독일적이라고, 국제금융가라고 혹은 폭리 모리배라고 불러보라. 그러면 그들은 자신들을 그렇게 혹독하게 대하지 말라고 부탁하면서, 당신이 원하는 몸값을 얼마든지 보내올 것이다. 자본가들은 자신들이 만든 도구에 의해, 자신들이 세운 정부에 의해, 자신들이 주인인 언론에 의해 스스로 파괴되고 완전히 망가지는 상황을 허용하고 있다. 어쩌면 어떠한 사회도 자기 손에 스스로 멸망하지 않는다는 것이 역사적으로 사실일 수 있다. 서유럽이라는 비교적 복잡한 세계에서 내재적 의지(Immanent Will)[2]는 자신의 목적을 좀더 교묘한 방식으로 이룰지도 모른다. 즉, 피에 굶주린 러시아 철학자들의 주지주의(intellectualism)[3]는 우리에게 너무 무자비하고 자

---

2 **옮긴이 주** 이 표현은 토머스 하디가 극시 《통치자들》과 시 〈한 쌍의 결합(The Convergence of the Twain)〉(1912)에서 사용한 것으로, 하디의 철학을 요약하는 표현이다. 하디의 작품은 주로 개인과 그 개인을 둘러싼 '환경'('자연', '우주') 사이의 갈등을 그린다. 이 갈등 속에서 개인들은 세상 속 사람들의 의지와는 상관없이 세상사를 흘러가게 하는 환경과 행하는 싸움에서 결국은 패하고 만다. 인간의 불행은 의도되지 않았으나 피할 길 없는, 순전하게 '자연에 의한 운(chance)'에 의해 이미 예정되어 있다. 하디는 이렇게 개인들의 운명을 결정하는 자연(우주)의 힘을 '내재적 의지'라 불렀다. 하디의 다른 작품에서는 '환경의 운명(the Fate of Circumstances)', '불멸자의 지도자(the President of the Immortals)'라는 이름으로도 표현된다. 이런 하디의 철학은 빅토리아시대의 낙관주의와 달리 칼뱅의 예정설, 다윈의 자연선택설, 쇼펜하우어의 염세주의 철학의 영향을 엿볼 수 있다.

기의식적이긴 하지만, 그 주지주의보다도 클로츠나 로이드 조지 같은 사람을 통해 불가피하게 혁명이 일어날 수 있다.

유럽 통화 체계의 인플레이션 정책은 너무 멀리 나갔다. 전쟁 중이던 유럽 여러 정부는 필요한 자원을 융자로 확보하기에는 능력이 없거나 너무 소심하거나 근시안적이었고, 수지 균형을 맞추려고 돈을 찍어냈다. 러시아와 오스트리아-헝가리에서 이 과정은 자국 통화가 외국과 교역하는 데 실질적으로 아무런 가치가 없어지는 수준까지 이르렀다. 폴란드 마르크화는 1마르크당 약 1.5펜스에 살 수 있고, 오스트리아 크라운화는 1크라운당 1펜스에 살 수 있었지만, 이들 국가는 스스로 자국 통화를 전혀 팔 수 없었다. 독일 마르크화는 외환시장에서 1마르크당 2펜스 미만의 가치를 지닌 것으로 여겨졌다. 동부 및 남동 유럽의 다른 나라들에서도 실제 상황은 이와 비슷하게 열악했다. 이탈리아 통화는 아직 어느 정도 통제가 가능하나 명목 가치의 절반을 조금 넘어설 뿐이고, 프랑스 통화 시장은 여전히 불확실한 상태에 있다. 영국 파운드화마저 현재 가치가 심각하게 감소했고, 미래 전망도 그리 밝지 않다.

그러나 이 통화들이 외국에서 가치의 불안정성을 겪고는 있지

3 **옮긴이 주** 레닌은 지식인층(intelligentsia)을 마르크스가 정의하는 '사회 계급(social class)'으로 보지 않았다. 지성(intellect)은 한 계급의 소유물이 아니라, 노동자와 농민도 소유할 수 있는 것이었다. 러시아혁명 후 러시아 지식인 중 일부는 이민을 가거나, 일부는 반혁명을 위한 우파 운동에 참여하거나, 일부는 볼셰비키주의를 따르고 소비에트연방을 구성하는 데 참여했다. 볼셰비키는 비(非)볼셰비키 지식인들을 노동자계급의 적으로 규정했다. 일부는 '철학자의 배(filosofskyi parochod)'에 실어 추방되었고, 일부는 노동수용소(gulag)에서 강제 노역을 강요받았으며, 일부는 일괄적으로 처형되었다.

평화의 경제적 결과

만, 러시아에서조차 국내 구매력을 완전히 잃어버린 것은 아니다. 국가의 법정화폐에 대한 신뢰의 감정이 모든 나라의 시민들에게 깊이 뿌리박혀 있어서, 그들은 언젠가 틀림없이 이 돈이 옛 가치를 적어도 일부라도 되찾을 것이라 믿을 수밖에 없다. 그들의 마음속에는 돈 그 자체에 본질적으로 가치가 있는 것으로 보인다. 그들은 이 돈이 대표하는 실질적인 부가 일거에 흩어져 사라져버렸다는 것을 파악하지 못하고 있다. 이런 감정은 정부가 국내 물가를 통제해 법정화폐의 구매력을 어느 정도 유지하려고 사용하는 여러 법적 규제로 떠받쳐지고 있다. 이렇게 법의 힘 덕분에 일부 상품에 대한 즉각적인 구매력이 어느 정도 유지되고 있고, 특히 농민들에게 퍼져있는 감정과 관습은 그들이 실제로는 아무 쓸모도 없는 돈을 쌓아두게 만들고 있다.

그러나 가격 통제로 표현되는 법의 힘으로 통화의 거짓된 가치를 유지하는 일은 자체로 그 안에 파국적인 경제적 쇠퇴의 씨앗을 품고 있고, 얼마 되지 않아 궁극적인 공급의 원천을 말려버린다. 경험으로 깨닫게 되겠지만, 만약 누군가 자기 노동력의 결실을 화폐로 교환하도록 강요받고, 생산물에 대한 대가로 받은 화폐와 비슷한 가격으로 자신이 필요한 것을 구매하는 데 사용할 수 없다면, 사람들은 자기의 생산물을 품속에 숨기거나 친구나 이웃에게 선물로 나눠주거나 생산의 수고를 덜 감내할 것이다. 진정한 상대적 가치가 아닌 가격에 강제로 상품을 교환하게 만드는 체계는 생산을 느슨하게 만들 뿐 아니라 궁극적으로는 낭비적이고 비효율적인 물물교환 체계로 이어진다. 그러나 정부가 규제를 꺼리고 상황이 스스로 알아서 전개되도록 내버려둔다면 필수재는 곧 부자가 아니면 감당할 수 없는 수준의 가격이 될 것이고, 화폐에 아무 가치도 없다는 사실이 확실해지며, 대중을 속이는 일은 이제 더는 가능하지 않다.

인플레이션을 해결하는 방법으로 가격을 규제하고 폭리 모리배 사냥을 할 때 그것이 외국 무역에 끼치는 영향은 더 심각하다. 국내에서 상황이 어떻게 되든, 외국에서는 틀림없이 통화가 곧 원래의 진정한 수준에 도달할 것이다. 그 결과, 국내 가격과 국외 가격 사이에 통상 일어나는 조정 과정이 상실된다. 현재의 환율에 따라 국내 통화로 표현되면 수입 상품의 가격은 국내 가격보다 훨씬 높다. 따라서 민간업자들은 필수 불가결한 수많은 제품을 전혀 수입하지 않을 것이고 정부가 이것들을 제공해야만 하는데, 정부는 물건을 비용에 따른 가격 이하로 되팔기 때문에 파산의 길로 조금 더 깊이 내려앉는다. 현재 유럽 전역에 걸쳐 거의 보편적으로 이뤄지고 있는 식품 보조금은 이 현상의 대표적 예다.

현재 유럽 국가들은 실제로는 똑같은 해악이지만 그것이 어떤 모습으로 나타나느냐에 따라 두 개의 집단으로 나뉜다. 한 모습은 봉쇄로 인해 국제 교역에서 단절된 것이고, 다른 모습은 연합국의 자원으로 수입을 감당하는 것이다. 독일이 전형적인 첫째 경우고, 프랑스와 이탈리아가 전형적인 둘째 경우다.

독일의 화폐 유통량은 전쟁 이전의 약 열 배다.[4] 금을 기준으로 할 때 마르크화의 가치는 이전 가치의 약 8분의 1이다. 이 말은 금 기준 국제가격이 이전에 비해 두 배보다 더 높으므로, 독일 내에서 마르크화 표시 가격은 독일 외부의 가격에 조정되고 제대로 조응하

평화의 경제적 결과

도록 계산하면 전쟁 전 수준의 열여섯 배에서 스무 배에 달해야 한다는 것을 뜻한다.[5] 그러나 실제로 그렇지는 않다. 독일의 물가가 엄청나게 많이 오르긴 했지만, 필수품의 경우 어쩌면 아직 평균적으로 이전 수준의 다섯 배보다 훨씬 높지는 않을 것이다. 그리고 명목임금 수준이 가격 상승과 동시에, 그리고 물가 상승률 이상으로 상승하지 않는 한, 물가가 더 오르지는 못할 것이다. 현재의 잘못된 가격 조정은 독일의 경제적 재건을 위한 필수 전제 조건인 수입 교역을 다시 살리는 데 (다른 방해물 이외에도) 두 가지 방식으로 방해가 된다. 첫째, 수입 상품은 인구 대부분의 구매력이 닿지 못하는 데 있다.[6] 그리고 봉쇄가 걷히고 나면 따라올 것으로 기대되는 수입 물품의 홍수는 실제로는 상업적으로 볼 때 가능하지 않다.[7] 둘째, 물건을 수입하거나 제조했을 때 가치가 아주 불확실하고 실현되지 못

4 여기에는 부채기금증서(Darlehenskassenscheine)를 어느 정도 더 포함한다. **옮긴이 주** 독일제국에서 1914년부터 1922년까지 제국부채관리국(Reichsschulden-verwaltung)에서 발행한 통화. 이 통화는 공식적인 은행 지폐와 다르지만 모든 주(州) 정부는 이 증서를 정당한 지급 방식으로 받아들였다. 제1차세계대전 중에 독일에서 제국은행 발행 화폐, 제국기금증서, 민간은행 발행 화폐, 긴급 발행 은행화폐와 함께 유통되었다.

5 오스트리아도 비슷하게 계산하면 물가가 이전 수준의 스무 배에서 서른 배에 달해야 한다.

6 연합국 당국자들이 휴전 기간에 독일 점령 지역을 관리하면서 직면했던 가장 충격적이고 나쁜 징조를 보인 난관 중 하나는, 그 지역 내로 식품을 들여왔을 때 조차 주민들이 그 비용을 지급할 수 없었다는 사실에서 시작되었다.

7 이론상, 국내 가격이 적정 수준보다 낮으면 수출이 신장하고 그에 따라 가격이 스스로 적정 수준으로 돌아가야 할 것이다. 그러나 독일에서, 그리고 폴란드와 오스트리아에서는 더욱, 수출할 것이 거의 혹은 전혀 없었다. 수출이 있기 이전에 수입이 있어야 한다.

할 수도 있는 마르크화로 대금을 받는다면 상인이나 제조업자가 그런 물건을 외국환 신용으로 구입하는 것은 매우 위험성 높은 사업이다. 무역을 되살리는 데 방해가 되는 이 두 번째 요소는 쉽게 사람들의 눈길을 벗어나지만 어느 정도 주목할 만한 것이다. 마르크화가 지금부터 3개월, 6개월 혹은 1년 후에 외국 통화를 기준으로 얼마만큼의 가치가 있을 것인지를 지금 말하는 것은 불가능하다. 외환시장은 믿을 만한 수치를 제시하지 못한다. 따라서 미래 신용과 평판에 신중한 독일의 상인이라면 현실에서 영국 파운드나 미국 달러로 단기신용을 제공받았을 때 그것을 받아들이기 꺼리고 그것에 의문을 품을 수 있다. 부채는 파운드나 달러로 지는데 물건은 마르크로 팔 것이고, 시간이 돼서 이 마르크를 자신이 진 빚을 갚기 위한 통화로 환전하려 할 때 그것이 가능할지는 아주 중요한 문제다. 사업은 원래의 진정한 성질을 상실하고, 교역에서 발생하는 정상적 이윤이 환율의 등락 속에서 완전히 지워져버리는 외환 투기에 지나지 않게 된다.

따라서 무역의 회복을 가로막는 세 가지의 장애물이 있다. 국내가격과 국제가격 사이에 조정이 제대로 이뤄지지 않았고, 운영 자본을 확보하고 교환의 순환을 다시 시작하는 데 필요한 원료를 구입하려면 외국 융자가 필요한데 개인들이 이것을 확보하지 못하고 있으며, 통화 체계가 망가져서 상업 활동의 통상적인 위험성 외에도 신용을 바탕으로 한 사업이 위험에 빠지거나 불가능해졌다.

프랑스에서 화폐 유통량은 전쟁 전 수준의 여섯 배보다 크다. 금을 기준 삼을 때 프랑화의 교환가치는 이전 가치의 3분의 2보다

평화의 경제적 결과

조금 낮다. 즉, 프랑화의 가치는 통화량 증가에 비례해 하락하지 않았다.[8] 이렇게 프랑스의 상황이 겉보기에 더 나아 보이는 이유는, 최근까지 프랑스는 수입 물품 대부분에 스스로 대금을 지급하지 않고 그 대신 영국과 미국 정부가 내어준 융자로 대금을 충당했기 때문이다. 그러자 수출과 수입 사이의 균형이 성립하지 않는 상태가 계속 유지되고 있고, 이제 외국에서 들어오는 원조가 점차 단절되는 상황에서 이 문제는 매우 심각한 요소가 되어가고 있다.[9] 프랑스의 국내 경제, 그리고 화폐 유통량과 외환에 상대적인 물가는 현재 수출을 초과하는 수입에 바탕을 두고 있으나, 이 초과가 계속 이어

8 화폐 유통량의 증가에 비례해 통화가치가 하락한다면, 금의 가치 하락을 고려해 프랑화의 교환가치는 이전 가치의 40퍼센트보다 낮아야 한다. 그런데 이와 다르게 실제 수치는 약 60퍼센트 수준이다.

9 프랑스의 국제 교역이 균형에서 얼마나 떨어져 있는지는 다음 표에서 볼 수 있다.

월 평균 (단위: 1,000파운드)	수입	수출	초과 수입
1913년	28,071	22,934	5,137
1914년	21,341	16,229	5,112
1918년	66,383	13,811	52,572
1919년 1~3월	77,428	13,334	64,094
1919년 4~6월	84,282	16,779	67,503
1919년 7월	93,513	24,735	68,778

이 수치들은 법정 환율(par rate) 근사치를 기준으로 전환된 수치다. 그러나 이 계산은 1918년과 1919년 무역량이 1917년의 공식 환율로 계산되었다는 사실로 어느 정도 보정된다. 프랑스의 수입이 이 수치에 가까운 수준으로 계속될 가능성은 매우 작다. 따라서 이런 수치를 바탕으로 기대되는 번영의 모습은 겉보기에만 그럴 뿐이다.

질 수는 없다. 프랑스의 소비 수준을 낮추지 않고 현 상황을 조정할 방법을 찾아내기는 힘든 일이다. 그러나 소비 수준이 낮아진다면, 그것이 일시적이라 하더라도, 대중은 큰 불만을 표출할 것이다.

이탈리아의 상황도 그리 다르지 않다. 이곳에서 화폐 유통량은 전쟁 전 수준의 다섯 배에서 여섯 배다. 금을 기준으로 리라화의 교환가치는 이전 가치의 약 절반이다. 따라서 화폐 유통량에 따른 환율 조정은 프랑스에서보다 이탈리아에서 더 많이 진행되었다. 반면에, 이민자들이 보내오는 송금과 관광객들의 지출로부터 오는 이탈리아의 '숨겨진' 수입은 매우 심각하게 타격을 받았다. 오스트리아의 붕괴는 이탈리아의 중요한 시장 하나를 박탈했다. 이탈리아는 해외 운송과 모든 종류의 수입 원료에 특히 의존하고 있었는데, 이런 상황 때문에 국제가격의 상승으로 특별히 큰 피해에 노출되었다. 이 모든 이유로 인해 이탈리아의 상황은 심각한 상태에 있고, 이탈리아의 수입 과잉은 프랑스의 경우만큼 심각한 징조가 되고 있다.[10]

프랑스와 이탈리아에서, 현재의 인플레이션과 국제가격 조정

10 이탈리아의 수치는 다음과 같다.

월 평균 (단위: 1,000파운드)	수입	수출	초과 수입
1913년	12,152	8,372	3,780
1914년	9,744	7,368	2,376
1918년	47,005	8,278	38,727
1919년 1~3월	45,848	7,617	38,231
1919년 4~6월	66,207	13,850	52,357
1919년 7~8월	44,707	16,903	27,804

평화의 경제적 결과

의 미비함은 이 국가 정부들이 직면하고 있는 불행한 재정 상황으로 더 가중되고 있다.

프랑스는 세금을 제대로 징수하지 못하는 것으로 악명 높다. 전쟁 전에 프랑스와 영국의 전체 예산 규모와 1인당 평균 세금은 거의 같았다. 그러나 프랑스는 전쟁으로 인해 증가한 지출을 충당하려는 노력을 충분히 기울이지 않았다. 한 추산에 따르면, "전쟁 중에 영국에서 세금은 1인당 95프랑에서 265프랑으로 증가했으나, 프랑스에서는 90프랑에서 겨우 103프랑으로 증가했다." 1919년 6월 30일로 마감되는 회계연도 동안에 프랑스에서 징수한 세금은 정상적인 전쟁 후 지출 추산치의 절반도 되지 않았다. 미래에 정상 예산 규모는 8억 8,000만 파운드(220억 프랑) 이하가 될 수 없고 이 수준을 넘을 수도 있다. 그러나 1919~1920년 재정 회계연도에 대해서도 추산되는 조세수입은 이 금액의 절반을 크게 넘지 않는다. 프랑스 재무부는 이 막대한 적자를 메꿀 계획이나 정책은 아무것도 내놓지 않으면서, 단지 프랑스 관료들조차 근거 없다고 생각하는 막대한 배상금을 독일에서 받을 것만 기대하고 있다. 이 와중에 프랑스는 전쟁 물자 판매나 미국의 잉여농산물로 도움을 받으면서, 1919년 하반기에조차 아무런 양심의 가책도 느끼지 않고 프랑스은행의 추가 화폐 발행을 통해 적자를 메꿨다.[11]

어쩌면 이탈리아의 예산 상황은 프랑스보다 약간 나을 것이다.

[11] 이 책을 쓰는 기간에 공개된 프랑스은행의 가장 최근(1919년 10월 2일과 9일) 보고서에 따르면, 일주일간 통화 증가액은 각각 1,875만 파운드와 1,882만 5,000파운드였다.

전쟁 기간에 이탈리아의 재정은 프랑스보다 훨씬 더 모험적이어서, 세금을 부과해 전쟁 비용을 충당하려는 노력을 프랑스보다 더 많이 기울였다. 그럼에도 니티[12] 수상은 1919년 10월 총선 전야에 유권 자들에게 보낸 서한에서 다음과 같은 현 상황에 대한 절망적인 분 석을 공개할 필요가 있다고 생각했다. (1) 정부 지출이 조세수입의 약 세 배에 이른다. (2) 철도·전신·전화를 포함한 국영 사업 분야는 모두 적자로 운영되고 있다. 시민들은 식품을 높은 가격에 구매하 고 있지만, 이 가격은 정부에 매년 약 10억 리라의 손실을 안겨주고 있다. (3) 이 나라를 떠나 외국으로 가는 수출의 가치는 외국에서 이 나라로 오는 수입 가치의 4분의 1 혹은 5분의 1에 지나지 않는다. (4) 국가 부채는 매달 약 10억 리라의 크기로 증가하고 있다. (5) 한 달 동안의 군비 지출이 전쟁 첫해의 군비보다 여전히 더 많다.

이것이 프랑스와 이탈리아의 예산 상황이라면, 전쟁에 휘말렸 던 유럽의 나머지 국가들 사정은 더 절망적이다. 독일의 경우 독일 제국, 연방 주, 지방자치단체의 1919~1920년 회계연도에 지출한 총액은 250억 마르크로 추산된다. 이 중 100억이 채 안 되는 금액만 이전에 징수한 세금으로 충당된다. 배상금 지급을 위한 액수는 포

---

12 옮긴이 주 프란체스코 사베리오 니티(Francesco Saverio Nitti, 1868~1953) 는 1911년부터 1914년까지 조반니 졸리티(Giovanni Giolitti, 1842~1928) 내각 에서 농업산업무역 장관을 역임했고, 오를란도 내각에서는 재무 장관을 맡았다. 1919년 6월에 오를란도 수상이 파리평화회의에서 이탈리아의 이해를 제대로 관 철하지 못한 책임을 지고 사퇴하자 수상직을 이어받았다. 그러나 당시 이탈리아 정계에 영향력이 컸던 공산주의자와 무정부주의자, 파시스트 사이의 정쟁으로 인한 정치적 혼란을 수습하지 못한 채 1920년 6월 수상직을 졸리티에게 넘겼다.

평화의 경제적 결과

함하지 않는데도 이 규모의 금액이다. 러시아나 폴란드, 헝가리 혹은 오스트리아의 경우, 예산 같은 것이 존재한다고 진지하게 생각할 수조차 없다.[13]

따라서 앞에서 기술한 인플레이션 정책의 위협은 단순히 평화로 치유가 시작되는 전쟁의 산물이 아니다. 그 위협은 그 끝이 아직도 보이지 않는 계속되는 현상이다.

이 모든 영향이 함께 작용하면서, 유럽이 충분한 양의 수출품을 즉각 생산해서 자신들에게 필요한 수입품 대금을 마련할 수 있을 상황을 막고 있다. 그뿐 아니라 교환의 순환을 다시 시작하는 데는 운영 자본이 필요한데 그 운영 자본을 확보할 신용을 훼손하고 있고, 경제법칙의 힘을 균형으로 향하기는커녕 그것에서 더 멀어지게끔 움직여서, 유럽이 현 상황에서 회복하는 게 아니라 그것을 계속 이어가도록 만들고 있다. 비효율적이고, 실업자로 들끓으며, 질서가 무너져 내린 유럽이 우리 앞에 서 있다. 유럽은 내부 투쟁과 나라 간 증오로 갈가리 찢기고, 싸움과 기아와 약탈과 거짓으로 얼룩져 있다. 이

---

13 1919년 10월 3일에 빌린스키 재무 장관은 폴란드 의회에 예산을 보고했다. 그는 향후 9개월 동안의 지출이 지난 9개월 동안의 지출의 두 배 이상일 거라고 추산했다. 이전 9개월 기간에 조세수입은 지출의 5분의 1에 불과했지만, 뒤에 올 9개월 기간에는 수입을 지출의 8분의 1 수준에 맞출 것이라 했다. 바르샤바의 《더 타임스》 특파원은 "전반적으로 빌린스키의 어조는 낙관적이었고 국회의원들은 그 말에 만족하는 것처럼 보였다."라고 소식을 전했다! **옮긴이 주** 레온 빌린스키(Leon Biliński, 1846~1923)는 합스부르크 왕조와 신생국가 폴란드에서 여러 정치직을 맡아 활동했다. 1895년부터 1919년에 이르는 기간에 오스트리아 재무 장관, 오스트리아-헝가리제국 재무 장관, 오스트리아-헝가리은행 총재, 폴란드공화국 재무 장관, 폴란드 최고 국가 위원회 의장 등을 역임했다.

것보다 덜 음침한 색깔의 그림을 보장해줄 그 무엇이 과연 있을까?

이 책에서 나는 러시아·헝가리·오스트리아에 대해서는 별로 주목하지 않았다.[14] 이곳에서 얼마나 삶이 비참해지고 사회가 와해되었는지는 분석할 필요가 없을 정도로 너무도 잘 알려져 있다. 그리고 이 나라들은 유럽의 나머지 국가들이 아직 예상하고만 있는 단계를 이미 현실로 겪고 있다. 광활한 지역에 걸쳐있고 인구도 많은 이 나라들은 어떻게 사람들이 고통을 받고 어떻게 사회가 와해될 수 있는지를 보여주는 현존하는 예다. 무엇보다도 먼저, 이 나라들의 상황은 마지막 파국에 이르면 어떻게 신체의 병이 마음의 병으로 옮겨가는지를 시사해준다. 경제적 궁핍은 쉬운 단계를 거쳐 진행하고, 사람들이 그것을 인내하며 견디는 한 외부 세계는 궁핍 속 사람들에게 그리 관심을 두지 않는다. 신체적 효율성과 질병에 대한 저항성이 점차 낮아지지만[15] 삶은 어떻게든 진행된다. 그러나

14 오스트리아공화국에 부과된 평화조약의 조건은 그 국가가 처한 절망적인 상황의 실제 사실과 아무런 관계가 없다. 빈의《노동자 신문(Arbeiter Zeitung)》은 1919년 6월 4일자 기사에서 조약 조건에 대해 다음과 같이 논평한다. "어떤 평화조약의 실질적 내용도, 이 조약의 경우처럼, 조약을 만들 때 방향을 제공했다고 알려진 의도를 그토록 무지막지하게 배신한 적이 없다. 이 조약의 모든 조항은 무자비함과 냉혹함으로 짙게 물들어 있고, 이 조항들에서 인간적 공감의 숨결은 눈곱만치도 찾아볼 수 없으며, 사람과 사람을 맺어주는 모든 것에 역행하고 있다. 이 조약은 인류 그 자체에 대한, 고통받고 고문받는 사람들에게 가한 범죄다." 나는 오스트리아 조약을 상세히 알고 있고 그 조항의 일부에 대한 초안이 만들어질 때 그 자리에 있었다. 그러나 나는 위 신문의 폭발적인 분노를 보면서 분노의 정당성을 반박하는 것이 쉽지 않음을 느낀다.

15 지난 몇 달 동안 중부 유럽 제국 국민의 건강 상태에 대한 보고는 우리의 상상이 매우 둔감하다는 느낌을 줬다. 그 보고를 인용할 때 감상적이게 되는 것은 어찌할 수 없다. 그러나 그 보고의 사실성은 논란의 대상이 아니며, 나는 그중 세

평화의 경제적 결과

개를 인용할 것이고, 독자들은 이를 무시하지 말아야 할 것이다. "전쟁이 끝나
가던 몇 년 동안, 오스트리아 한곳에서만 적어도 3만 5,000명의 사람들이 결핵
으로 사망했다. 빈에서만 1만 2,000명이 사망했다. 최근에도 결핵 치료를 받아
야 할 사람의 수는 적어도 35만 명에서 40만 명으로 추산된다. …… 영양실조로
핏기 없는 세대가 근육이나 관절이나 뇌가 제대로 발달하지 않은 채 커가고 있
다."(《신자유신문[Neue Freie Presse]》, 1919년 5월 31일자) 독일의 상황을 점검
하려고 네덜란드·스웨덴·노르웨이의 의료진이 지명한 의사들로 구성된 위원회
는 1919년 4월에 스웨덴 언론에 다음과 같이 보고했다. "결핵은 특히 아동에게
서 끔찍할 만큼 증가하고 있고, 전반적으로 말해 악성이다. 마찬가지로 구루병은
더 심각하고 더 광범위하게 퍼져있다. 이런 질병을 막기 위해 할 수 있는 일은 전
혀 없다. 결핵 환자에게 줄 우유도 없고, 구루병으로 고생하는 사람들에게 발라
줄 어간유(魚肝油)도 없다. …… 결핵은 지금까지는 예외적인 경우에만 나타났
던, 거의 선례가 없는 모습으로 퍼지고 있다. 몸 전체가 동시에 공격당하고 있어,
이런 형태의 질병은 현실적으로 치료 가능성이 없다. …… 결핵은 이제 성인에게
는 거의 언제나 치명적이다. 병원 입원자의 90퍼센트가 결핵 때문이다. 식량이
부족한 탓에 결핵을 치료하기 위해 할 수 있는 일은 전혀 없다. …… 결핵은 가장
끔찍한 형태, 즉 화농성 용해로 바뀌는 선상 폐결핵(glandular tuberculosis) 같은
형태로 나타난다." 다음 글은 후버 조사단을 따라 에르츠산맥(Erzgebirge) 지역
을 방문했던 한 작가가 1919년 6월 5일자 《포스 신문(Vossische Zeitung)》에 실
은 글이다. "내가 방문한 대규모 지역에는 총 아동의 90퍼센트가 구루병에 걸려
있고 아이들은 3세나 되어야 겨우 걸을 수 있다. …… 나를 따라 에르츠산맥의 학
교로 가보시라. 당신은 그곳을 나이 어린 아이들을 위한 유치원이라 생각할 것이
다. 아니다. 이 아이들은 7세 혹은 8세 정도의 아동이다. 조그마한 얼굴, 멍하고
커다란 눈, 커다랗게 부풀어 오른 구루병 걸린 이마, 뼈와 살가죽만 있는 가느다
란 팔, 그리고 관절이 어긋나고 구부러진 다리 위에 굶주림에 따른 부종으로 부
어올라 뾰족해진 배. …… 담당 의사는 이렇게 설명했다. '여기 이 아이를 보시지
요. 이 아이는 엄청난 양의 빵을 섭취했지만 전혀 튼튼해지지 않았어요. 나중에
나는 이 아이가 자기가 받은 빵을 모두 짚 매트리스 아래 숨겨놓았다는 걸 알았
어요. 배고픔의 공포가 이 아이의 머릿속에 너무 깊이 박혀있어서, 이 아이는 빵
을 먹는 대신 쌓아놓았던 거예요. 잘못된 동물적 본능이 배고픔의 공포를 현실에
서 받는 고통보다 더 무서운 것으로 만든 것이지요.'" 그러나 그런 아이들이 영국
납세자들의 부담을 줄여주려고 40세 혹은 50세가 될 때까지 배상금을 갚아야 하
는 것이 정의라고 생각하는 사람이 많이 있어 보인다. 옮긴이 주 에르츠산맥은 독
일과 체코슬로바키아 국경에 있는 산악 지역이다.

력감으로 고통받는 자들을 일깨워 뒤흔들어놓는다. 이 무력감이야 말로 위기가 발생하기 전에 나타나는 것이다. 이제 사람들이 몸을 일으키고, 관습의 굴레는 풀려버린다. 사상은 최고의 권력을 지닌 다. 사람들은 희망·환상·복수 그 어떤 것이든 공중에서 들려오는 그것들의 지시에 귀를 기울인다. 이 글을 쓰고 있는 지금, 러시아 볼 셰비키주의의 불꽃은 적어도 당분간은 다 타버린 듯이 보인다. 그 리고 중부와 동부 유럽 사람들은 끔찍한 무기력감에 빠져있다. 최 근에 수확한 곡물로 최악의 궁핍은 면했고, 평화가 파리에서 선언되 었다. 그러나 겨울이 다가오고 있다. 사람들에게는 기대할 것도 희 망을 매어둘 것도 전혀 없을 것이다. 계절의 혹독함을 완화해주거나 도시 거주자들의 허기진 몸을 달래줄 연료도 거의 없을 것이다.

그러나 얼마나 더 인내해야 할지, 혹은 적어도 이런 불행한 상 황에서 탈피하려고 어떤 방향으로 나아가야 할지를 말해줄 수 있는 사람이 과연 있을까?

평화의 경제적 결과

제7장

처방

커다란 사안에서 올바른 관점을 유지하기는 힘들다. 나는 파리 평화회의에서 일어난 일을 비판했고, 유럽의 상황과 전망을 암울한 색으로 그렸다. 그것은 현 상황을 보는 하나의 관점이지만, 나는 그러한 관점이 진정한 것이라고 믿는다. 그러나 매우 복잡한 현상의 예후는 단 하나의 방향만을 가리키지 않는다. 우리는 모든 요인이라고 할 수 없는 것에서 너무 성급하고 불가피하게 결과를 예상하는 오류를 범할지도 모른다. 전망 자체가 너무 어두우면 사람들은 그 정확성에 의문을 품는다. 너무 비통한 어조의 서술은 사람들의 상상을 자극하기보다는 둔하게 만들고, 사람의 마음은 '사실이기에는 너무 나쁘다'는 느낌에 부딪힐 때 튕겨 나오기 때문이다. 그러나 독자들이 이런 자연적인 반응에 너무 휘둘리기 전에, 그리고 내가 이 장에서 목적하는 바대로 독자들이 해결 방안과 개선책 그리고 좀더 밝은 미래를 발견하도록 이끌고 가기 전에, 나는 대조되는 두 나라의 상황을 독자들에게 상기시켜 그들 판단의 저울을 바로잡고자 한다. 그 나라는 영국과 러시아다. 이 중 한 나라는 독자의 낙관주의를 너무 많이 조장할 수 있다. 그러나 다른 나라는 여전히 파국이 일어날 수 있으며 현대사회가 아주 거대한 악으로부터 안전하지 않음을 독자들에게 상기시켜줄 것이다.

나는 앞선 장들에서 영국이 처한 상황이나 문제에는 전반적으로 크게 주목하지 않았다. 나의 서술에서 '유럽'은 일반적으로 영국 제도(諸島)를 제외하는 것으로 해석되어야 할 것이다. 영국은 전환의 시기에 있고, 영국의 경제 문제는 심각하다. 우리 영국인에게는 사회구조와 산업구조가 크게 변하는 시기의 전야일 수 있다. 우리 중 그런 전망을 환영할 사람도 있을 것이고 개탄할 사람도 있을 것이다. 그러나 그런 전망은 유럽에 임박해 있는 전망과는 다른 종류의 것이다. 나는 영국에 파국이 닥칠 가능성이 조금이라도 있다거나 영국의 사회 전반에 심각한 격변이 일어날 가능성이 조금이라도 있다고 느끼지 못한다. 전쟁은 영국을 가난하게 만들었으나 심각할 정도는 아니다. 나는 1919년에 영국의 실질 부가 적어도 1900년 수준과 같다고 판단한다. 영국의 무역수지는 적자 상태에 있지만, 우리의 경제적 삶을 뒤흔들어놓을 정도로 재조정할 필요는 없다.[1] 영

[1] 영국(U.K.)의 수치는 다음과 같다.

월 평균 (단위: 1,000파운드)	수입	수출	초과 수입
1913년	54,930	43,770	11,160
1914년	50,097	35,893	14,204
1919년 1~3월	109,578	49,122	60,456
1919년 4~6월	111,403	62,463	48,940
1919년 7~9월	135,927	68,863	67,064

그러나 이 초과 수입량은 보이는 것처럼 전혀 심각하지 않다. 현재 상선이 매우

평화의 경제적 결과

국의 재정 적자는 매우 크지만, 기업 활동과 신중한 정치 기술이 다리를 놓아줄 수준 이상으로 크지는 않다. 노동시간 단축으로 인해 영국의 생산성이 약간 하락했을 수 있다. 그러나 이를 전환 시기의 한 면모라 희망하는 것이 너무 큰 것을 바라는 일은 아닐 것이다. 그리고 영국 노동자계급을 잘 알고 있는 사람치고, 일이 노동자에게 적합하고 그들이 자신의 삶의 조건에 공감하고 무리 없이 만족하면, 그들이 더 짧은 시간을 일하더라도 적어도 전에 적용되었던 긴 노동시간에 해당하는 규모로 생산해낼 수 있음을 의심할 사람은 없다. 영국이 당면한 가장 심각한 문제는 전쟁으로 인해 선명하게 드러났지만, 그 문제의 원천을 보면 더 근본적인 문제를 볼 수 있다. 19세기의 동력은 이제 끝에 이르렀고 힘이 빠져버렸다. 그 세대의 경제적 동기와 이상은 더는 지금의 우리를 만족시키지 못한다. 우리는 새로운 길을 찾아야만 하고, 새로운 산업적 탄생이 가져다주는 집단적 불안감, 그리고 그것이 가져다줄 극심한 산고를 다시 겪어야만 한다. 이것뿐 아니다. 여기에 더해, 내가 제2장에서 상세히 논의했던 것이 있다. 식품의 실질 비용은 증가하는데, 세계 인구가 더 증가할 때 이에 대한 자연의 반응은 감소한다는 것이다. 분명 이 경향은 산업국가 중에서도 가장 발전한 나라들, 그리고 식품의 수입에 의존하는 대부분의 나라에 특히 해를 끼칠 것이다.

그러나 이런 장기 추세적인 문제는 어느 세대도 겪지 않고 넘

높은 운송 수입을 얻고 있는 것을 볼 때, 영국의 여러 '보이지 않는' 수출은 어쩌면 전쟁 전에 비해 오히려 더 높을 수 있고 적어도 매달 4,500만 파운드 정도 될 것이기 때문이다.

어갈 수 없는 것이다. 이 문제들은 현재 중부 유럽 사람들을 괴롭힐 지도 모를 문제와는 완전히 다른 차원에 있다. 익숙한 영국의 상황을 생각하면서 자신들의 낙관주의를 맘껏 즐기는 경향이 있는 독자들, 그에 더해 자신이 접하는 주위가 미국에 속하는 독자들은 러시아, 오스만제국, 헝가리 혹은 오스트리아에 눈길을 돌려 이곳 사람들이 현재 겪고 있는 불행의 성질을 조금이라도 이해하고자 노력해야 할 것이다. 여기에서는 인간이 겪는 물질적 악에서 가장 참혹한 것, 즉 기근·추위·질병·전쟁·살인·무질서를 실제로 사람들이 매일매일 현실로 겪고 있다. 이런 불행이 확대하는 것을 막을 처방을, 만일 그게 하나라도 있다면, 찾아내는 것이 분명 우리의 임무다.

그렇다면 어떻게 해야 할 것인가? 이 장에서 내놓을 잠정적인 제안은 독자들에게 부적절해 보일지도 모른다. 그러나 휴전 뒤에 찾아온 6개월 동안 파리에서 좋은 기회가 헛되이 날아갔다. 그 기간에 만들어진 해악을 바로잡으려고 지금 우리가 할 수 있는 일은 아무것도 없다. 대규모 빈곤과 사회에 대한 커다란 위협을 피할 수 없게 되었다. 우리에게 열려있는 일이라고는 시시각각 진행되는 사건 밑에 깔린 근본적인 경제적 경향을, 그것들이 우리를 더 깊은 불행의 수렁으로 이끌지 않고 번영과 질서를 재정립하도록 자극을 주는 방향으로, 우리 힘이 닿는 대로 바꿔놓는 것뿐이다.

그러기 위해 제일 먼저 해야 할 일은 파리평화회의의 분위기와 방법에서 탈피하는 것이다. 회의를 지배했던 사람들은 대중의 의견 앞에 머리를 숙일 수 있을지언정, 우리가 직면한 문제에서 우리를 결코 구해내지 못한다. 4인 위원회가, 설사 그들 자신이 원하더라도, 자신들이 한 일을 되돌아볼 것이라 상정하기는 힘들다. 따라서 유럽 각국의 기존 정부를 다른 정부로 바꾸는 일은 거의 필수 불가결한 전제 조건이다.

그렇기에 나는 베르사유평화조약이 지속될 수 없다고 믿는 사람들을 위해 한 가지 계획을 제안한다. 이 계획은 다음의 항목으로 요약될 수 있다.

Ⅰ. 조약의 개정
Ⅱ. 연합국 간 부채 청산
Ⅲ. 국제 융자와 통화 개혁
Ⅳ. 중부 유럽과 러시아의 관계

Ⅰ. 조약의 개정

조약을 수정할 헌법적 차원의 방법이 있을까? 윌슨 대통령과 스뮈츠[2] 장군은 국제연맹 규약을 확정한 사실이 조약의 나머지에

---

2 옮긴이 주 얀 크리스티안 스뮈츠(Jan Christian Smuts, 1870~1950)는 남아프리카연합(남아프리카공화국의 전신)의 정치가이자 군인으로, 1919~1924년, 1939~1948년 두 기간에 걸쳐 수상직을 역임했다. 제1차세계대전 기간에 국방장관으로 연합방위군을 지휘했고, 1916년에는 동아프리카 공세에 직접 참전하기도 했다. 파리평화회의에서 루이 보타(Louis Botha, 1862~1919) 수상과 함께 남아프리카연합을 대표해 독일에 대해 완화된 배상을 요구하는 의견을 지지했고, 국제연맹 창설에 윌슨 대통령과 함께 주도적 역할을 했다. 1945년에는 국제연합(United Nations) 헌장을 만들기 위한 샌프란시스코회의에 남아프리카공화

담긴 해악보다 훨씬 더 중요하다고 믿는다. 그들은 유럽이 지금보다 더 견딜 만한 삶을 점진적으로 전개해 나가게 하려면 국제연맹에 기대야 한다는 생각을 내비쳤다. 스뮈츠 장군은 평화조약 서명 시 내놓은 발표문에서 다음과 같이 말했다. "영토 합의 사항 중에는 후에 개정이 필요할 것이 있다. 조약에 적시된 보장 중에는 우리의 옛 적들이 이제 평화의 분위기 속에서 무장을 푼 상태를 지속하면, 우리 모두 희망컨대, 곧 이것과 조화를 이루지 못할 것으로 밝혀질 것이 있다. 예시된 처벌 중에는 좀 더 차분한 분위기에서 보면 망각의 스펀지로 닦아내는 쪽이 나을 것이 대부분이다. 규정으로 명기된 배상 요구 중에는 유럽 산업의 회복에 심각한 폐해를 끼치지 않고는 실현될 수 없는 것, 좀 더 너그럽고 온건하게 만드는 것이 모든 사람에게 이득이 될 사항이 있다. ...... 나는 국제연맹이 바로 이 전쟁이 가져온 폐허에서 유럽이 탈출할 길이 되리라 확신한다." 윌슨 대통령은 1919년 7월 초 미국 상원에 조약을 보고하면서 그들에게 이렇게 전했다. 국제연맹이 없다면 "...... 독일이 향후 한 세대에 걸쳐 완결 짓겠다고 약속한 배상 임무를 장기에 걸쳐 감독하는 일[3], 조약이 규정으로 정해놓았으나 조약 자체에서도 너무 오랫동안 강제로 집행하면 이점이 지속되지 않거나 완전히 공정하지는 않다고

국을 대표해 참석했다.

3 배상금 지급에 대한 감독이 국제연맹에 위임되었다고 하는 윌슨 대통령의 말은 틀린 말이다. 이 책의 제5장에서 지적한 바와 같이, 국제연맹은 조약에서 경제 및 영토와 관련한 조항 대부분과 관련해 인용되지만, 배상과 관련해서는 그렇지 않다. 배상 문제와 배상액 수정에 대해서는 배상 위원회가 최고법원 역할을 했고, 국제연맹에는 하등의 상소도 할 수 없었다.

인정하는 행정적 조정이나 제약을 재고하고 개정하는 일, 이런 일을 실행하기가 매우 어렵습니다."

국제연맹을 창설하는 데 주도적 역할을 한 이 두 사람이 이렇게 국제연맹으로부터 기대하는 이점을 국제연맹의 활동에서 확보할 수 있다고 희망해본다면 무리일까? 이와 관련된 문구는 국제연맹 규약의 제19조에 나와 있다. 이 조는 다음과 같다. "총회는 때에 따라 연맹 회원국들에게, 적용이 불가능해진 조약을 재고하고, 계속된다면 세계 평화를 위험에 빠뜨릴 수 있는 국제 상황을 고려하도록 권고한다."

그러나 오호통재(嗚呼痛哉)라! 제5조는 다음과 같이 규정한다. "이 규약에서 혹은 본 조약의 조항에 따라 다른 방식으로 명시적으로 규정된 경우를 제외하고, 총회나 이사회의 어떤 회의에서든 내리는 결정은 그 회의에 대표를 참석시키는 연맹의 모든 회원국의 동의를 요한다." 평화조약의 조항 중 어느 것이라도 조기에 재고하는 일과 관련하는 한, 이 조건은 국제연맹을 단순히 시간이나 허비하는 기구로 전락시키고 있지 않을까? 만일 조약과 관련한 모든 당사국이 조약에 특정한 의미에서 수정이 필요하다고 만장일치로 같은 의견이면 일을 성사하는 데 국제연맹 같은 기구나 규약은 필요하지 않다. 국제연맹 총회가 만장일치로 결정하더라도, 연맹은 특정적으로 영향받는 회원국이 그 결정을 재고하도록 '권고'하는 것 이상을 할 수 없다.

국제연맹을 지지하는 사람은 이렇게 말한다. 국제연맹은 세계 사람들의 의견에 영향을 미치는 방식으로 작동할 것이라고. 그리고 다수결로 결정된 의견은 법적으로는 아무런 효과가 없을지 모르지만, 실행 단계에서는 결정적인 힘을 발휘할 것이라고. 제발 그렇게 되기를 빌어본다. 그렇지만 국제연맹은 노련한 유럽 외교관의 수중에서 방해와 지연을 위한 무적의 도구가 될 수 있다. 조약을 개정하는 일은 일차적으로 이사회가 아니라 총회에 위임된다. 이사회는 회의가 자주 소집되지만, 총회는 비교적 뜸하게 소집된다. 또 총회는, 대규모 연합국 간 회의를 경험해본 사람이라면 잘 알듯이, 틀림없이 통제하기 어려운 다국어 토론회가 될 것이다. 이런 토론회에서는 참석자들의 결심이 아무리 강대하고 회의 운영이 아무리 잘되더라도, 현상 유지를 선호하는 반대의 목소리를 넘어 사안을 제대로 다루는 데 완전히 실패할 수 있다. 실상 국제연맹 규약에는 파국적 결과를 가져올 오점이 두 개 있다. 만장일치를 규정하는 제5조, 그리고 많은 비판을 받은 제10조가 그것이다. 제10조에 따르면, "연맹 회원국들은 외부 공격에 맞서 모든 연맹 회원국의 영토 통일성과 기존 정치적 독립을 존중하고 유지할 것을 약속한다." 이 두 조항은 함께 작용하면서, 인류 진보의 도구로서 국제연맹의 개념을 파괴하고, 국제연맹이 출발할 때부터 국제연맹을 현상 유지 쪽으로 거의 숙명적으로 기울게 하는 데에 어느 정도 일조한다. 원래 국제연맹을 반대하던 측 일부가 국제연맹을 받아들인 것도 바로 이 두 조항 덕분이다. 국제연맹을 받아들인 반대 측은 이제 국제연맹을 적국의 경제적 폐허를 영속화하고, 자신들이 평화를 통해 수립했다고 생각하는 힘의 균형을 자신들에게 유리한 쪽으로 계속 이어가기 위한 또 다른 신성동맹[4]으로 만들기를 희망하고 있다.

평화의 경제적 결과

조약 개정이라는 특정 문제에 자리 잡은 실질적인 난관을 '이상주의'를 위해 우리 자신에게서 숨기는 일은 잘못이고 바보 같은 짓일 것이다. 그러나 그렇다고 그것이 국제연맹을 매도할 이유가 되지는 않는다. 국제연맹은 세상 사람들의 지혜를 통해 평화를 위한 강력한 도구로 바뀔 수 있고, 이미 국제연맹은 규정의 제11조부터 제17조까지[5] 위대하고 유익한 성과를 이뤘다. 따라서 나는 평화조약을 개정하려는 우리의 첫 번째 노력이 다른 방식이 아니라 국제

4 **옮긴이 주** 1815년 6월 나폴레옹은 워털루전투에서 대패하고 폐위되었다. 같은 해 9월 러시아 황제 알렉산드르 1세의 주도로 오스트리아와 프로이센, 러시아 3국으로 구성된 '신성동맹(Heilige Allianz)'이 결성되었다. 이 동맹의 구성 국가는 모두 왕정 국가라는 특징이 있다. 동맹의 근본 목표는 프랑스혁명(1789)과 그 이후 일어난 프랑스혁명전쟁(1792~1802) 및 나폴레옹전쟁(1803~1815)의 여파로 유럽에 퍼져 나가기 시작한 자유주의와 세속주의를 억제하고, 왕의 신권(神權)과 기독교 가치에 바탕을 둔 왕정 체제를 유지하는 것이었다. 이런 목표하에 신성동맹은 같은 해 11월 (처음에는 신성동맹에 반대했던) 영국이 합류해 '4국동맹(Quadruple Alliance)'으로, 1818년 프랑스가 합류해 '5국동맹(Quintuple Alliance)'으로 발전했다. 그러나 동맹은 1856~1857년의 크림전쟁(Krym War)을 계기로 와해되었다. 1871년 독일을 통일한 비스마르크 재상은 신성동맹을 본떠 독일제국, 오스트리아-헝가리제국, 러시아제국으로 구성된 '3제동맹(Dreikaiserbund)'을 결성했다. 비스마르크의 목표는 동맹국 사이의 갈등을 중립화하고 프랑스를 견제하는 것이었다. 그러나 발칸반도와 관련해 러시아와 오스트리아-헝가리 사이에서 지속적으로 발생한 이해 충돌로 인해, 3제동맹은 1887년 해체되었다. 케인스는 "또 다른 신성동맹"이라는 표현을 통해, 19세기 초의 신성동맹이 자유주의와 세속주의를 억제하려고, 또한 19세기 말의 새로운 신성동맹인 3제동맹이 프랑스를 견제하려고 결성된 것처럼, 일부 국가들이 국제연맹을 특정한 집단에 속한 국가의 이해를 위한 국제기구로 생각하고 있음을 비판하고 있다.
5 이 조항들은 연합국 간에, 그리고 회원국과 비회원국 간에 전쟁이 일어나는 것을 미연에 방지할 방도를 제공한다. 이 의미에서 이 조항들은 규약이 이룬 견고한 성과다. 이 조항들로 인해 조직화한 강대국들 사이에서는 1914년에 그랬던 것 같은 전쟁이 일어날 가능성이 훨씬 줄어든다. 이 하나만으로도 국제연맹은 모든 사람에게 인정받아야 할 것이다.

연맹을 통해 이뤄져야 한다는 데 동의한다. 물론 여론의 힘에 기대고 필요할 경우 금융적 압박이나 유인책을 사용하면 이것으로 고집불통의 소수가 거부권을 행사하지 못하게 하는 데 충분할 것이라 희망하면서 말이다. 나는 주요 연합국에 새로운 정부가 들어설 것이라 전제하는데, 우리는 이 신생 정부들이 이전 정부들보다 더 깊은 지혜와 더 큰 아량을 보이리라 믿어야 할 것이다.

이 책의 제4장과 제5장에서 평화조약에 반대의 여지가 있는 특정 사항이 많다는 것을 보았다. 이 지점에서 나는 상세 사항으로 들어가 조약 중 개정해야 할 점을 조목조목 따지지는 않을 것이다. 그 대신 유럽의 경제에 필요한 세 가지 큰 변화, 즉 배상, 석탄과 철 그리고 관세와 관련한 변화에 논의를 한정한다.

배상. 배상으로 요구된 총액이 연합국의 약속을 엄격히 해석할 때 연합국이 받을 권리가 있는 총액보다 작다면 총액이 대변하는 개별 물품을 특정하거나 총액을 결정할 때 어떤 물품을 고려했는지에 대한 논의를 할 필요가 없다. 따라서 나는 다음과 같은 해결책을 제안한다.

(1) 배상 및 점령군 비용과 관련해 독일이 갚아야 할 배상 총액은 20억 파운드에 고정될 수 있다.

(2) 조약에 따라 양도된 상선과 해저 전선, 휴전협정에 따라 양도된 전쟁 물자, 할양된 영토 내에 있으면서 양도된 국가 재산, 정부 부채와 관련해 할양된 영토에서 받아야 할 것으로 양도된 금액, 그리고 독일이 옛 동맹국에서 받을 것으로 양도된 금액. 그것의 가치를 물품별로 계산하지 않고 합하면 단지 총액 5억 파운드로 계산되

어야 한다.

(3) 이렇게 해서 남은 15억 파운드의 잔고는 지급이 이뤄지는 동안에는 이자가 붙지 않아야 하며, 1923년에 시작해 매년 5,000만 파운드 분납으로 30번에 걸쳐 독일이 갚아야 한다.

(4) 배상 위원회는 해산되어야 한다. 해야 할 일이 남아있는 경우, 배상 위원회는 국제연맹의 부속 기구가 되어야 하고 독일과 중립국 대표를 포함해야 한다.

(5) 독일이 연 분납을 자국이 적절하다고 판단하는 방식으로 지급할 수 있도록 허용되어야 하며, 독일이 지급 의무를 다하지 않을 때 그에 대한 이의는 국제연맹을 통해 제기되어야 한다. 다시 말하면, 외국에 소재한 독일인의 사유재산은 더는 수용되지 않을 것이다. 단, 이미 청산되었거나 연합국과 미국에 소재한 공공 신탁 기관과 적국 재산 관리자가 관리하는 재산에서 나오는 수익으로 독일 민간인의 부채를 갚아야 할 경우는 예외로 한다. 특히, (공공시설 사업에 대한 독일의 이권을 수용하는 조건을 다루는) 제260조는 완화되어야 한다.

(6) 오스트리아로부터는 배상금을 받으려고 시도하지 않아야 한다.

석탄과 철. (1) 조약 부속서 5에 따라 연합국이 석탄에 대해 갖는 선택권은 폐기되어야 한다. 그러나 프랑스의 탄광을 파괴함으로써 발생한 프랑스의 석탄 손실을 벌충해야 하는 독일의 의무는 그대로 남아있어야 한다. 다시 말하면, 독일은 "향후 10년을 넘지 않는 동안, 전쟁 전 노르파드칼레의 석탄광에서 나온 연간 생산량과 해당 연도에 동일 지역의 탄광에서 나온 생산량 사이의 차이만큼을, 처음 5년 동안은 매년 2,000만 톤을 넘지 않고, 이후 5년 동안은 800만 톤을 넘지 않는다는 조건으로 프랑스에 인도할 것"을 약속해야만 한다. 그렇지만 이 양도 의무는 고지 실레시아의 탄광 지역이 주민 투표 결과에 따른 최종 결과로 독일로부터 떨어져 나오는 경우 취소되어야 한다.

(2) 자르 분지에 관한 조치는 유지되어야 한다. 단, 한편으로 독일은 탄광으로 배상을 탕감받을 수 없으며, 다른 한편으로 10년 후에는 아무런 조건 없이 그리고 무상으로 그 지역의 탄광과 영토를 반환받아야 한다. 그러나 이 조치는 다음 조건 위에 성립해야 한다. 즉, 독일은 자르 분지의 석탄 생산량을 차감하고 난 후, 이전에 독일 본토에서 로렌 지역으로 보내진 전체 규모와 동일한 양의 석탄을 로렌 지역에 공급할 것을 약속하고, 그 대가로 프랑스는 상기와 동일한 기간 전쟁 전에 로렌 지역에서 독일 본토로 이동되었던 철광석 규모의 적어도 50퍼센트에 해당하는 철광석을 독일에 공급한다는 데 동의해야 한다.

(3) 고지 실레시아에 관한 조치는 유지되어야 한다. 즉, 주민 투표가 실시되어야 하고, 최종 결정을 내릴 때 "(주요 연합국과 관련국 들은) 투표 결과로 나타난 주민들의 바람과 이 지역의 지리적·경제적 여건을 고려해야만 한다." 그러나 연합국은 이 요건에 대해 판단을 내릴 때, 주민들의 바람이 그와 명시적으로 반대되는 경우가 아니면 '경제적 요건'에 석탄광 지역을 포함할 것임을 선언해야 한다.

(4) 연합국이 이미 설립한 석탄 위원회는 국제연맹의 부속 기구가 되어야 하고, 독일과 중부·동부 유럽, 북구 중립국들, 그리고 스위스의 대표를 포함하도록 확대되어야 한다. 그 권한은 순전히 자문에 그쳐야 하지만, 독일과 폴란드, 옛 오스트리아-헝가리제국을 구성했던 지역으로 향하는 석탄 공급의 분배, 그리고 영국이 수출할 수 있는 잉여생산물의 분배에까지 확대되어야 한다. 석탄 위원회에 대표를 참석시키는 국가는 모두 위원회에 완전한 정보를 제공하고, 각국의 주권과 주요 이권이 허용하는 범위 안에서 위원회가 제공하는 자문에 따를 것을 약속해야 한다.

관세. 국제연맹의 보호 아래, 자유무역연합 같은 것이 결성되어야 한다. 이 연합에 속하는 국가들은 연합의 다른 회원국의 생산물 어떤 것에 대해서도 보호관세를 부과하지 않을 것을 약속해야 한다.[6] 독일, 폴란드, 이전에 오스트리아-헝가리제국과 오스만제국을 구성했던 신생국들, 그리고 위임통치를 받는 국가들은 10년 동안 강제로 이 무역연합에 회원국으로 가입해야 하며, 이 기간이 지난 후 무역연합에 회원으로 남을지는 각국의 자유의사에 맡긴다. 다른 국가들의 가입 여부는 처음부터 각국의 소관이다. 그러나 어떤 경

---

6 '보호관세'를 다음과 같은 것을 허용하는 관세로 정의하면 무리가 없을 것이다. (a) 일부 제품의 수입을 전면 금지함. (b) 국내에서 생산되지 않는 상품에 대해 사치 억제세 혹은 수입관세를 부과함. (c) 수입 상품에 대해, 국내에서 생산되는 그와 유사한 상품에 상계(相計)적으로 부과되는 물품세를 5퍼센트 이상 초과하지 않는 관세를 부과함. (d) 수출품에 관세를 부과함. 더 나아가, 무역연합 회원국의 과반수 표결에 따라 특별한 예외가 허용될 수 있다. 무역연합에 가입하기 전 5년 이상 존재하던 관세는 해당 국가가 무역연합에 가입한 이후 5년의 기간에 걸쳐 매년 동일한 비율로 점진적으로 폐지하는 것을 허용한다.

우에라도 영국이 원년 회원국이 되기를 희망해본다.

지급할 배상금을 독일의 지급 능력 범위보다 상당히 낮은 수준에 고정하자. 그러면 독일 영토 안에서 희망과 진취적 기상이 새롭게 뻗어 나갈 수 있고, 실현하기 불가능한 조약의 조항에서 비롯할 영원한 마찰과 부적절한 압력의 가능성을 피하게 되며, 배상 위원회의 과도한 권력은 불필요한 것이 되어버린다.

석탄과 직간접으로 관련하는 조항을 완화하고 철광석을 맞교환하자. 그러면 독일의 산업이 지속되고, 그렇게 하지 않을 경우에, 즉 철강 산업의 자연적 지리 조건을 정치적으로 결정된 국경으로 간섭할 경우에 나타날 생산성 하락의 폭이 작아진다.

자유무역연합을 제안한 대로 설립하자. 그러면 탐욕스럽고 서로 시기하고 미숙하고 경제적으로 무능한 민족주의 국가들 사이에 정치적 국경선이 수없이 새롭게 그어질 이제, 자유무역연합이 없는 경우 새 국경선의 결과로 나타날 조직과 경제적 효율성의 손실을 만회할 수 있다. 소수의 커다란 제국들이 방대한 영토를 소유하고 있었을 때 경제적 국경은 참을 만했다. 그러나 독일제국, 오스트리아-헝가리제국, 러시아제국, 오스만제국이 20개 정도의 독립국가로 쪼개진 지금, 경제적 국경은 참고 견딜 수 있을 정도가 아니다. 중부 유럽, 동유럽, 남동유럽, 시베리아, 오스만제국 그리고 (희망컨대) 영국과 이집트와 인도, 이 모든 지역을 포함하는 자유무역연합이라면 국제연맹 자체만큼이나 세계의 평화와 번영에 기여할 수 있을지도 모른다. 예상컨대, 벨기에, 네덜란드, 스칸디나비아 국가들 그리고 스위스도 무역연합에 곧 가입할 수도 있다. 그리고 프랑스와 이탈리아의 우방국들은 이 두 나라도 무역연합에 가입하는 방향으로 나아가기를 무척 원할 것이다.

생각건대, 그런 조치가 실제로는 독일이 이전부터 꿈꿔온 '미텔오이로파(Mitteleuropa)'[7]를 실현하는 방향으로 나아가는 것이라고 반대 의견을 낼 비판자가 있을 것이다. 만일 다른 나라들이 무역연합에 가입하지 않고 남아있으면서 무역연합의 이점을 모두 독일이 가져가게 내버려둘 정도로 바보라면 그런 비판에는 어느 정도 설득력이 있을 것이다. 그러나 어떤 나라든 가입할 기회가 있고 어느 나라에도 특권이 부여되지 않는 경제 체계는 분명 그것이 특권적이고 공공연히 제국주의적인 배제와 차별의 구상이라는 비판에서 절대적으로 자유롭다. 이런 비판에 대해 우리가 취할 태도는 국제 관계의 미래와 세계 평화에 대한 우리의 도덕적이고 감정적인 반응 전체에 의해 결정되어야 한다. 적어도 한 세대 동안은 독일에 한 움큼의 번영도 허용해줄 수 없고, 우리의 최근 우방들은 모두 빛

---

7 옮긴이 주 역사의 여러 단계에서 게르만족이 유럽 대륙의 중부 지역을 장악하려고 만든 지리적·정치적 구상을 말한다. 케인스가 언급하는 '미텔오이로파'는 20세기 초의 통일 독일이 만든 구상이다. 1915년 독일 정치가 프리드리히 나우만(Friedrich Naumann, 1860~1919)은 저서 《미텔오이로파》를 통해 독일 주위의 유럽 중부 지역을 정치적·경제적으로 통합하고 독일의 통치 밑에 두는 미텔오이로파 계획을 제시했다. 독일이 통제하는 허수아비 국가를 독일 주위에 세우고 (폴란드와 우크라이나는 통상조약을 맺어) 이 지역을 특히 경제적으로 이용해 영국과 미국에 맞설 힘을 키우는 것이 목적이었다. 독일 정치권은 이 계획을 받아들이고 제1차세계대전을 통해 실현하려 했다. 미텔오이로파에 대한 상세한 논의는 Henry Cord Meyer, *Mitteleuropa in German Thought and Action, 1815-1945*, Berlin: Springer, 1955; Jörg Brechtefeld, *Mitteleuropa and German Politics: 1848 to the Present*, London: Palgrave Macmillan, 1966를 보라.

의 천사인 반면, 우리의 최근 적들, 즉 독일인·오스트리아인·헝가리인 등은 모두 악의 자식이고, 한 해 한 해 독일은 계속 궁핍해져야 하고 독일의 어린이들은 배를 곯고 다리를 절며 살아가야 하며, 독일은 적들에 의해 둘러싸여 있어야 한다는 견해를 견지한다면, 그것은 이 장에서 전개하는 모든 제안, 특히 독일이 이전의 물질적 번영을 일부라도 회복하고 독일 산업도시의 인구가 생계 수단을 찾도록 도와줄 수 있을 제안을 모두 거부하는 것과 마찬가지다. 반면에, 국가에 대한, 그리고 국가들 사이의 관계에 대한 이런 견해를 서유럽의 민주주의국가들이 채택하고 미국이 자금을 제공한다면, 하늘이시여 우리 모두를 도우소서. 만일 우리가 중부 유럽의 궁핍화를 의도적으로 목표 삼는다면, 감히 예상컨대, 복수는 빠른 걸음으로 우리에게 다가올 것이다. 그때는 그 어느 것도 반응의 힘과 체념에 싸인 혁명의 경련 사이에 일어날 최후의 내전을 오랫동안 붙잡아 뒤로 연기해줄 수 없다. 그 내전 앞에서 최근에 우리가 경험한 독일에 의한 전쟁의 공포는 아무것도 아닌 것으로 사라져버릴 것이고, 승자가 누구든 그 내전은 우리 세대의 문명과 진보를 파괴하고 말 것이다. 최종 결과가 마음에 차지 않을지라도, 우리는 좀 더 나은 세계에 대한 기대를 바탕으로 행동해야 하지 않을까? 한 나라의 번영과 행복이 다른 나라의 번영과 행복을 증진하고, 사람들 간의 연대가 허구가 아니며, 각 나라는 여전히 다른 나라를 동료로 대할 수 있을 것이라 믿어야 하지 않을까?

앞에서 내가 제안한 것과 같은 변화는 유럽의 산업 인구가 생계를 이어갈 수 있게 하는 데 상당한 역할을 할 수 있을 것이다. 그

평화의 경제적 결과

러나 변화는 그 자체만으로는 충분하지 않을 것이다. 특히, 서류에 적힌 것으로 판단하면, 프랑스는 패자가 될 것이다(서류상으로만이다. 왜냐하면 프랑스가 현재 서류상으로 하는 배상 요구를 실제로 확실하게 실현할 방법은 전혀 없기 때문이다). 프랑스가 현재의 곤경에서 빠져나갈 길은 다른 방향에서 찾아야 할 것이다. 따라서 나는 첫째, 미국과 연합국들이 서로 배상 요구를 조정할 것, 둘째, 유럽이 운영 자본을 다시 채워놓을 수 있게 충분한 신용을 공급할 것, 이 두 가지 제안을 하고자 한다.

II. 연합국 간 부채 청산

배상 조건의 수정을 제안하면서 지금까지 나는 그것을 독일과의 관계 속에서만 다뤘다. 그러나 공정하려면 그토록 큰 규모의 감액과 함께 연합국 사이에 배상금 몫의 비율을 재조정하는 일이 수반되어야 한다. 우리의 정치인들이 전쟁 중에 연단에 올라설 때마다 한 선언, 그리고 그 외 다른 고려 사항에 비춰볼 때, 적의 침공으로 피해를 당한 지역이 배상에서 우선권을 차지해야 함은 분명하다. 이것이 연합국 스스로 밝힌 싸움의 궁극적 목표 중 하나였던 반면, 연합국은 자신들의 전쟁 목표 중에 전쟁 별거 수당을 회수하는 일을 단 한번도 포함하지 않았다. 따라서 나는 우리 자신이 진지하고 신뢰받을 만하다는 것을 행동으로 증명할 것을 제안한다. 그에 따라, 영국은 현금 배상에 대한 요구를 완전히 포기하고 그 현금이 벨기에·세르비아·프랑스로 가도록 할 것을 제안한다. 그런 다음, 독일이 갚는 배상금 전액은 적의 실제 침공으로 피해를 당한 나라와 지역에 발생한 물질적 손실을 복구하는 데 우선 사용되어야 한다. 그렇게 해서 확보할 수 있는 금액은 15억 파운드 정도인데, 이 금액은 실제 복구 비용 전체를 충당하기에 적절할 것이라 나는 믿는다. 더 나아가, 영국이 떳떳하게 조약의 개정을 요구하고 1918년 총선에서 자국 유권자들에게 약속했던 정책의 결과로 영국이 주된 책임이 있는 믿음의 결렬로부터 명예를 회복할 길은, 오직 영국이 현금 배상에 대한 권리를 완전히 포기하는 것뿐이다.

이런 식으로 배상 문제가 깨끗하게 해결되면 품위를 좀 더 많이 지키고 성공에 대한 좀 더 큰 희망을 품으면서, 재정과 관련한 다른 두 가지 제안을 내놓는 일이 가능해진다. 이 제안에는 모두 미국의 관대함에 대한 호소가 관련한다.

첫째 제안은 전쟁 수행을 목적으로 연합국 사이에 발생한 채무 관계(즉, 연합국과 관련국의 정부들 사이에 발생한 채무 관계)를 전부 말소하자는 것이다. 이 제안은 연합국의 여러 진영에서도 이미 내놓은 것이기도 한데, 미래의 세계 번영을 위해 절대적으로 필요한 것이라 나는 믿는다. 이 제안은 이 사항이 주로 관련되는 나라인 영국과 미국이 반드시 채택해야 할, 먼 미래를 내다보는 정치 기술 행위일 것이다. 이에 관련한 금액의 근사치는 다음 표에 기록되어 있다.[8]

따라서 연합국 한 나라에서 발행한 융자금과 다른 나라가 받은 융자금을 서로 가감해 합하지 않는다고 가정하면, 연합국 간 부채의 총규모는 40억 파운드에 가깝다. 미국은 돈을 빌려주기만 하는

평화의 경제적 결과

채권국 채무국	미국	영국	프랑스	합계
영국	842	–	–	842
프랑스	550	508	–	1,058
이탈리아	325	467	35	827
러시아	38	568[9]	160	766
벨기에	80	98[10]	90	268
세르비아 및 유고슬라비아	20	20[11]	20	60
기타 연합국	35	79	50	164
합계	**1,900[12]**	**1,740**	**355**	**3,995**

나라다. 영국은 빌린 돈의 두 배가량을 빌려주고 있다. 프랑스는 빌려준 돈의 거의 세 배에 가까운 돈을 빌리고 있다. 다른 연합국들은 돈을 빌리기만 하는 나라다.

8 이 표에 기록된 수치는 부분적으로 추산에 근거했고 세부적으로는 완전히 정확하지 않을 수 있다. 그러나 현재의 논의를 위해서는 충분한 정도의 정확성을 지닌 근사적 수치다. 영국의 수치는 1919년 10월 23일 백서(칙령서 Cmd. 377)에서 인용했다. 실제로 청산할 때는 금으로 발행된 일부 융자 및 기타 사항과 관련해 조정이 필요할 것이다. 그러나 나는 아래 논의에서 개략적인 원칙에만 관심이 있다. 미국과 프랑스가 선급한 금액은 각각 달러화와 프랑화로 되어있지만, 대략적으로 법정 환율을 이용해 파운드화로 전환되었다. 합계 금액에는 미국 소재 시장에서 영국이 받은 융자, 영국이나 미국 소재 시장에서 프랑스가 받은 융자, 혹은 영국은행이 발행한 융자는 제외되었다.

9 여기에 볼셰비키혁명 이후 부채에 발생해야 했을 이자는 포함하지 않는다.

10 벨기에에 발행된 선급금에 대해서는 이자가 붙지 않는다.

11 세르비아 및 유고슬라비아에 발행된 선급금에 대해서는 이자가 붙지 않는다.

12 현재까지 미국이 발행한 융자금 총액은 실제로는 20억 파운드에 매우 가깝다. 그러나 나는 최신 자료를 확인하지 못했다.

만약 위에서 본 연합국 간 부채를 모두 상호 말소한다면, 서류를 기준으로 (즉, 모든 융자가 환수 가능하다고 가정할 때) 나타날 순 결과는 미국이 약 20억 파운드, 영국이 약 9억 파운드를 포기하는 것이다. 프랑스는 약 7억 파운드, 이탈리아는 약 8억 파운드의 이득을 얻을 것이다. 그러나 이 수치들은 영국에 발생할 손실은 과대평가하고, 프랑스가 얻을 이득은 과소평가한다. 왜냐하면 이 두 나라가 발행한 융자의 상당 부분은 러시아에 발행한 것이고, 아무리 상상의 날개를 펴보더라도 이 융자금은 환수할 수 있는 것이 아니다. 영국이 연합국에 발행한 융자가 명목 금액의 50퍼센트 정도 가치가 있다고 계산하면, 연합국 간 상호 말소 작업은 영국에 손실도 이득도 안겨주지 않을 것이다. (50퍼센트에 따른 계산은 영국 재무 장관이 여러 경우에 채택한, 임의적이지만 편리한 가정이다. 재무 장관은 이 가정이 국민계정표를 개략적으로 마련할 목적으로는 다른 어떤 가정과 비교해도 우열을 가릴 수 없다고 말했다.) 그러나 순 결과가 서류를 기준으로 어떤 방식으로든 계산되더라도, 그렇게 부채가 청산되면 사람들은 근심에서 풀려날 것이고, 이런 안도감은 매우 클 것이다. 따라서 내 제안은 미국이 관용을 베풀기를 부탁하는 것이다.

　　전쟁 기간 전반에 걸쳐 영국 재무성과 미국 재무부 그리고 다른 연합국들의 재무부 사이에 있었던 관계를 근거리에서 살펴보며 잘 알고 있기에, 나는 유럽이 이런 관대한 행위를 미국에 정당하게 부탁할 수 있다고 믿는다. 단, 다른 방향으로, 유럽이 경제적인 것이든 아니든 전쟁을 계속하지 않고 대신 유럽 대륙 전체의 경제를 회복하려는 명예로운 시도를 하고 있다는 조건에서 그렇다. 미국이 가진 부와 비교할 때 미국의 재정적 희생은 유럽 국가들의 재정적 희생보다 엄청나게 작다. 다른 경우가 될 가능성은 거의 없었다. 이것은 유럽 국가들 사이의 싸움이었기에, 여기서 미국 정부는 유럽 정부들이 할 수 있었던 것과 달리 자국민 앞에서 국력 전체를 외국으로까지 확대하는 일을 정당화할 수 없었을 것이다. 미국이 참전한 이후 미국의 재정적 도움은 아주 후하고 전혀 인색하지 않았다. 미국군의 유럽 도착이 미친 결정적 영향과는 별도로, 미국의 이런 재정적 도움이 없었다면 승전은 전혀 가능하지 않았을 것이다.[13] 유럽도 1919년 전반 6개월 동안 후버의 미국 식품국과 미국의 구호 위원회[14]가 유럽에 제공했던 놀랄 만한 지원을 절대로 잊지 말아야할 것이다. 이들보다 더 끈기 있고 성실하며 기술적으로, 감사의 말을 요구하지도 않고 받아보지도 못한 채, 사심 없는 선의를 더 명예

---

13 1916년 여름 끝자락부터 미국이 전쟁에 뛰어든 1917년 4월까지 6개월 동안 각국의 재정이 어떠했는지에 관해서는 앞으로 연구가 필요하다. 당시의 불가능한 재정적 요건 속에서 매일매일 엄청난 불안감을 안고 살아갔던 영국 재무성의 6인 관료를 제외하고는, 변함없는 태도와 용기가 얼마나 필요했는지를, 그리고 미국 재무부의 도움이 없었다면 그 임무가 얼마나 절망적이었는지를 충분하게 깨달은 사람은 거의 없다. 1917년 4월 이후의 재정 문제는 그에 앞선 6개월 동안의 문제와 완전히 차원이 다르다.

14 **옮긴이 주** 미국 구호국은 제1차세계대전 후 유럽과 혁명 러시아에 구호 임무를 수행했다. 1919년 2월 미국 하원에 의해 1억 달러의 기금으로 설립된 후 개인 기부금으로 1억 달러의 추가 기금이 형성되었다. 종전 후 유럽에 400만 톤 이상의 식량을 지원했다. 러시아를 제외한 유럽 지역에서는 1922년에 활동을 종료했고, 러시아에서는 1923년까지 활동했다. 이 기관의 전신이 바로 1917~1920년 기간에 활동한 미국 식품국이다. 허버트 후버는 두 기관 모두 책임자로 활동했다. 미국 구호국 이전에 후버는 이미 벨기에 구호 위원회(Commission for Relief in Belgium) 활동을 통해 전쟁 중에 벨기에와 프랑스 사람들에게 구호 식량을 제공했다.

롭게 수행한 경우는 전혀 없었다. 유럽의 정부들은 감사할 줄 모른다. 유럽의 정부들은 지금까지 고맙다고 평가해온 것보다, 혹은 앞으로 인정할 것보다 훨씬 더 많은 것을 이들에게 신세 지고 있다. 이들은 이 기간의 유럽 상황을 그 진정한 전망 속에서 봤고, 그에 대해 사람이라면 응당 느꼈을 감정을 느꼈다. 그렇게 했던 것은 실제로 이들뿐이었다. 엄청난 양의 인간적 고통을 줄였을 뿐 아니라 유럽 체계의 광범위한 붕괴를 막은 것은 바로, 종종 입으로 꽉 물고 놓지 않는 것 같은 유럽 국가들의 방해 속에서, 이들이 했던 노력, 이들이 쏟았던 에너지, 그리고 윌슨 대통령이 이들이 쓸 수 있도록 해준 미국 자원이었다.[15]

그러나 지금 우리가 말하고 있는 미국의 재정 원조를 이야기할 때 연합국들은 그 원조가 투자의 성격을 가진 것이 아니라고 암묵적으로 가정하고 있다. 미국도 돈을 유럽에 보낼 때 그렇게 생각하고 있었다고 나는 믿는다. 유럽이 미국으로부터 받은 20억 파운드 상당의 원조금을 연 복리 5퍼센트 이자로 갚아야 한다면, 사정은 상당히 다른 양상을 띤다. 만일 미국의 선급금을 이런 각도에서 봐야 한다면, 실제로 미국의 재정적 희생은 상대적으로 매우 작았다고 할 수 있다.

---

15 후버는 파리평화회의의 시련이 끝난 후 유일하게 평판이 좋아진 사람이다. 그의 성격은 복합적이었고, 평상시 분위기는 피곤한 거인의 모습(혹은 다르게 표현한다면 힘이 다 빠진 프로 권투 선수의 모습)이었다. 그의 눈은 유럽 상황의 참되고 본질적인 사실에 변함없이 고정되어 있었다. 파리평화회의의 여러 위원회 회의에 참석할 때면 그는, 만일 다른 사람들도 그랬다면 제대로 된 평화조약이 만들어졌을, 현실감과 지식과 관용과 객관성을 갖고 회의에 임했다.

　　　　　　　　　　　　　　평화의 경제적 결과

상대적인 희생에 관해 논쟁을 벌이는 것은 매우 쓸모없고 엄청나게 어리석은 짓이다. 상대적 희생이 반드시 균등해야 한다는 이유가 세상천지 어디에도 없으며, 두 경우를 비교할 때 각 경우와 관련이 깊은 이유가 수없이 많고 이는 모두 서로 다르기 때문이다. 따라서 아래에 내가 두세 가지의 사실을 꺼내놓은 이유는 이와 같은 사실이 미국을 옹호하는 강력한 근거를 제공하기 때문이 아니다. 단지 한 영국인이 자신의 이기적 관점에서 제안하는 게 아님을, 현재의 제안을 하는 이유가 자기 조국이 짊어져야 할 당연한 희생을 회피하려 하는 게 아님을 보이기 위한 것뿐이다. (1) 미국이 참전한 후 영국 재무성이 미국 재무부에서 빌린 총금액은 영국이 동일한 기간에 다른 연합국들에 빌려준 총금액으로 (즉, 미국 참전 전에 영국이 이들 연합국에 빌려준 돈을 제외하고) 거의 상쇄된다. 따라서 영국이 미국에 대해 지고 있는 부채는 거의 전부가 영국 자체를 위해서가 아니라 영국이 다른 연합국을 지원하려고 발생한 것이다. 이들 연합국은 여러 이유로 미국에서 직접 지원을 받을 처지가 못 되었기 때문이다.[16] (2) 영국은 자국이 보유한 약 10억 파운드 상당의 외국 증권을 처분했고, 그에 더해 약 12억 파운드의 외채를 빌렸다. 반면에, 미국은 외국 증권을 처분하기는커녕 오히려 10억 파운드 이상을 되샀고, 실질적으로 아무런 외채도 빌리지 않았다. (3) 영국 인구는 미국 인구의 약 절반이고, 소득은 약 3분의 1, 축적된 부는 2분

---

16 미국이 참전한 이후에도 영국 재무성은 러시아가 미국에서 지출한 돈의 큰 부분과 러시아 정부가 다른 나라에서 지출한 금액 전체를 갚아줬다.

의 1에서 3분의 1 사이에 있다. 따라서 영국의 재정 능력은 미국의 약 5분의 2 수준으로 잡을 수 있다. 이 수치들에 비춰볼 때 다음의 비교가 가능해진다. 각 경우에 연합국에 빌려준 융자금을 제외하면 (이 융자금이 상환될 것이라고 가정하면 당연히 그래야 하듯이), 영국의 전비 지출은 미국의 약 세 배, 재정 능력에 대한 비율로 말하면 일곱 배에서 여덟 배에 달했다.

이 사안은 이 정도로 가능한 한 간략하게 다루고 치워버리자. 이제 나는 전쟁 참전국들 사이의 미래 관계에 눈을 돌리고자 한다. 내가 현재 내놓은 제안은 주로 바로 이 미래 관계에 비춰 판단되어 야 할 것이다.

내가 지금 제안하는 해법이 채택되지 않으면, 전쟁은 한 연합 국이 다른 연합국에 엄청난 돈을 서로 얼기설기 지급하는 것으로 끝날 것이다. 심지어 이 지급액의 총규모는 적에게서 받을 총금액 을 초과할 가능성이 크다. 전쟁은 적에게서 배상을 받는 게 아니라 연합국들이 서로에게 배상금을 지급하는 참을 수 없는 결과로 끝을 맺을 것이다.

이 이유로 연합국 간 채무의 문제는 배상금 문제와 관련해 유 럽의 연합국 대중이 갖는 강력한 감정과 밀접하게 묶여있다. 이 감 정은 독일이 현실적으로 갚을 수 있는 금액에 대한 무리 없는 계산 에 바탕을 둔 것이 아니라, 독일이 배상금을 갚지 않는 경우 연합국 들이 처할 견딜 수 없는 재정 상황을 충분한 근거 위에서 평가해 나 온 결과에 바탕을 둔 것이다. 극단적인 예로 이탈리아를 들어보자. 이탈리아가 8억 파운드를 갚을 수 있다고 믿는 것에 무리가 없다면,

분명 독일은 이것보다 무지막지하게 더 많은 액수를 지급할 수 있고 또 지급해야만 한다. 아니면 오스트리아가 거의 혹은 전혀 아무것도 갚지 않아도 된다고 결정되면(사실 그래야만 하지만), 이탈리아의 입장에서 오스트리아는 그렇게 빚에서 빠져나가는데 이탈리아는 등골을 부서뜨리는 짐을 져야 한다는 결론을 참을 수 없지 않을까? 아니면 약간 다른 각도에서 보아, 체코슬로바키아가 거의 혹은 전혀 아무런 빚도 갚지 않는 모습을 보면서 이탈리아가 그토록 막대한 금액을 갚을 것이라 기대할 수 있을까? 저울의 다른 한쪽 끝에 영국이 있다. 여기서 재정 상황은 다른 양상을 띤다. 영국에 8억 파운드를 갚으라고 요구하는 것은 이탈리아에 그와 동일한 금액을 갚으라고 요구하는 것과 매우 다른 문제이기 때문이다. 그러나 사람들이 느끼는 감정은 거의 같다. 만일 영국이 독일로부터 완전히 배상받지 못했는데도 불만을 꺼내지 못한다면 영국이 미국에 빚을 갚는 것에 대해 얼마나 격렬한 항의가 있을 것인가? 영국 사람들은 이렇게 말할 것이다. 영국은 독일·프랑스·이탈리아·러시아 같은 파산 국가들에 대한 배상금 지급 요구에 만족해야 하는 반면, 미국은 영국에 대해 최우선 상환 담보 대출을 확보했다고. 프랑스의 경우도 이에 못지않게 압박이 심하다. 프랑스가 자국이 입은 파괴를 완전하게 반영하는 배상금을 독일로부터 확보할 가능성은 거의 없다. 그러나 지금 승전국 프랑스는 1870년에 프랑스가 독일에 패했을 때 갚았던 배상금의 네 배보다도 더 많은 금액을 우방과 연합국에 지급해야 한다. 연합국이나 관련국과 비교할 때 오히려 비스마르크의 손이 더 부드러웠다. 따라서 연합국 간 채무 관계를 청산하는 일은 연합국 국민이 화가 치밀어 오르는 격앙된 마음을 뒤로 밀어두고 적에게서 배상금을 받을 전망과 관련된 불가피한 진실을 직시하는 데 반드시 선결되어야 할 일이다.

유럽 연합국들이 이런 부채의 원금과 이자를 갚는 것은 불가능하다고 말한다면 그것은 과장일지 모른다. 그러나 그런 빚을 갚게 만든다면 그것은 분명 해당 국가 국민의 허리를 부러뜨리는 짐을 지우는 것이다. 그에 반응해 당사국들은 지급을 회피하거나 면제받으려고 끊임없이 시도할 것이고, 이런 시도는 앞으로 오랫동안 끊임없이 국제적 갈등과 악의를 불러올 원천이 될 것이다. 빚을 갚아야 할 나라는 빚을 받아가는 나라를 좋아하지 않는 법이다. 프랑스·이탈리아·러시아가 영국이나 미국에 매년 갚아야 할 빚 때문에 이들 국가의 미래 발전이 오랫동안 방해받는다면, 이들 국가가 영국이나 미국에 선의의 감정을 보이리라 기대하는 것은 쓸모없는 짓이다. 이들 국가의 입장에서는 다른 방향으로 우방을 찾을 커다란 동기가 생길 것이고, 미래에 평화적 관계를 어떻게든 깨버리는 일은 언제나 외국에 진 빚에서 빠져나가는 엄청난 이득을 수반할 것이다. 반대로 이 막대한 부채가 상쇄된다면, 최근에 연합을 이룬 국가들이 연대를 강화하고 참된 우의를 키우는 데 큰 자극이 될 것이다.

막대한 금액의 전쟁 빚이 존재하면 어디에서든 금융 안정성이 위협받는다. 유럽 국가 중에서 머지않아 채무 변제 거부가 중요한 정치적 사안이 되지 않을 나라는 없다. 그러나 내부 채무의 경우에는 양쪽에 당사자들이 존재하고, 풀어야 할 문제는 내부적으로 부를 어떻게 분배할 것인가의 문제다. 외부 부채의 경우는 그렇지 않

평화의 경제적 결과

다. 채권국은 자국의 이익이 머지않아 채무국의 특정 정부나 경제 조직의 유지 여부와 함께 곤란하게 묶여있음을 깨달을 것이다. 서로 뒤얽혀 있는 연합이나 서로 얽어매져 있는 연맹의 문제는 돈을 빌리고 빌려주는 얽히고설킨 일 앞에서는 아무것도 아니다.

그러나 나의 이 제안에 대한 독자들의 반응에 영향을 미칠 마지막 고려 사항이 있다. 이것은 자국과 외국에서 전쟁 비용을 조달하는 데서 우리에게 계승된 문서상으로 얽히고설켜 있는 관계가, 세계가 앞으로 나아가는 과정에서 미래에 어떤 위치를 차지할 것인가에 대해 독자들이 갖는 견해다. 전쟁은 모든 사람이 다른 모든 사람에게 막대한 빚을 지는 것으로 끝을 맺었다. 독일은 연합국에 막대한 빚을 지고 있다. 연합국은 영국에 막대한 빚을 지고 있다. 영국은 미국에 막대한 빚을 지고 있다. 각 나라에서 전쟁 공채 소유자들에게 국가는 막대한 빚을 지고 있다. 그리고 국가에 이 소유자 및 다른 납세자 들이 막대한 빚을 지고 있다. 상황 전체가 상상할 수 있을 가장 높은 정도로 인위적이고 오해를 유발하며 짜증스럽다. 문서로 만든 이 족쇄에서 우리의 사지를 자유롭게 할 수 없는 한 우리는 결코 다시 몸을 움직일 수 없을 것이다. 누구나 와서 몸을 녹일 수 있는 모닥불은 너무도 필요한 것이라서, 누구한테도 심각한 상해가 일어나지 않도록 모닥불 행사를 질서 있고 좋은 마음으로 진행되는 행사로 만들지 않는다면, 마침내 때가 되었을 때 모닥불은 다른 수많은 것도 함께 파괴할 커다란 불로 번져버릴 것이다. 내부 부채와 관련해 나는 자본세를 통해 부채를 말소하는 것이 유럽의 참전국 모두가 건전 재정을 성취하기 위한 절대적인 최우선 전제 조건이라 믿는 사람 중 한 명이다. 반면에, 여러 나라 정부 간에 대규모의 부채가 계속 유지된다면 그 자체에 특별한 위험이 도사리고 있다.

19세기 중반 이전에는 무력으로 땅을 점령당해서 강제로 갚아야 할 공물과 한때 봉건제도 아래에서 다른 곳에 살고 있는 군주에게 갚아야 할 공물을 제외하면 어떤 나라도 다른 나라에 큰 규모의 빚을 지고 있지 않았다. 유럽 자본주의가 신세계에서 출구를 찾아야 할 필요 때문에 지난 50여 년 동안, 상대적으로 약해진 규모이기는 하지만 최근에도, 아르헨티나 같은 나라가 영국 같은 나라에 매년 일정 수준의 빚을 지고 있다는 것은 사실이다. 그러나 이런 체계는 취약하다. 그 체계가 지금까지 살아남은 이유는 오직, 빚을 갚아야 하는 나라가 질 부담이 그리 억압적이지 않았기 때문에, 이 부담이 실물 자산과 연결되어 있고 재산제도 일반과 연계되어 있기 때문에, 그리고 기존에 빌려준 금액이 희망컨대 앞으로 더 빌릴 수 있을 금액에 비해 지나치게 많지 않기 때문이다. 은행가들은 이런 체계에 익숙하고 그것이 영속적인 사회질서의 필수적인 일부라고 생각한다. 따라서 은행가들은 유추에 따라 다음처럼 생각하는 경향이 있다. 즉, 여러 국가 정부 사이에 적용되는 체계는 은행가들이 익숙한 체계보다 훨씬 더 방대하고 더 명확하게 억압적인 규모로, 실물 자산과 연결되어 있지 않은 채로 재산제도와 연계성이 그리 크지 않은 상태에서 진행되지만, 자연스럽고 무리 없는 체계이며 인간 본성에 부합한다는 것이다.

나는 이런 세계관에 의구심을 품고 있다. 국내 자본주의 체제조차 수많은 지역 사람들의 공감이 관여하고, 매일매일의 생산과

평화의 경제적 결과

정에 실질적인 역할을 담당하며, 현재의 사회조직이 그 체제의 안정성에 크게 의존하고 있기 때문에 그리 안전한 체제가 아니다. 그러나 자본주의 체제의 안전이 어쨌든 간에, 지금 불만으로 가득 찬 유럽의 국민이 앞으로 올 한 세대 동안 자신들이 매일 생산해내는 제품의 상당 부분을 외국에 빚을 갚으려고 사용하는 방식으로 삶의 형태를 구성할 의향이 있을까? 게다가 이 빚이, 유럽과 미국 사이의 빚이든 독일과 나머지 유럽 사이의 빚이든, 자신들이 지닌 정의와 의무 감각에 응당 바탕을 두지 않은 이유에서 만들어진 빚이라면?

한편으로 유럽은 장기에는 미국의 관대한 선물이 아니라 자신이 지닌, 매일매일 현장에서 일하는 노동에 의지해야 할 것이다. 그러나 다른 한편으로, 유럽은 자신의 일상적 노동의 결실을 다른 나라로 보내려고 자신을 옥죄지 않을 것이다. 간단히 말하면, 나는 이런 공물은 길어야 겨우 몇 년이고, 그보다 더 긴 기간에 계속 지급될 것이 있다고 생각하지 않는다. 그런 공물은 인간 본성에 맞지 않을 뿐더러 시대정신과도 어울리지 않는다.

이런 사고방식이 조금이라도 설득력이 있으면, 그것은 이득 추구와 관대함이 서로 어울린다는 것, 즉 국가 간에 즉각적인 우의를 가장 잘 촉진할 정책은 시혜자의 영속적인 이해관계와 상충하지 않는다는 것을 뜻한다.[17]

---

17 보도에 따르면, 미국 재무부가 향후 3년 동안 연합국 정부들에 빌려준 융자금에 대해 발생하는 이자를 기금화(즉, 원금에 더하기)하기로 동의했다고 한다. 나는 영국 재무성도 이에 따를 가능성이 크다고 생각한다. 부채를 궁극적으로 모

III. 국제 융자와 통화 개혁

이제 두 번째 재정 관련 제안으로 건너가자. 유럽에는 당장 조치가 필요하다. 앞으로 올 두 세대의 생애 전반에 걸쳐 영국과 미국에 갚아야 할 짓누르는 듯한 이자 지급에서 풀려난다는 전망이 (그리고 독일로부터 매년 복구 비용을 어느 정도 받아낸다는 전망이) 있으면 미래는 과도한 불안감에서 자유로워질 것이다. 그러나 그렇다고 당장 눈앞에 놓여있는 해악, 즉 유럽의 수입이 수출을 초과하고 있고 환율은 불리하며 통화 질서가 무너져 있는 상황이 처리되는 것은 아니다. 한시적으로라도 외부에서 지원이 없으면 유럽의 생산을 다시 일으켜 세우는 일은 매우 힘들 것이다. 따라서 나는 어떤 형태의 국제 융자, 예를 들어 프랑스와 독일 그리고 영국, 또 미국에서도 여러 진영에서 주장해온 것 같은 국제 융자를 지지하는 사람 중 한 명이다. 채무 변제의 궁극적 책임이 어떤 방식으로 분배되든, 당장 사용할 수 있는 자원을 마련할 부담은 불가피하게 주로 미국의 어깨 위로 떨어져야만 한다.

이런 종류의 다양한 모든 기획에 가해질 주요 반박은 다음과 같다고 짐작된다. 미국은 유럽에서 일어나는 일에 (최근의 경험 후에는) 더는 엮이지 않으려는 경향을 보인다. 어쨌거나 당분간 미국은

두 갚아야 할 경우, 이렇게 복리로 빚이 쌓이면 상황은 점차로 더 나빠진다. 그러나 미국 재무부가 제공한 이 조치는 지혜로운 조치다. 이제 곧 현실로 나타날 전쟁 후의 사정에 비춰서 문제 전체를 차분하게 생각해보는 데 필요한 시간을 마련해줄 것이기 때문이다.

평화의 경제적 결과

대규모로 수출하기 위해 남겨둬야 할 자본을 더는 갖고 있지 않다. 유럽이 금융 지원을 원래 목적대로 사용할 것이라는, 즉 지원받은 돈을 흥청망청 써버리지 않고 2~3년 후에는 현재처럼 그렇게 열악한 상태에 있지 않을 것이라는 보장도 없다. 클로츠 프랑스 재무 장관은 세금을 부과해야 할 시간을 조금 더 뒤로 연기하려고 그 돈을 사용할 것이고, 이탈리아와 유고슬라비아는 수익을 서로 차지하려고 싸울 것이며, 폴란드는 프랑스가 이전에 폴란드를 위해 고안해 놓은 군사적 역할을 이웃 국가들을 상대로 완수하는 데 그 돈을 헌납할 것이고, 루마니아의 지배층은 지원금이라는 전리품을 나눠 가질 것이다. 간단히 말해서, 미국은 유럽이 지난 9개월 동안의 관행, 정책, 인력이 앞으로 1~2년 더 계속될 수 있도록 자국의 자본 발전을 지연시키고 자국의 생활비를 높이는 꼴이 될 것이다. 독일에 대한 지원은 어떤가? 파리평화회의에서 미국의 재정 담당 대표들이 내놓은 주장과 호소와는 반대로 유럽의 연합국은 독일이 가진 운영 자본의 마지막 한 꺼풀까지도 벗겨냈다. 그렇게 해놓고서는 그 피해자를 1~2년 후에 다시 강탈할 수 있기에 충분할 정도로 살리기 위한 기금을 미국에 달라고 하는 것이 과연 합당한가? 아니, 적어도 참아줄 만한가?

지금 같은 상태에서 이런 반대에 내놓을 답은 없다. 만일 내가 미국 재무부에서 결정권을 가진 사람이라면 현재 유럽 정부 중 어떤 곳에도 한 푼도 빌려주지 않을 것이다. 유럽의 정부들은 이 자원을, 윌슨 대통령이 미국 국민의 힘과 이상을 확실히 보여주지는 못했지만 어쩌면 공화당과 민주당에 똑같이 반감을 불러일으킬 정책을 진척하는 데 사용할 터인데, 이들에게 이 자원을 맡길 수는 없다. 전쟁은 거짓 우상을 만들어냈고, 우상은 전쟁이 끝났어도 여전히 존재하고 있다. 나는 유럽 국민의 영혼이 이 우상으로부터 멀어지고, 현재 자신들을 사로잡고 있는 증오와 민족주의를 유럽 가족의 행복과 연대에 대한 사고와 희망으로 바꾸기를 기도한다. 그렇게 되면 미국 국민은 사적 이득과 관련된 사소한 반대는 모두 한쪽으로 치워버리고 처음에 유럽을 조직화된 권력의 폭정으로부터 구해내려고 시작했던 작업을 자연스러운 경건함과 형제애로 마무리해야 한다고 느낄 것이다. 이것은 미국이 자기 자신을 구하는 것이기도 하다. 유럽의 태도 변화가 완전하게 이뤄지지 않고 유럽 각국에서 몇몇 집단만이 화해의 정책을 내세우더라도, 미국은 유럽의 삶을 새롭게 하는 작업에 지원을 보낼 계획을 세우고 그 조건을 명확히 함으로써 유럽이 나아갈 방향을 가리키고 평화를 원하는 사람들의 손을 높이 들어줄 수 있다.

듣건대, 이제 미국 사람들에게는 유럽의 문제가 가져온 혼란, 분규, 폭력, 비용 그리고 무엇보다도 이해할 수 없음에 더는 관여하고 싶지 않은 충동이 매우 강하다. 그런 충동은 쉽게 이해할 수 있다. 유럽 정치인들의 어리석음과 비현실성에 날카로운 말을 던져주는 것이 얼마나 자연스러운지를 이 책의 지은이보다 더 강렬하게 느낄 수 있는 사람은 없을 것이다—너 자신의 악에서 썩어 문드러져라, 우리는 우리의 길을 나아가리라,

유럽에서, 산산이 부서져버린 유럽의 희망에서, 멀리 떨어져,

살육의 현장에서, 더러워진 공기에서.[18]

그러나 미국에 유럽은 지금까지 어떤 의미였는지, 지금은 어떤 의미인지, 예술과 지식의 어머니인 유럽이 지금의 모든 상황에도 불구하고 어떤 존재이고 앞으로 어떤 존재가 될지 등을 미국이 다시 생각해본다면, 미국은 이런 무관심과 고립을 향한 조언을 뿌리치고 결국 인류 전체의 진보와 문명화를 위한 결정적인 사안임이 밝혀질 것에 관심을 보이지 않을까?

그러면 미국이 유럽에 선한 힘이 구축되는 과정에 도움을 줄 준비가 되어있고, 이제 적이 완전히 파괴되었다는 이유로 유럽을 불행 속에 그냥 남겨두고 떠나려 하지 않을 것이라고, 단지 우리의 희망을 붙들기 위해서만이라도, 가정해보면 미국의 지원은 어떤 모

---

18 옮긴이 주 이 인용문은 윌리엄 워즈워스(William Wordsworth, 1770~1850)가 1814년에 발표한 장편 시 《소요(逍遙; The Excursion: Being a portion of the Recluse, a poem)》의 제3편, 〈낙심(Dispondency)〉의 일부다. 시는 총 아홉 개 편(Book)으로 구성되어 있고, 등장인물은 '시인'·'방랑자'·'외톨이'·'목사' 네 명이다. 시인은 이 시의 화자(話者)다. 방랑자는 이름과 달리 한 집에 계속 머물지만 세상을 여행하고 싶어 한다. 외톨이는 가족의 죽음으로 낙심하고 프랑스혁명에 환멸을 느껴 사회와 단절하고 살고 있다. 이들 등장인물은 혼자 혹은 함께 마을을 걸어 다니다가 이 마을의 목사를 만나 이야기를 나눈다. 시는 시인과 외톨이가 자연 속에서 위안을 얻으려고 외떨어진 골짜기 마을로 들어서는 것으로 시작한다. 이 인용문이 있는 제3편은 (제4편과 함께) 방랑자와 외톨이가 만나 종교와 인간의 덕목에 관해 이야기하는 내용으로 구성되어 있다. 외톨이는 자신의 불행한 삶과 사회에 대한 낙담에 관해 이야기하고, 방랑자는 자연과 인간관계가 그런 절망감을 완화할 수 있다는 생각을 외톨이에게 전한다. 인용문은 외톨이가 프랑스혁명과 그에 대한 유럽(영국 포함)의 상태에 환멸을 느끼고 미국으로 건너가는 장면에서 나온다.

습일까?

여기서 나는 세세한 내용을 이야기하지 않겠다. 그러나 국제 융자는 어떤 모습으로 이뤄지든 중요한 내용의 윤곽이 거의 같을 것이다. 지원금을 빌려줄 여력이 있는 나라들, 중립국들과 영국 그리고 필요한 돈의 많은 부분을 감당할 미국은 연합국이든 옛 적국이든 유럽 대륙의 참전국 모두에게 구매 신용을 외국 융자 형태로 제공해야 한다. 이렇게 하는 데 필요한 총금액은 사람들이 때때로 제시한 것만큼 많지 않을 수 있다. 어쩌면 처음에 2억 파운드 정도의 기금으로 시작하면 많은 것을 이룰 수 있을지도 모르겠다. 연합국 간 전쟁 부채를 말소하려고 제안되었던 금액이 이 금액의 선례이지만, 두 경우는 서로 다르다. 지금 이야기하고 있는 금액은 후에 완전히 되갚는다는 명확한 의도 속에 빌리고 빌려줘야 할 것이다. 이런 목표를 염두에 두고, 융자금 안전에 대한 보장은 가능한 한 최대여야 할 것이고, 최종적인 변제를 위한 여러 조치는 가능한 한 완벽해야 할 것이다. 특히 이 융자금은 이자 지급과 원금 상환에 있어서 배상금에 대한 권리 모두, 연합국 간 전쟁 부채 모두, 각 연합국 내 전쟁 대출금 모두, 그리고 어떤 종류든 다른 모든 정부 부채보다 앞선 위치에 놓여야 할 것이다. 차입국 중 배상금을 받을 권리가 있는 나라는 배상금으로 받는 돈을 모두 새로운 융자를 상환하는 데 사용해야만 한다. 그리고 모든 차입국은 금을 기준으로 관세를 부과해야 하고 그것을 통해 얻는 조세수입을 융자금 상환에 사용해야 한다.

융자금의 지출은 채권국들이 감독하는데, 이 감독은 세부 항목에 대한 것이 아니라 전반적인 수준에 관한 것이어야 한다.

식품과 원료를 구매하기 위한 이런 융자에 더해, 국제연맹의 모든 회원국이 각자의 여건에 맞춰 각출해 최대로 같은 금액, 즉 2억 파운드까지 보증 기금이 마련되면(어쩌면 이 금액 중 현금으로 마련해야 할 부분은 그리 많지 않을 것이다), 이 기금을 바탕으로 전반적인 통화 재정비 작업이 현실적으로 가능해질 것이다.

이렇게 할 때 유럽이 희망을 다시 살리고, 경제조직을 재건하며, 원래 갖고 있는 부를 제대로 기능하게 해서 노동자들에게 혜택을 주는 데 필요한 최소한의 유동 자원을 지닐 가능성이 있다. 지금 시점에 그런 계획을 더 상세하게 논하는 것은 아무 소용이 없다. 내가 이 장에서 내놓은 제안이 현실 정치의 영역으로 들어갈 수 있으려면 그 전에 대중의 생각에 커다란 변화가 있어야 한다. 그때까지 우리는 할 수 있는 한 최대로 참을성 있게 사건의 추이를 기다려야 한다.

IV. 중부 유럽과 러시아의 관계

이 책에서 나는 러시아에 관해서는 거의 이야기하지 않았다. 그곳 상황의 전반적 성격은 굳이 강조할 필요도 없고, 세부적으로 어떤 일이 일어나고 있는지에 대해서는 공신력 있는 정보가 거의 없다. 그러나 유럽의 경제 상황이 어떻게 복구될 수 있을지를 논의하는 데에 러시아 문제가 지닌 결정적으로 중요한 한두 가지 측면이 있다.

군사적 관점에서 볼 때, 러시아와 독일이 궁극적으로 힘을 합치는 상황에 대해 여러 진영에서 크게 두려워하고 있다. 두 나라의 연합은 이들 국가 각각에서 반동적 운동이 성공할 경우에 성사될 가능성이 매우 크지만, 레닌과 현재 근본적으로 중산층으로 구성된 독일 정부 사이에 실질적으로 목적의 통합이 이뤄지는 것은 생각해 볼 여지가 전혀 없다. 반면에, 그 연합을 두려워하는 바로 그 사람들은 볼셰비키주의의 성공을 훨씬 더 두려워하고 있다. 그러나 러시아 내에서 볼셰비키주의와 싸울 수 있는 유일한 실질적인 힘은 반동주의자뿐이고 러시아 바깥에서는 확고히 서 있는 독일의 질서와 권위의 힘밖에 없음을 이들은 깨달아야 한다. 따라서 직접적이든 간접적이든 러시아 사태에 개입해야 한다고 주장하는 사람들은 영원한 자가당착에 빠져있다. 그들은 자신이 원하는 것이 무엇인지 모른다. 아니, 그들은 스스로 서로 모순된다고 볼 수밖에 없는 것을 원한다. 바로 이것이 그들의 정책이 그토록 일관적이지 않고 그토록 과도하게 소용없는 이유 중 하나다.

이와 똑같은 자가당착의 모습이 연합국 이사회가 파리평화회의에서 현 독일 정부에 대해 보인 태도에서도 역력했다. 독일에서 스파르타쿠스주의가 승리한다면 그것은 충분히 유럽 전역에 걸쳐 일어날 혁명의 전주곡이 될 수 있다. 러시아에서 볼셰비키주의의 힘을 다시 살려낼 것이고, 사람들이 두려워하는 독일과 러시아 간의 연합을 가속할 것이다. 그리고 분명히 평화조약의 재정적·경제적 조항을 바탕으로 세워진 미래에 대한 기대를 모두 끝내버릴 것

평화의 경제적 결과

이다. 따라서 파리는 스파르타쿠스를 좋아하지 않는다. 그러나 반면에, 독일에서 반동 운동이 승리한다면 모든 사람이 그것을 유럽의 안보에 대한 위협으로, 그리고 승리의 결실과 평화의 기초에 대한 위협으로 받아들일 것이다. 게다가 브란덴부르크를 정신적 고향으로 삼고 있으면서 유럽 동쪽에서 힘을 키우고 있는 신생 군사 권력은 동부·중부·남동부 유럽 전역에서 모든 군사적 인력과 모든 군사적 모험 집단, 황제를 유감스럽게 생각하고 민주주의를 혐오하는 모든 사람을 끌어모으고 있다. 지리적으로 연합국 군대의 힘이 닿지 않을 이 군사 권력은 적어도 소심한 사람들의 예상 속에서는 새로운 형태의 나폴레옹식 통치를 범세계적 군사주의의 재 속에서 불사조처럼 부활시키는 것으로 보일 것이다.[19] 따라서 파리는 감히

---

19 옮긴이 주 브란덴부르크 변경백국(Markgrafschaft Brandenburg)은 1157년부터 1806년까지 신성로마제국의 주요 공국 중 하나였다. 브란덴부르크-프로이센(Brandenburg-Preußen, 1618~1701)으로 이어진 후 프로이센왕국(Königreich Preußen, 1701~1918)과 독일제국의 핵심을 이뤘다. 현재 베를린에 있는 브란덴부르크 문(Brandenburger Tor)은 18세기 말에 세워진 것으로 프로이센왕국과 독일제국의 영광을 대변하는 상징이다. 패전하면서 1919년 11월 9일 독일에서는 바이마르공화국이 수립되었고 1919년 1월 19일의 총선을 통해 독일 의회가 구성되었다. 정규 군대는 국가방위군(Reichswehr)이라 불렸는데, 휴전협정에 따라 규모(인원·조직·무기)가 매우 제한되었다. 많은 군인이 전역했고, 이미 경제가 파탄 난 상태에서 딱히 다른 대안이 없던 이들은 법 테두리 밖에서 '동지애'로 뭉친 '전선 공동체(Frontgemeinschaft)'를 형성했다. '자유부대'라 불리는 이런 용병단 중 어떤 것은 당원 모집과 이후 정권을 잡을 때를 예비해 정당이 주도해 만든 것이고, 어떤 것은 개인에 의해 만들어졌다. 자유부대는 정규군의 통제를 받지 않았고, 부대 지도자의 결정에 따라 어떤 때는 국내외의 소요를 진압하는 데, 어떤 때는 정권을 탈취하려는 시도에 관여했다. 이들은 특히 바이마르공화국 초기에 두드러지게 활동했다. 당시 정권을 쥐고 있던 사회민주당은 1918~1919년 독일혁명 때 국가방위군 외에도 자유부대를 이용해 혁명을 진압했다. 1919년 4월 바이에른 지역에 독일 사회주의자 및 러시아의 지원을 받은 볼셰비키주의

브란덴부르크를 좋아할 엄두도 내지 못한다. 그렇다면 내 논의는, 세계에는 어느 정도 뜻밖의 일이지만, 독일적 특성을 띤 단단한 바 윗돌에 아직도 자신을 유지하고 있는, 질서를 향한 중도적인 힘을 지탱해주는 일이 우리가 나아갈 방향임을 시사한다. 그러나 현재의 독일 정부는 어쩌면 다른 무엇보다도 더 독일의 통합을 내세우고 있다. 평화조약 서명은 무엇보다도 일부 독일인이 독일의 통합을 위해서 치를 가치가 있다고 생각하는 대가였다. 독일의 통합이야말 로 1870년에 독일인들에게 남아있던 모든 것이지 않았는가? 따라 서 파리는, 라인강을 따라 독일을 분해하려는 희망을 아직 완전히 꺼버리지 않은 채, 독일에 모욕적 비방과 모멸적 언행을 가할 기회 를 절대 놓치지 않고, 독일 정부의 명예를 낮추거나 영향력을 약화 할 기회도 전혀 내버려두지 않는다. 그러나 유럽의 보수적 이해관 계는 하나같이 모두 독일 정부의 지속적인 안정과 불가분으로 묶여

자들이 '바이에른 소비에트 공화국'을 수립하려고 하자 사회민주당 소속 국방 장관이었던 구스타프 노스케(Gustav Noske, 1868~1946)는 자유부대를 보내 혁명을 진압했다. 자유부대는 독일 국내의 일에만 관여한 것이 아니라, 동프로이센·라트비아·실레시아·폴란드 등에서도 활동했다. 이들은 휴전 전에 독일이 러시아와 맺은 브레스트-리토프스크 조약을 근거로 리투아니아·라트비아·에스토니아에 대한 독일의 영토 주권을 보호한다는 명목을 사용했다. 심리적으로 볼 때, 자유부대에 속한 군인들은 자신들이 아직도 독일제국의 적, 특히 공산주의자·볼셰비키주의자·유대인 등과 싸우는 전쟁에 참여하고 있다고 믿었다. 1920년 3월 볼프강 카프(Wolfgang Kapp, 1858~1922)와 발터 폰 뤼트비츠(Walther von Lüttwitz, 1859~1942)가 이끄는 자유부대가 바이마르공화국을 전복하고 전제 군주정을 세우려는 시도가 있었다. 이에 국가방위군 총사령관 한스 폰 제크트(Hans von Seeckt, 1866~1936)는 1921년에 이르러 자유부대의 힘을 거의 제거하는 데 성공했다. 그러나 1923년 수립된 나치당은 남아있는 자유부대원들을 정치적 목적을 위한 극우파 폭력 집단으로 사용했다.

평화의 경제적 결과

있다.

위와 똑같은 딜레마가 프랑스로부터 역할을 부여받은 폴란드의 미래에도 영향을 미친다. 폴란드는 강력하고, 가톨릭교를 믿고, 군국주의적이고, 믿을 만해야 하고, 승자 프랑스의 배우자 혹은 적어도 최애(最愛)의 이웃이어야 하고, 러시아의 잿더미와 독일의 폐허 사이에서 번영과 영광을 누리는 국가여야 한다. 루마니아도 조금 더 체면을 유지하도록 설득될 수만 있다면 폴란드 경우와 똑같이 정신 사나운 생각의 대상이 된다. 그러나 이웃의 대국들이 번영과 질서를 누리지 못하면, 폴란드는 가동할 산업은 하나도 없는 채 유대인만 박해하는, 경제적으로 불가능한 존재일 뿐이다. 프랑스가 제시한 유혹적인 정책이 완전 허풍이고 그 안에 얻을 어떤 돈도 어떤 영광도 없음을 알면, 폴란드는 눈 깜짝할 사이에 다른 나라의 품속으로 떠날 것이다.

따라서 '외교술'에 따른 계산은 우리를 어디로도 이끌지 못한다. 러시아와 폴란드 그리고 그 근처 국가에서 일어나고 있는 광기 어린 꿈과 유치한 음모는, 가장 덜 순결한 모습에서 흥분 대상을 찾고 마치 대외 정책이 싸구려 순정극(純情劇)과 다름없는 장르라고 믿는, 아니면 적어도 그렇게 생각하면서 행동하는, 영국인이나 프랑스인이 현재 가장 좋아하는 재밋거리다.

따라서 좀 더 견고한 사안으로 돌아가 보자. 독일 정부는 러시아의 국내 문제에 간섭하지 않는 정책을 고수하겠다고 발표했다 (1919년 10월 30일). 그 이유는 "원칙에 따른 것뿐 아니라, 이 정책이 실용적인 관점에서도 정당화된다고 믿기 때문"이다. 연합국 측도 원칙에 따르지는 않더라도 적어도 실용적 관점에서 독일과 같은 관점을 택한다고 가정해보자. 그때 중부 유럽과 동유럽 사이의 미래 관계에서 나타날 근본적인 경제적 요소는 무엇일까?

전쟁 전에 서유럽과 중부 유럽은 곡물 수입의 상당한 부분을 러시아에서 들여왔다. 러시아가 없었다면 곡물 수입국들은 식량이 부족한 채로 지내야 했을 것이다. 1914년 이후 러시아로부터 곡물 공급량이 줄어들자, 부족한 식량 일부는 쌓아놓은 식량 재고에서, 일부는 후버가 가격을 보장한 덕분에 북아메리카에서 이뤄진 대량 수확으로 채워졌다. 그러나 식량 부족을 채운 주된 경로는 소비의 감소와 궁핍이었다. 1920년 이후 러시아 곡물 공급에 대한 필요성은 전쟁 전에 비해 훨씬 더 커질 것이다. 북아메리카에서 곡물 가격이 더는 보장되지 않을 것이고, 북아메리카 인구의 자연 증가로 인해 1914년에 비해 곡물에 대한 북아메리카 내 수요가 상당한 양으로 부풀어 오를 것이고, 유럽의 농토는 아직도 이전의 생산력을 회복하지 못하고 있을 것이기 때문이다. 러시아와 다시 곡물 교역이 재개되지 않으면 1920~1921년에 (그해의 추수가 특별히 풍작이 아니라면) 밀의 양은 적을 것이고 가격은 아주 높을 것이다. 따라서 연합국이 최근 선언한 러시아 봉쇄는 어리석고 근시안적인 결정이다. 우리가 봉쇄하고 있는 것은 러시아가 아니라 우리 자신이다.

러시아의 곡물 수출을 되살리는 과정은 어떤 경우에든 매우 낮은 속도로 진행될 수밖에 없다. 러시아 농민의 현재 생산성은 전쟁 전 규모로 수출할 만큼의 잉여를 생산하기에 충분하지 않다고 생각된다. 분명 거기에는 많은 이유가 있지만 다음과 같은 이유가 포함되어 있다. 농기구와 부품이 부족하고, 농민들이 자신의 생산물을 교환해 사들일 수 있는 공산품이 부족한 탓에 농민들 자신에게 생산을 늘릴 유인이 없다는 것이다. 마지막으로, 운송 체계가 붕괴했기에 지역에서 생산되는 잉여를 대규모 유통 기지로 옮기는 과정에 장애가 발생하거나 그런 집하 과정 자체가 불가능해졌다.

나는 독일 기업과 조직의 행동을 통하는 방법 말고 적절한 기간 안에 이런 생산력 상실을 회복할 방법을 전혀 발견하지 못했다. 지리적인 이유뿐만 아니라 여러 이유로 영국인, 프랑스인 혹은 미국인이 그런 일을 하는 것은 불가능하다. 우리에게는 그런 일을 대규모로 진행할 유인도 수단도 없다. 반면에, 독일은 경험과 동기 그리고 상당한 정도의 물자를 갖고 있다. 이 경험과 동기와 물자는 러시아 농민이 지난 5년 동안 가져보지 못한 제품을 그들에게 제공하는 데, 운송과 집하 사업을 재조직하고 그에 따라 곡물을 세계의 창고로 모아오는 데, 그리고 현재 우리에게서 재난 수준으로 공급이 차단된 일반적인 이득을 확보하는 데 필요하다. 독일의 기업과 조직이 모든 러시아 마을에서 일상적인 경제적 동기가 일으킬 활력을 가동할 수 있는 날을 하루라도 앞당기는 것이 우리에게도 이득이다. 이것은 러시아의 통치 당국과는 상당히 독립적으로 진행될 과정이다. 그러나 분명 상당한 확실성으로 다음을 예측할 수 있다. 소비에트 정부가 대변하는 형태의 공산주의가 러시아인의 기질과 영속적으로 맞는 것으로 확인되든 그렇지 않든, 무역과 삶의 안락함과 일상적인 경제적 동기를 되살리는 일이 전쟁과 절망에서 태어나는 폭력과 폭정의 극단적 형태의 교리를 키울 가능성은 거의 없다.

그렇다면 러시아에 대한 우리의 정책과 관련해, 독일 정부가 선언한 불간섭 정책에 박수를 보내고 그 정책을 따라 하자. 더 나아가, 우리 자신의 영속적인 이해관계에 해가 되고 불법적이기도 한 봉쇄를 거둬들이고, 독일이 이전에 자국의 동쪽과 남쪽에 있는 이웃 나라들에 부의 창출자와 조직자의 역할을 한 것처럼 유럽에서 독일의 위치를 다시 정립하도록 격려하고 지원하자.

이런 제안에 강한 반감을 느낄 사람이 많이 있다. 나는 그런 사람들에게 그런 반감에 굴복했을 때 나타날 결과를 머릿속에서 따라가 보기를 권한다. 독일이나 러시아 사람들 혹은 그 정부에 대해 민족적·인종적·정치적 혐오를 느낀다는 이유로 그들이 자국의 물질적 안락을 회복하는 데 필요한 모든 수단을 하나하나 모두 반대한다면, 그런 감정이 가져올 결과를 직시할 준비가 되어있어야 할 것이다. 거의 가족처럼 연결된 유럽의 종족 사이에 도덕적 연대감은 없더라도, 무시할 수 없는 경제적 연대는 존재한다. 지금도 세계시장은 하나다. 만일 우리가 독일이 러시아와 생산물을 교환해 먹고 살도록 허용하지 않으면, 독일은 불가피하게 신세계의 생산물을 놓고 우리와 경쟁할 수밖에 없다. 우리가 독일과 러시아 사이의 경제적 관계를 잡아채오는 데 더 많이 성공할수록, 우리 자신의 경제 수준은 낮아지고 우리 국내 문제의 무거움은 늘어날 것이다. 이것은 사안을 가장 근본적인 차원에서 말하는 것이다. 위대한 국가들의 경제적 폐허를 확산하고 더 조장하는 정책에 반대하는, 아무리 둔한 사람이라도 그냥 지나칠 수 없는 다른 주장도 있다.

어디에서도 사태가 돌발적이거나 극적으로 전개할 조짐은 거

평화의 경제적 결과

의 찾아볼 수 없다. 봉기와 혁명이 있을 수 있다. 그러나 현재로서는 근본적인 중요성을 지니는 봉기와 혁명은 일어나지 않았다. 혁명은 정치적 압제와 부정의에 대항하는 무기다. 그러나 부의 분배가 정의롭지 않기 때문에 발생하는 경제적 궁핍이 아니라 사회 전체에 걸친 경제적 궁핍으로 고통받는 사람들에게 혁명은 어떤 희망의 조언을 해줄 수 있는가? 진정으로 말하건대, 중부 유럽에서 혁명을 막을 유일한 보호 장치는 절망적인 상황의 사람들이 느끼기에도 혁명은 상태 개선의 전망을 전혀 제공하지 않는다는 사실이다. 따라서 우리 앞길에는 사람들이 반(半)기아 상태에 빠지고 삶과 안락함의 수준이 점차로 꾸준하게 하락하는 길고 조용한 과정이 놓여있다. 유럽의 파산과 쇠퇴가 진행되도록 내버려둔다면 장기에는 모든 사람이 영향을 받을 것이다. 그러나 어쩌면 그 영향은 눈이 휘둥그레질 정도이거나 즉각적인 방식으로는 나타나지 않을 것이다.

이 모든 것에서 다행스러운 점이 하나 있다. 우리에게는 우리가 갈 길을 다시 한번 살펴보고 세계를 새로운 눈으로 바라볼 시간이 남아있다. 왜냐하면 아주 가까운 미래의 사건은 이미 벌어지고 있고, 유럽의 가까운 미래 운명은 더는 사람들의 손안에 있지 않기 때문이다. 내년에 일어날 사건의 모습을 정하는 것은 정치가의 정교한 행위가 아니라, 정치적 역사의 표피 밑에서 끊임없이 흐르고 있는 숨겨진 물결이다. 이 물결이 어떤 결과를 가져올지는 아무도 예측할 수 없다. 우리가 이 숨겨진 물결에 영향을 줄 수 있는 방법은 단 하나 있다. 대중의 의견을 바꾸는 지시와 상상의 힘을 가동하는 것이다. 진실을 선언하고, 환상의 장막을 내리고, 증오를 불식하고,

사람들이 마음과 정신을 확장하고 그렇게 하도록 가르치는 것, 이것이 바로 그 방법이다.

내가 이 책을 쓰고 있는 1919년의 가을에 우리는 우리의 운이 다한 계절에 와 있다. 지난 5년 동안 있었던 격심한 힘의 행사, 공포, 고통에 대한 반작용이 최고조에 이르러 있다. 우리 자신의 물질적 안락이라는 눈앞의 문제를 넘어 느끼고 배려하는 힘은 일시적으로나마 시야에서 사라져버렸다. 우리 자신이 직접 겪는 일 바깥에서 아무리 큰 사건이 일어나고 아무리 끔찍한 일이 예상되어도 그것이 우리를 움직이게 할 수 없다.

모든 인간의 가슴속에 공포가 아직 남아있도다.

그 공포가 집어삼킨 폐허를 넘어. 가장 높은 곳에 앉은 자들 두려워
　　하길.

업신여겨 생각조차 하지 않던 모든 게 사실이라네.

그들의 마음을 결정하는 것은 위선과 습관,

수많은 숭배가 있던 성전들은 이제 발길이 끊겼구나.

그들은 인간에게 길이 남길 선(善)을 감히 만들려 하지 않고,

그렇게 할 엄두조차 내지 않는다는 걸 알지도 못한다네.

선한 자들은 권력을 원하나 메마른 눈물만 흘릴 수밖에.

힘 있는 자들은 선을 원하네, 그들에겐 더 나쁜 필요인 것을.

지혜로운 자들은 사랑을 원하고, 사랑하는 자들은 지혜를 원하는구나,

그렇게 가장 좋은 것이 모두 한데 뭉개져 악으로 변하는구나.

많은 자가 강하고 부유하도다, 그들은 또 정의로우려 하지만,

고통받는 동료 인간들 사이에서 살아가길

마치 아무것도 느끼지 못하는 양, 무엇을 하는지도 모른 채.[20]

우리는 이미 인내의 끝을 넘어서 있다. 몸과 마음을 쉬어야 한다. 지금 삶을 살아가고 있는 사람들의 한평생에서 인간 영혼의 보편적 요소가 지금처럼 그토록 희미하게 불빛을 낸 적은 없었다.

이런 이유로, 앞으로 올 새로운 세대의 진정한 목소리는 아직 울려 퍼지지 않았고, 침묵의 의견은 아직 만들어지지 않았다. 미래

---

20 옮긴이 주 이 인용문은 퍼시 비시 셸리(Percy Bysshe Shelley, 1792~1822)의 네 개 막으로 구성된 장편 서정극 《풀려난 프로메테우스(Prometheus Unbound)》(1820)의 제1막 1장 618~631행이다. 제1막의 장면은 "인도 캅카스산맥 얼음 바위 골짜기. 프로메테우스가 절벽에 묶여있고, 그의 발밑에 판테아와 이오네가 앉아있다. 시간은 밤. 막이 전개되는 동안 천천히 동이 튼다." 제1막은 프로메테우스가 자기를 절벽에 묶어놓은 유피테르(Jupiter=Zeus)를 향해 울부짖는 모습으로 시작한다. 이후 프로메테우스는 땅·하늘·해·바다·그림자 같은 자연과 이야기하고, 산·샘·공기·회오리바람과 이야기한다. 프로메테우스는 모든 것의 어머니인 땅이 조언하는 대로 유피테르의 환영을 불러 자기가 그에게 한 저주를 말하게 하고, 후회하는 모습을 보인다. 이때 메르쿠리우스(Mercurius=Hermes)와 분노의 신들(에리니에스; Erinyes)이 나타나고, 메르쿠리우스는 프로메테우스에게 속박에서 풀려나고 신들과 함께 자리할 쾌락을 약속하며 프로메테우스만 알고 있는 유피테르의 미래에 대한 비밀을 말하라고 회유한다. 그러나 프로메테우스는 비밀을 말하기를 거부한다. 메르쿠리우스가 떠나자 분노의 신들이 프로메테우스를 괴롭히기 시작한다. 이러면서 분노의 신들은 하나씩 사라지는데, 케인스가 인용한 행들은 마지막으로 남은 분노의 신이 하는 말이다. 이 말이 있기 전 분노의 신이 "그대는 피를, 불을 볼 수 있도다, 신음도 들을 수 있도다. / 더 심각한 일은 들리지도 않고, 보이지도 않은 채 뒤에 물러나 있다네."라고 말하고, 프로메테우스가 "더 심각한 일?"이라 되묻자 이에 대한 대답으로 분노의 신이 한 말이다. 이 말이 끝나자 프로메테우스는 "그대의 말은 잔뜩 모여있는 날개 달린 뱀과 같구나. / 그러나 나는 그 뱀이 고문하지 않는 자들을 불쌍히 여기노라."라고 답하고, 분노의 신은 "그들을 불쌍히 여긴다고? 나는 더는 말하지 않겠노라."라고 말한 후 사라진다.

에 만들어질 일반적 의견에 이 책을 바친다.

부록

옮긴이 해제

존 메이너드 케인스 연보

찾아보기

위선적 평화를 정면으로 마주하며
또 다른 파국을 경고한 케인스의 보고서

I

1914년 7월 28일 오스트리아-헝가리제국이 세르비아를 침공하면서 시작된 제1차세계대전은 1918년 11월 11일 독일의 항복으로 끝을 맺었다. 곧이어 연합국은 유럽의 국경 재조정 문제와 더불어, 패전국의 전쟁 비용 배상과 연합국 간의 상호 부채 상환이라는 문제에 봉착한다. 이 문제를 다루기 위해 1919년 1월 프랑스 파리에서 평화회의가 시작되었다.

1906년부터 시작한 인도사무소 근무는 케인스에게 행복한 시간이 아니었다. 대학 졸업 즈음 그의 꿈은 재무성에서 일하는 것이었다(공무원 임용 고시 중 수학과 경제학에서 낮은 점수를 받은 케인스는 2등을 차지했다. 재무성 근무는 1등에게 돌아갔다). 1908년 인도사무소에서 사퇴하고 영국으로 돌아온 케인스는 모교인 케임브리지대학교에서 앨프리드 마셜(Alfred Marshall, 1842~1924)과 아서 세실 피구(Arthur Cecil Pigou, 1877~1959)의 개인 기금으로 경제학 강사 생활을 시작했다. 그는 1909년에 《확률론(A Treatise on Probability)》

을 펠로십 논문으로 제출해 킹스칼리지 펠로로 임명되었다. 이후 1914년에 전쟁이 발발할 때까지 그의 삶은 연구와 강의를 중심으로 한 전형적인 케임브리지대학교 '선생(don)'의 삶이었다. 이 기간에 케인스는 정부 조직에서 (일시적인 자문 역할 이외에는) 정식 관료로 근무하지 않았다.

전쟁이 발발하자 케인스에게 대학 졸업 때의 꿈을 실현할 기회가 찾아왔다. 재무성이 본격적으로 케인스의 자문을 구했고, 드디어 1915년 1월 케인스는 정식으로 재무성 관료로 임용된다. 처음에는 당시 재무 장관이었던 로이드 조지의 특별 자문인 조지 페이시(George Paish, 1867~1957)의 수석 비서관직을 맡았고, 곧이어 신임 재무 장관 레지널드 맥키너(Reginald McKenna, 1863~1943)의 수석 비서관으로서 재무성의 '제1부서'에 배속되었다. 전쟁이 끝나기 2년여 전부터는 재무성에서 가장 권위 있는 부서인 '부서 A'의 총괄을 맡았다.

재무성이 그에게 맡긴 임무는 전비 조달을 위한 재정 운용이었다(여기에는 연합국 간 상호 채무의 문제, 특히 미국에 대한 채무의 문제가 포함되어 있었다). 여기서 그가 보인 "배짱과 숙달된 업무 처리"는 가히 "전설적"이라는 평가를 받았다. 1919년 1월 파리평화회의에 파견할 영국 대표단에 재무성 대표로 케인스가 선발된 것은 전혀 놀랍지 않았다. 곧이어 2월에 케인스가 최고 경제 자문 회의에서 영국을 대표할 재무 장관 대행직을 맡은 것도 전혀 놀라운 일이 아니었다(이외에도 케인스는 파리평화회의의 재정 위원회 위원으로, 또 휴전 재협상에서 재정 문제를 다룰 연합국 측 대표로 활약했다).

평화의 경제적 결과

전쟁 초기에 케인스는 영국의 참전에 반대했다. 그러나 독일이 중립국 벨기에를 침공하면서 영국의 참전 필요성을 인정한다. 전쟁이 단기간에 끝나지 않을 것이 확실해지고 영국에서 1916년 초에 미혼 남성에 대한 강제 징집이 시행되면서 전쟁에 대한 케인스의 시각은 다시 한번 변화를 겪는다. 자신이 개인적으로 알던 사람들이 전투에서 사망했다는 소식을 들으면서 케인스는 이제 전쟁 자체가 있어서는 안 된다는 생각을 굳힌다. 1916년 초부터 케인스는 전쟁의 빠른 종식을 강력하게 주장하기 시작했다. (강제 징집이 시행되자 케인스 자신은 양심적 병역 거부를 표명했고 정부는 케인스에게 군복무 대신 재무성 근무를 맡겼다. 재무성에서 일하던 시기에 케인스는 전쟁이라는 비극 자체에 대한 회의와 전쟁 비용 조달을 위한 재정 운용 사이에서 심한 마음의 갈등을 겪었다. 거기에 더해 블룸스베리 그룹 동료들은 케인스에게 명시적으로 전쟁을 위한 복무에 "양심적 거부를 선언"하고 재무성에서 "사퇴하기를 종용"했다. 블룸스베리 그룹은 케임브리지대학교 이후 케인스에게 정신적 지주 역할을 하고 있었다. 이들이 그의 재무성 활동에 보내는 부정적 의견은 케인스의 마음을 더욱 무겁게 만들었다.)

전쟁이 끝나가던 1918년 중반 이후 케인스는 종전 후 배상 문제를 상세히 다루는 재무성 정책 보고서들을 작성한다. 이 보고서들은 종전 후 유럽 재건에 대한 케인스의 '거대한 계획'을 담고 있었다. 평화회의에 참여하면서 케인스는 자신의 이런 거대한 계획을 회의 대표들이 받아들이도록 설득할 수 있으리라고 기대했다. 케인스의 말을 빌리면 "파리평화회의의 임무는 약속을 존중하고 정의를 충족하는 것이었다. 그러나 그에 못지않게 사람들의 삶을 다시 세우고 상처를 보듬는 것도 그들의 임무였다. 이 임무들은 신중함을 따라, 그와 동시에 고대 사람들의 지혜가 전쟁의 승자에게 인정한 것 같은 관대함을 따라 지켜져야 할 것이었다." 이런 기대를 안고 케인스는 파리로 향했다.

II

케인스는 1919년 1월 10일 파리에 도착했다. 나흘이 채 지나지 않아 케인스는 미국의 추가 차관에 관해 미국 재무부 대표와 벌인 협상이 고무적임을 런던에 알렸다. 그러나 이런 초기의 성공에 따른 케인스의 희망과 기대가 환멸과 절망으로 바뀌는 데는 그리 긴 시간이 걸리지 않았다. 파리에서 그의 눈앞에 펼쳐지는 광경은 유럽과 세계 전체의 미래보다 자국과 정치가로서 자신의 이익을 앞세우는 연합국 정치가들의 야망과 무모함과 무능력이었다. "유럽의 미래는 그들의 관심사가 아니었다. 유럽인이 삶을 살아갈 수단에 대해 그들은 전혀 염려하지 않았다. 좋건 나쁘건 그들의 최우선 관심사는 국경 그리고 사람들이 어느 나라에 속하는지, 국가 간 힘의 균형, 제국적 영역 확장, 강하고 위험한 적을 미래에는 약한 나라로 만드는 것, 복수, 감내하기 힘든 승리자의 재정적 부담을 패배자의 어깨에 전가하는 것이었다."

1918년 10월에 윌슨 대통령을 접촉해 연합국과의 휴전 협상을 중재해 달라고 요청했을 때, 독일은 윌슨이 같은 해 1월에 제안한 '14개 조항'을 휴전 협상의 바탕으로 삼았다. 윌슨은 종전 후 독일에 요구될 조건들이 14개 조항에 근거할 것임을 약속했다. 그해 11월 드디어 휴전 협정이 체결되었다(휴전은 3차에 걸쳐 연장되면서 총 36일 동안 지속되었고, 협정에 명시된 휴전 기간이 끝난 후에도 더 이상의 전투는 발생하지 않았다). 케인스의 말대로 "독일과 연합국 사이에 체결된 계약의 성격은 단순하고 명백하다. 평화조약의 조건은 윌슨 대통령의 연설에 부합해야 하며, 평화회의의 목적은 '그 조건을 적용할 때 필요한 세부 사항을 논의하는 것'이다."

그러나 파리평화회의에서 현실은 독일의 기대와 윌슨의 약속과는 매우 다른 방향으로 펼쳐졌다. 프랑스는 1871년 프랑스-독일전쟁에서 패한 후 독일로부터 받은 수모와 독일에 지급해야 했던 배상의 아픔을 아직도 생생하게 기억하고 있었다. 프랑스는 이번 기회를 이용해 독일을 미래에 더는 정치적·경제적으로 프랑스를 위협하지 못할 국가로 만들고 싶었다. 영국에서 집권 자유당은 1918년 12월에 있었던 조기 총선에서 승리하기 위해 대중에게 독일에 대한 증오를 부추기고 독일로부터 최대의 배상을 받겠다고 공약했다. 로이드 조지 수상에게 이 공약은 평화회의에서 그가 정한 기본 방향타였다. 미국의 윌슨 대통령은 14개 조항의 이상을 고집하며 현실적 타협을 거부했다. 그러나 (케인스의 표현에 따르면 '교회 장로' 같은) 그는 노련한 정치가인 클레망소나 로이드 조지의 상대가 되지 못했다. 클레망소와 로이드 조지는 윌슨을 '헷갈리게 만들어(bamboozle)' 조약의 내용을 자신들의 의도 쪽으로 이끌었다. 이 과정에서 독일이 1918년 11월 휴전 협정 체결 당시에 미국과 연합국에 대해 갖고 있던 믿음은 배신당하고 말았다. 이런 광경을 근거리에서 보고 있던 케인스에게 환멸과 절망이 주체할 수 없이 닥쳐왔다.

평화회의가 시작된 후 석 달 정도가 되었을 때 케인스는 블룸스베리 그룹의 버네사 벨(Vanessa Bell, 1879~1961. 잘 알려진 소설가 버지니아 울프의 언니이며 모더니스트 화가로, 블룸스베리 그룹을 만들고 이끈 주역 중 한 명)에게 "이 비범하지만 고통스러운 게임에 완전히 매몰되어" 있다고 전했다. 시간이 지나면서 상황은 더 나빠졌다. 5월에 어머니에게 보낸 편지에서 케인스는 "한편으로는 일 때문에, 다른 한편으로는 주위에 진을 치고 있는 악을 마주하며 느끼는 우울감 때문에 저는 완전히 지쳐있어요."라고 호소했다. 비슷한 시기에 케인스는 예전 연인인 덩컨 그랜트(Duncan Grant, 1885~1978)에게 좀 더 솔직하게 심정을 털어놓았다. "나는 지난 2, 3주 동안 사람이 겪을 수 있을 가장 비참한 시간을 보냈다네. 평화회의는 너무도 어이없고 불가능하며 오직 불행밖에 불러오지 못할 거야. 내 생각에 독일은 조약에 서명하지 않을 걸세. …… 만일 독일이 조약 체결에 동의한다면 그건 더 나쁜 대안일 듯하네. 독일이 그 조건을 충족하리라 기대하는 것은 어불성설이니까. 사회 전반에 걸쳐 무질서와 혼돈밖에는 어느 것도 나타나지 않을 거야. 만일 내가 독일의 상황에 있다면, 그런 평화조약에 서명하느니 차라리 죽어버릴 걸세."

파리의 회의장에서 만난 사람 중 케인스가 거의 유일하게 동질감을 느꼈던 사람은 남아프리카공화국의 얀 스뮈츠였다. 두 사람은 평화조약이 "작동 불가"하고 "철저하게 잘못 구상"되었다는 데 동

평화의 경제적 결과

의했다. 스뮈츠는 케인스에게 "평화조약의 재정적·경제적 조항들이 실제로 어떤 것이고 무엇을 의미하는지, 그리고 그 조항들이 가져올 결과가 무엇일지를 명쾌하고 논리적으로 연결해 설명"할 것을 제안했다. 드디어 6월 5일 케인스는 로이드 조지 수상에게 "이 악몽 같은 장소에서 빠져나가고자 합니다. 제가 여기서 더 할 수 있는 일은 없습니다. …… 전투는 실패하고 말았습니다."라는 메모를 남기고 대표단에서 사퇴했다. 그리고 곧바로 영국으로 돌아와 버네사 벨의 서식스 별장에 머물며 자신만의 새로운 '전투'를 준비하기 시작했다.

버지니아 울프(Virginia Woolf, 1882~1941)는 영국으로 돌아온 케인스가 자신의 심정을 짧게 표현했다면 이렇게 말했을 것이라 생각했다. "이튼(Eton)은 끝났다. 사회 지배층 그리고 어쩌면 케임브리지도 마찬가지다." 이튼과 케임브리지는 케인스에게 사회 지도층의 일원이라는 정체성을 제공했고, 그에게 이들의 안정성은 곧 자신이 몸담고 있는 문명사회의 성공 척도였다. 케인스에게 이번 전쟁이 불러일으킨 가장 큰 문제는 기존 사회 질서가 무너져버렸다는 것이었다. 부침이 있었으나 유럽은 오랫동안 안정적으로 사회 질서를 유지해왔다. 케인스는 전쟁 자체도 그렇지만, 연합국이 패전국 독일에 요구한 배상 조건들은 더욱, 유럽을 혼돈으로 몰아갈 것이라 생각했다. "파리평화회의에서 벌어진 암울하고 모멸적인 광경은 케인스를 이 결론으로 내몰았다. 그곳에서 사람들은 아무런 부끄러움도 없이 행동했다. 유럽을 위한 것도, 심지어는 영국을 위한 것도 아니었다. 단지 다가올 총선에서 국회의원으로 다시 선출되기 위한 목적뿐이었다. 그들은 악의로 가득 찼다. 가끔 좋은 의도를 보이기는 했으나 평화회의 시작부터 운명은 정해져 있었던 것처럼 보였다. 운명은 평화회의를 가장 치명적인 방향으로 몰고 갔고, 얼마 지나지 않아 모든 사람이 그 운명을 거스를 힘을 잃어버렸다."

평화회의에서 마련된 조약은 6월 28일에 연합국과 동맹국 사이에 공식 체결되었다. 케인스가 스뮈츠의 제안을 현실로 옮기는 작업을 시작한 것은 그날로부터 3일 전이었다. 집필이 시작된 지 3개월 정도 지나서 원고가 완성되었다. 그야말로 '일필휘지(一筆揮 之)'였다. 그럴 수 있었던 것은 (앞에서 언급한 대로) 재무성 관료로서 케인스가 전쟁 전의 유럽과 전쟁이 유럽에 가져온 사회적·경제적 결과, 그리고 종전 후 가장 시급하게 대두될 전쟁 배상의 문제를 오랫동안 분석하고 구상해왔기 때문이다. 그런데 케인스에게는 서둘러 책을 발간해야만 하는 이유가 또 하나 있었다. 케인스는 파리에서 기안되고 체결된 평화조약이 얼마나 무리하고 실현 가능성이 없으며 그대로 실행된다면 유럽에 전쟁 후의 평화 대신 또 다른 전쟁을 포함한 혼돈이 발생할 것임을 대중에게 널리 알리고, 대중의 의견을 빌려 그런 조약의 수정을 유도하는 것이 자신이 해야 할 새로운 전투라 생각했다. 케인스는 대중의 마음을 선점하고자 했다. 그래야만 자기 생각을 가장 효과적으로 전달할 수 있다고 생각했기 때문이다. 게다가 자신은 바로 몇 달 전까지 회의에 깊숙이 참여한 사람이 아니었던가. 케인스는 회의의 생생한 모습을 전하고 싶었다. 케인스 앞에 놓인 새 전투에서 신속함은 매우 효과적인 전략이었다. (역사학자이자 케인스 전기 작가인 로버트 스키델스키[Robert Skidelsky,

평화의 경제적 결과

1939~]에 따르면, 케인스에게 《평화의 경제적 결과》는 "전쟁에서 자신이 했던 일에 대한 개인적 죄책감"에서 벗어나는 일종의 '구원'의 과정이었다. 또 전쟁 중 재무성 활동으로 인해 케인스는 자신의 정신적 지주인 블룸스베리 그룹과 멀어져 있었다. 케인스는 책을 통해 "자신의 죄책감"을 덜어내고 블룸스베리 그룹과 다시 신속하게 결합하고 싶었을 것이다.)

III

1919년 12월 《평화의 경제적 결과》가 출간되었다.

책은 총 7개의 장으로 구성되었다. 제1장은 '서론'으로 파리평화회의에 대한 케인스의 평가를 요약한다. "파리는 악몽이었다. 그리고 그곳에 있던 사람들은 모두 소름 끼치도록 병적이었다. 경박한 풍경 위로 금방이라도 파국이 엄습할 것 같은 느낌이 솟아올랐다. 거대한 사건 앞에서 허무감과 왜소함의 느낌이 사람들에게 닥쳐왔다. 내려지는 결정의 중요성과 비현실성이 서로 교차했다. 경솔함, 맹목성, 오만함, 외부로부터 들려오는 혼란한 울부짖음. 고대 비극의 모든 요소가 그곳에 있었다." 케인스는 "최근에 겪은 너무도 생생한 경험 때문에, 현존하는 위대한 제도를 파괴하겠지만 또한 새로운 세계를 창조할 수도 있을 이 시대의 위대한 역사적 드라마에 대해 초연할 수 없"는 전문가의 위치에서 책을 썼음을 밝힌다.

제2장은 '전쟁 전의 유럽'의 모습을 그린다. 1870년 이후 유럽은 역사상 최고의 경제적 발전을 이뤘다. 이 시대는 "1914년 8월에

막을 내리고 말았으나 …… 인류의 경제적 진보 과정에서 …… 경이로운 시간"이었다. 그러나 1900년을 넘으며 위기의 조짐이 나타났다. 무엇보다도 인구 성장이 식량 증가율을 초과하면서 '맬서스의 악마'가 다시 활약하기 시작했다. 19세기에는 소비의 절제를 높이 평가하는 사회적 심리 상태가 퍼져있었다. 소비의 절제는 높은 자본축적을 가능하게 했고, 자본축적은 '맬서스의 악마'의 활약을 억제하는 역할을 했다. "19세기는 복리법이라는 현기증 나는 덕목을 관조하면서 인류라는 종의 번식력을 망각할 수 있었다." 그러나 오랫동안 경제적 번영에 익숙해진 사람들은 위기를 느끼지 못했다. 사람들은 번영을 "정상적이고 확실하고 영원한 것으로, 오직 더 나아지는 방향으로만 나아갈 것으로" 생각했다. 전쟁은 19세기에 퍼져있던 사회의 심리 상태를 바꿔 놓았다. 전쟁은 "많은 사람에게 절제의 허무함을 알려줬다. 따라서 허세가 나타났다. 노동자계급은 이제 더는 그렇게 많이 절제할 의향이 없어졌고, 미래를 더는 낙관하지 못하게 된 자본가계급은 자신들이 할 수 있는 소비의 자유를 좀 더 완전하게 즐기려" 하고 있었다. 1870년 이후 유럽의 경제발전에 독일은 중추적 역할을 했다. 케인스는 유럽 전체의 정치적·사회적 안정과 경제적 번영을 위해서는 이런 독일의 역할이 전쟁 후에도 지속되어야 한다는 점을 시사한다.

'파리평화회의'를 그린 제3장은 아마 《평화의 경제적 결과》에서 출간 당시는 물론 후세에도 가장 널리 언급되는 부분일 것이다. 여기서 케인스는 윌슨 미국 대통령, 클레망소 프랑스 수상, 로이드 조지 영국 수상이 평화회의에서 보인 태도를 화려하고 신랄한 필치

평화의 경제적 결과

로 묘사한다. 클레망소는 적국 독일을 대상으로 '카르타고식 평화'를 성취하고 프랑스를 유럽의 최대 강국으로 만들려는 프랑스의 페리클레스로, 로이드 조지는 국내의 정치적 지위를 유지하려고 영국 대중을 선동하고 그 선동에 맞춰 평화조약을 이끌려는 정치적 위선자로, 윌슨은 교회 장로처럼 원리만을 고집하며 상황에 유연하게 대처하지 못하면서 노련한 정치가 클레망소와 로이드 조지의 전략에 속절없이 말려든 눈먼 돈키호테로 그려진다. (케인스는 책에서 출간된 것보다 더 신랄한 어조로 로이드 조지를 묘사하고자 했다. 그러나 초고를 본 케인스의 어머니는 논조를 누그러뜨릴 것을 조언했고, 책에서는 비판 논조가 훨씬 가라앉은 원고가 수록되었다. 원래의 논조를 담은 글은 14년이 지난 후 《전기 에세이 모음(Essays in Biography)》에 수록되었고, 이 글을 읽고 분노한 로이드 조지는 역으로 케인스를 비판하는 글을 발표했다.)

제4장은 '평화조약' 중에서 경제에 관한 내용을 살핀다. 이 장에서 케인스는 경제에 관한 조항이 독일의 경제를 체계적으로 파괴하려는 목적으로 작성되었음을 보이고자 했다. 케인스는 전쟁 전 독일의 경제 체계가 세 개의 기둥으로 지탱되었다고 말한다. 첫째는 "상선, 식민지, 해외투자, 수출, 독일 상인들의 해외 관계망 등으로 대표되는 해외무역"이고, 둘째는 "독일에서 생산되는 석탄과 철 그리고 그것을 기반으로 건설된 산업"이며, 셋째는 "수송 및 관세 제도"다. 이와 관련해 조약은 대략 다음과 같은 요구를 명시한다. (1) 거의 모든 상선을 연합국에 양도. (2) 모든 외국 자산을 연합국에 양도. (3) 알자스-로렌 지역을 프랑스에 다시 합병하고 이 지

역의 독일 자산 전부를 몰수. (4) 자르 분지의 탄광을 프랑스에 양도하고, 약 4,000만 톤의 석탄을 일정 기간에 걸쳐 매년 프랑스·벨기에·이탈리아·룩셈부르크에 공급. (5) 고지 실레시아를 신생 국가인 폴란드에 잠정적으로 귀속하고 후에 주민 투표를 통해 최종 귀속 국가를 결정. (6) 연합국에는 최혜국 지위를 부여하나 역으로 독일에는 최혜국 지위가 부여되지 않는 관세 제도. (7) 모든 철도 차량을 연합국에 양도하고 철도로 독일에 수송되는 연합국 상품에 대해 수혜적 관세 부과. 그러나 이 요구들은 실현된다면 독일의 경제를 완전히 파괴할 뿐 아니라 실제로는 독일이 이행할 수 없는 "비현실적"인 것이었다. 예를 들어, 독일 석탄 생산량의 75퍼센트가 알자스-로렌 지역에서 나오고 있었고, 전쟁 후 독일의 석탄 생산량은 연간 1억 톤으로 줄어든 상황이었다. 더군다나 독일의 국내 석탄 수요량은 연간 1억 1,000만 톤으로 추정되었다. 독일이 매년 4,000만 톤의 석탄을 프랑스 등에 공급해야 한다면, 독일 사람들은 혹독한 추위 속에 겨울을 보내야 하고 독일의 산업은 가동을 멈출 것이다.

제4장에서 살펴본 조건 외에도 독일은 전쟁 피해에 대한 배상액을 연합국과 관련국에 지급해야 했다. 제5장은 '배상'에 관한 여러 문제, 즉 배상받을 피해의 범위, 배상의 조건, 독일의 배상 능력 등을 논한다. 조약은 전쟁을 통한 직접적인 군사적 피해뿐만 아니라 "민간인에게 입힌 피해"를 배상의 범위에 포함하고, "전쟁 기간에 …… 군대에 동원된 사람들의 가족에게 지급한 별거 수당이나 그와 유사한 수당, 그리고 전투 중 다치거나 사망한 군인과 관련해 이 정부들이 현재와 미래에 지급해야 할 연금과 보상금"을 배상할

평화의 경제적 결과

것을 요구한다(이 항목들을 포함해야 한다고 주장한 이는 로이드 조지였고, 윌슨은 결국 로이드 조지에게 '헷갈림'을 당해 이 조건을 받아들였다). 케인스는 별거 수당과 연금이 포함될 때 총 배상액은 그렇지 않은 경우의 3배가 되어 80억 파운드에 이를 것으로 추정한다. 독일은 이 금액을 30년에 걸쳐 지급하도록 요구되었다. 케인스는 독일이 1921년까지 금, 선박, 대외 자산, 철도 차량 등을 처분해 연간 2억 5,000만에서 3억 5,000만 파운드 정도를 조달하고, 연간 1억 파운드 정도를 무역수지 흑자로 달성할 수 있을 것으로 추산했다. 이자율을 5퍼센트로 잡고 원금 상환율을 1퍼센트로 잡을 때 이것은 30년 기간에 대한 현재가치로 17억 파운드 정도에 해당한다. 따라서 독일이 부담할 수 있는 최대 총금액은 20억 파운드를 초과해서는 안 된다는 것이 케인스의 주장이었다. 배상액을 80억 파운드 정도로 설정하는 조약의 요구 조건들은 1918년 영국 총선 중에 나온 선동 문구처럼, "레몬 씨가 으깨지는 소리를 들을 수 있을 때까지 독일을 쥐어짜는" 것이었다.

제6장은 "비관주의로 가득 찬" 장이다. '조약 후의 유럽'의 모습이 암담하기 때문이다. 조약의 요구는 경제학적 관점에서 볼 때 매우 비논리적이었다. 독일이 배상을 실현하려면 국내 경제의 회복이 전제되어야 하는데, 조약의 요구에 따르면 독일은 자국의 자산 대부분을 배상에 사용해야 한다. 더구나 독일의 수출 증가는 무역 대상국, 즉 연합국의 수입 증가를 뜻한다. 과연 연합국이 그런 상황을 감내할까? 게다가 유럽 전체의 경제 전망은 그리 밝지 않다. 각국의 생산능력 규모는 하락했고 수송 체계가 와해했다. 국제 가

격과 국내 가격의 조정이 원활하지 않고, 상품의 순환을 가능하게 할 외국 융자의 조달도 쉽지 않으며, 통화 체계가 제대로 작동하지 않고 있었다. 독일이 무역을 통해 경제를 부흥할 여건은 전혀 조성되어 있지 않았다. 1919년 5월 당시 논의되던 평화조약에 대해 독일 경제 위원회는 "평화의 조건이 집행된다는 것은 논리적으로 볼 때 독일에 사는 수백만 명의 희생을 뜻한다. …… 이 조약에 서명하는 사람들은 수백만 명의 독일 남녀노소에게 내리는 사형선고에 서명하는 것"이라 천명했다. 케인스는 이 장을 다음과 같은 말로 맺는다. "삶은 어떻게든 진행된다. 그러나 드디어 인간의 인내가 한계에 다다르고, 절망과 광기의 구호가 무력감으로 고통받는 자들을 일깨워 뒤흔들어놓는다. 이 무력감이야말로 위기가 발생하기 전에 나타나는 것이다. …… 겨울이 다가오고 있다."

그렇다면 과연 해법은 있는가? 케인스는 책의 마지막 장인 제7장에서 '처방'을 제안한다. 케인스가 제안한 처방은 우선 국제연맹의 창설과 주요국들의 가입을 확정하는 한편, 독일의 총 배상액을 20억 파운드에 묶어놓고, 유럽의 석탄 문제를 재조정할 석탄 위원회를 국제연맹 산하에 설립하며, 상호 평등 원리에 바탕을 두고 관세 장벽을 낮출 자유무역연합을 설립하는 등의 내용을 담도록 평화조약을 수정하는 것이다. 연합국 간 부채 문제는 현실에서 매우 복잡한 문제지만 미국의 "관용"이 전제될 때 쉽게 해결할 수 있다. 전쟁 수행으로 발생한 연합국 간 채무를 모두 말소하는 것이다. 이 경우 미국은 약 20억 파운드(영국은 약 9억 파운드)를 포기해야 한다. 이 금액은 미국의 부 전체에 비해 작은 양이지만 그 결과는 거대하다. 미국의 "관용"은 유럽인들의 마음에서 빚 상환에 따른 불안감을 해소하고 유럽의 금융 안정성을 보장할 것이며 연합국 간의 연대를 강화해 미래의 평화를 보장할 것이다. 상호 부채 말소 외에도 미국과 영국 같은 경제 여력이 있는 국가가 유럽의 다른 나라에 국제 융자를 해줄 필요가 있다. 융자는 우선 채무국의 식량과 원료를 구매하는 데 사용되어야 하지만, 그 외에도 채권국들의 각출로 보증 기금을 조성해 유럽의 통화 개혁에 사용할 수 있다.

케인스에게는 평화조약으로 인해 독일이 피폐화되지 않아야 할 또 다른 중요한 이유가 있었다. 그가 보기에 1917년 러시아혁명은 '혁명'이라는 사회적 불안정을 유럽 전역에 퍼트릴 위험을 안고 있었다. 이미 독일도 볼셰비키혁명의 문턱에 들어섰던 바 있다(스파르타쿠스 봉기). 다른 한편으로, 독일 내에서는 "브란덴부르크를 정신적 고향으로 삼고 있으면서 유럽 동쪽에서 힘을 키우고 있는 신생 군사 권력"이 발흥하고 있었다. 이 반동 운동이 성공한다면 그것은 마치 나폴레옹이 불사조처럼 부활하는 것과 같다. "파리는 스파르타쿠스를 좋아하지 않는다. 그러나 …… 감히 브란덴부르크를 좋아할 엄두도 내지 못한다." 유럽 전체에 독일의 사회적·정치적 안정이 결정적인 이유다. 그러나 평화조약은 만일 그대로 시행된다면 바로 그런 안정을 무너뜨릴 위험을 안고 있다.

케인스는 책의 끝머리에 셸리의 서정극 《풀려난 프로메테우스》의 일부를 인용한다. 이 인용 부분은 암울한 현실을 묘사한다. 시를 인용한 후 케인스는 "우리는 이미 인내의 끝을 넘어서 있다. 몸과 마음을 쉬어야 한다. 지금 삶을 살아가고 있는 사람들의 한평

생에서 인간 영혼의 보편적 요소가 지금처럼 그토록 희미하게 불빛을 낸 적은 없었다."고 말한다. 그런데 이 서정극은 프랑스혁명의 실패와 한 혁명이 또 다른 혁명으로 대체되는 순환에 대한 셸리의 대답이었다. 셸리는 역사의 새로운 상황을 포용하려면 선과 악에 대한 이전의 생각이 변화해야 함을 표현하고자 했다. 마찬가지로 《평화의 경제적 결과》에서 케인스가 의도했던 궁극적 목표는 잠재적으로 존재하는 또 다른 유럽 내전을 경제적 번영으로 대체하는 것이었다. "앞으로 올 새로운 세대의 진정한 목소리는 아직 울려 퍼지지 않았고, 침묵의 의견은 아직 만들어지지 않았다. 미래에 만들어질 일반적 의견에 이 책을 바친다."

IV

책이 출간되자마자 호평과 혹평이 동시에 쏟아졌다. 책에 대한 평가는 극명하게 갈렸지만 한 가지 부인할 수 없는 사실이 있다. 그때까지 케인스는 '내부자 중의 내부자(insider's insider)'였다. 영국 경제학계에서 상당히 알려져 있었고, 모교인 이튼칼리지와 케임브리지대학교에서 형성한 인맥을 바탕으로 영국의 고위 사교계와 (재무성 관료로서) 정치계에 어느 정도 알려져 있었지만, 이 사회들은 상대적으로 폐쇄적이었다. 이 사회의 범위를 벗어나 케인스의 이름은 그리 널리 알려져 있지 않았다. 케인스는 《평화의 경제적 결과》로 (후에 세계적인 경제학자로 알려지기 전에) 말 그대로 일약 전 세계적인 지식인으로 떠오른다.

출판사는 케인스의 이튼칼리지 동창인 대니얼 맥밀런이 대표
로 있던 맥밀런사였다. 책 판매에 대한 기대가 크지 않았기에(아
니면 케인스 자신은 책의 흥행에 자신이 있었기에), 출판비 자체는 케
인스가 사비로 충당했고 출판사는 책의 배포에 대한 몫으로 이윤
의 10퍼센트만을 받는 조건으로 5,000부를 인쇄했다. 그러나 결과
는 누구도 예상하지 못한 대성공이었다. 책은 인쇄를 거듭하며 출
간 넉 달 만에 영국에서 1만 8,500여 부가, 미국에서 약 7만 부가 판
매되었다(이 수량에는 에든버러에서 인쇄되어 미제본 상태로 런던으로
수송되던 중 풍랑을 만나 바다에 폐기된 2,000부, 그리고 사회주의 운동
가 시드니 웹[Sidney Webb, 1859~1947]과 베아트리스 웹[Beatrice Webb,
1858~1943] 부부를 통해 노동당에서 발간한 염가 보급판 1만 부는 포함
되지 않는다). 출간 반년이 되지 않아 책은 전 세계에서 10만여 부가
팔렸고, 러시아어·중국어·일본어를 포함해 11개 언어로 번역되었
다(날개 돋친 책 판매로 케인스는 상당한 부를 축적할 수 있었다. 그러나
얼마 후에 주식 투자 실패로 그 부의 상당 부분을 잃었다).

출간 당시 전쟁 장관 겸 공군 장관으로 재직하던 윈스턴 처칠
(Winston Churchill, 1874~1965)은 케인스가 보낸 증정본을 하루 만
에 읽고 이렇게 편지를 보냈다. "이토록 엄청나게 뛰어난 저작을 쓴
데 진심으로 축하해야 할 듯하네. 책의 내용은 나를 매우 깊은 우울
감으로 가득 채웠지만 그 내용을 다루는 방식은 그야말로 커다란
성공일세. 멋진 소설처럼 쉽게 읽을 수 있고 명쾌함은 타의 추종을
불허하더군. 책의 주제가 전문적이어서 다른 사람이 썼더라면 따분

했을 것이라는 생각조차 들지 않을 정도라네."

케임브리지대학교 후배 경제학자이자 후에 화폐이론에서 케인스와 대립각을 유지했던 데니스 로버트슨(Dennis Robertson, 1890~1963)은 이렇게 논평했다. "케인스는 매우 강력하고 중요한 책을 썼다. 그러나 실제로 케인스는 두 권의, 어쩌면 세 권의 책을 쓴 것과 마찬가지다. 신랄한 정치 팸플릿이면서, 평화조약의 경제적 조항에 대해 대가의 펜으로 써내려간 전문적 논의이고, 동시에 국가 간의 그리고 사회계급 간의 경제적 관계에 관해 쓴 인상 깊고 매우 독창적인 철학적 비판이다."

독일과 오스트리아에서《평화의 경제적 결과》의 저자 케인스는 자신들의 고통을 이해하는 진지한 영국인으로 환영받았다. 파리평화회의에서 케인스의 독일 측 상대였던 카를 멜키오르(Carl Melchior, 1871~1933)는 책이 자신에게 "심오한 인상"을 남겼고 "전후 역사에 나타날 새로운 방향의 발전"이 될 것이라 평했다. "책은 나에게 침울하고 혼란스러우며 고결한 드라마를 읽는 듯한 느낌을 줬습니다. 운 좋게도 혹은 불행하게도 지금은 이 드라마의 제1막만이 끝난 상태지요. 내가 그렇게 느낀 이유는 단순히 책의 내용, 구체적 사실의 진술, 그 사실들에 대한 당신의 판단, 그리고 치유를 위한 당신의 제안 때문만이 아닙니다. 그것들을 글로 옮기는 데 당신이 보여준 세련됨과 자석이 철을 끌어당기는 듯한 매력 때문이기도 합니다." 오스트리아에서는 후에 케인스 경제학의 대각선에 서 있을 젊은 경제학자 프리드리히 하이에크(Friedrich Hayek, 1899~1992)와 그의 빈(Wien) 학파 동료들이 평화조약에 대한 반대뿐만 아니라 전

후 오스트리아의 혹독한 상황에 공감을 보인 케인스에게 영웅의 지위를 부여했다.

대조적으로 프랑스는 케인스에 분노했다. 긴 기간 동안 같이 전쟁의 고통을 겪었던 우방국에 동감하지 못하고 독일과 국경을 접하면서 역사적으로 부단히 부딪혀온 프랑스의 안보를 전혀 고려하지 않았다는 것이다. 클레망소 프랑스 수상의 통역사였던 폴 망투(Paul Mantoux, 1877~1956)는 케인스가 책에서 '4인방'의 회의를 근거리에서 항상 관찰한 듯이 말하고 있으나 실제로 케인스가 4인방 회의에 같이 참여한 적은 몇 번 되지 않는다고까지 비판했다.

미국에서 《평화의 경제적 결과》는 윌슨의 지지자들에게는 회의와 유감을 불러일으켰고 윌슨의 정치적 적수들에게는 좋은 우군 역할을 했다. 미국이 유럽으로부터 받아야 할 모든 부채를 탕감하라는 케인스의 제안은 일반 미국인과 정치가들에게 쉽게 받아들여지지 못했다. 윌슨이 유럽의 노회한 정치가들에게 농락당하는 모습으로 묘사된 것에 대해서 윌슨 지지자들은 불쾌해했다. 미국에서 케인스의 책은 1920년 1월에 발간되었다. 의회에서 고립주의를 택했던 공화당 상원의원 윌리엄 보라(William Borah, 1865~1940)는 윌슨이 파리에서 가져온 베르사유조약의 비준에 반대하면서, 2월 의회 토론에서 케인스의 책을 상세히 인용했다. 3월에 조약은 끝내 의회의 문턱을 넘지 못했다. (그러나 케인스의 책이 비준 거부에 결정적 역할을 한 것은 아니었다. 미국 의회는 책이 발간되기 전인 1919년 11월에 이미 두 번이나 비준을 거부했고, 윌슨은 다수당인 공화당이 제안한 조약 수정안을 끝내 받아들이지 않았다.)

파리평화회의가 시작되면서 영국 재무 장관으로 임명되어 회의 기간 중 케인스의 직속상관이었던 오스틴 체임벌린(Austen Chamberlain, 1863~1937)의 평은《평화의 경제적 결과》가 일으킨 다면적 반응을 잘 표현하고 있다. "평화회의에 관한 자네의 묘사를 악의적인 즐거움으로 읽었네. …… 이 멋진 작품을 읽으면서 나는 감탄으로 가득 차 있었다네." 그러나 이런 찬사에 앞서 체임벌린은 깊은 우려를 표했다. 그는 케인스가 "이전의 국가 공무원"으로서 그런 글을 쓰고 특히 우방국인 미국과 프랑스를 그토록 공개적으로 비판한다면 "영국의 국제적 행보"가 어려워질 것이라 우려했다.

　　학계에서 호평이 주를 이뤘던 반면, 대중 사이에서는 비판이 더 우세했다. 일간지《타임스》의 주간인 헨리 스티드(Henry Steed)의 평이 한 예다. "[이 책은] 선동 전단 이상이 아니다. 전쟁을 의도하고 실제로 일으켰다는 죄의식은 전혀 느끼지 않으면서, 연합국 측에 음모가 뿌리 깊게 박혀 있고 파리평화회의는 '신뢰 파괴'의 대명사로서 바로 그 음모의 마지막 단계에 지나지 않으며 자신이 그 음모의 피해자라는 믿음을 증강하고 적에게 협조하려고 계산된 선동물일 뿐이다."

　　영국뿐 아니라 대서양 건너편에서도 혹평이 전해졌다.《뉴욕 타임스》는 전면에 서평을 게재하면서, "영어를 사용하는 국가에서 이 책은 이미 충분히 혼탁해져버린 이 시대의 여러 사안을 더욱 흐리게 만들어서 엄청난 불행을 가져올 수 있다."고 논평했다. 케인스는《평화의 경제적 결과》발간 3년 후 후속작《조약의 개정(A Revision of the Treaty)》을 발표하면서 한 미국 언론이 3년 전 전작에 대

　　　　　　　　　　　　　　　　　　　平和의 경제적 결과

해 내놓은 논평을 후속작의 후면에 게재했다(케인스의 성격을 엿볼 수 있는 한 단면이다). "케인스의 것처럼 피상적인 책은 매우 위험한 사이비 이상주의자 혹은 완고한 '자유주의자'의 작품이다. 열 번 중 아홉 번, 그런 책의 저자는 불만으로 가득 차 있고 자기중심적이면서 똑똑한 체하는 '머그웜프(mugwump, 정치적 중립 표방자)'다. 이런 사람은 단순한 진리와 정의를 실현하기보다 모든 병을 치유한다는 '만병통치약'을 실제로 혹은 겉으로나마 강요하고자 하는 폭군 같은, 교장 선생님 같은 마음을 가졌다."

학계에서 가장 강력한 비판은 사반세기가 지나서야 나타났다. 1946년에 에티엔 망투(Étienne Mantoux, 1913~1945)의 《카르타고식 평화, 케인스 씨의 경제적 결과(The Carthaginian Peace, Or the Economic Consequences of Mr. Keynes)》가 출간되었다(에티엔 망투는 폴 망투의 아들이다. 에티엔 망투는 자신의 책이 발간되기 1년 전, 제2차세계대전이 끝나가던 1945년 4월에 전투 중 사망했다). 케인스의 책이 엄청난 영향력을 발휘했다는 사실을 인정하면서 망투는 케인스의 주장을 거의 모든 면에서 비판한다.

책의 제목은 망투의 중심 주장을 요약한다. 평화조약대로 전쟁배상이 이뤄지면 '카르타고식 평화'가 발생할 것이라는 케인스의 우려가 잘못된 판단이라는 것이다. 만일 독일이 승전국이 되었다면 독일은 평화조약보다 더 강력한 조건을 연합국에 요구했을 것이며, 독일에 배상 능력이 없다는 케인스의 주장은 자료의 부정확한 사용에 근거한다고 비판한다. 평화조약은 1921년에 배상 조건을 완화하는 방향으로 수정되었다('런던 일정표[London Schedule]'). 케인스는 런던 일정표에 따른 배상액도 독일의 능력에 비해 과하다고 생각했다. 그러나 망투는 케인스의 판단과 달리 독일은 수정된 배상액을 충분히 감당할 수 있었고, 독일이 그 배상을 실제로 이행하지 않았다는 사실이 곧 독일에 배상할 능력이 없었음을 뜻하지 않으며, 전후 독일의 경제 상황이 케인스의 우려와 달리 건강한 모습을 보였다는 역사적 사실이 케인스의 주장에 대한 반증이라고 주장한다. 또 평화조약에 대한 케인스의 부정적 평가는 미국에서 조약이 의회 비준을 받는 데 실패하고, 그 결과 미국이 윌슨 대통령 자신이 주창한 국제연맹에 참여하지 않는 결과를 가져왔다고 비판한다. 케인스의 책은 독일에 요구한 배상 조건이 지나치다는 '죄의식'을 연합국 측에 심어줬고, 그 결과 독일에서 히틀러의 선동이 강화되고 있을 때 유럽이 이를 적극적으로 저지하지 못하게 만들었다는 것이 망투의 주장이다. 평화조약의 조건에 따른 배상액을 독일에서 받아내기를 꺼리는 것은 "'어서 가서 또다시 죄를 저질러라! 살인, 방화, 폭격, 갈취, 약탈, 강간, 추방, 파괴, 학살―이 어떤 짓을 하더라도 책임을 묻지 않을 것이다.'라고 독일을 부추기는 것과 마찬가지다."

V

케인스의 후학이자 최초로 케인스 전기를 쓴 로이 해러드(Roy Harrod, 1900~1978)가 지적한대로, 망투의 비판에는 큰 문제가 하나 있다. 망투의 책은 베르사유조약이 시행된 지 사반세기가 지나 쓰

평화의 경제적 결과

였다.《평화의 경제적 결과》에서 케인스가 염려한 것은 베르사유조약이 그대로 시행된다면 발생할 상황에 관한 것이었다. 그러나 현실에서 조약은 중간에 수정되기도 했고 문구 그대로 실행되지도 않았다(실제로 독일은 1920년 중반까지 미국에서 조달한 상업 차관에서 발생한 수익을 이용해 배상금을 지급했고, 1930년대에 들어서는 채무 불이행을 선언했다). 전후 독일의 상황이 케인스가 우려했던 것과 달랐다는 사실에 근거해 케인스를 비판하는 일은 서로 구분해야 할 두 사안을 혼동하는 것이다. (미국 의회가 평화조약 비준을 거부하는 데 케인스의 책이 결정적이지 않았음은 이미 앞에서 언급했다.)

그럼에도《평화의 경제적 결과》가 파리평화회의와 베르사유조약에 관한 이후 논의에서 준거점을 제공하듯이, 망투의 비판은 이후《평화의 경제적 결과》에 대해 행해지는 비판의 준거점 역할을 한다. 그리고 최근까지 베르사유조약에 대해 여러 학자가 행해온 연구는, 케인스를 옹호하는 논의도 있기는 하지만, 케인스의 주장이 어느 정도 과장되었거나 부정확하다는 쪽으로 기울고 있다. (대표적으로 2001년에 발간된 마거릿 맥밀런[Margaret MacMillan, 1943~]의《파리 1919년: 세계를 바꾼 6개월(Paris 1919: Six Months That Changed the World)》을 보라. 참고로 마거릿 맥밀런의 외할머니는 케인스가 신랄하게 비판했던 로이드 조지 수상의 딸이다.)

역사학자 찰스 마이어(Charles Maier, 1939~)는《평화의 경제적 결과》가 "잘못된 이유로 옳은" 판단을 내린 책이라 말한다. 케인스가 사용한 통계가 현재 좀 더 풍부하게 사용할 수 있는 통계에 비해 부족하고 그가 배상액에 대해 내린 추정치가 현재 더욱 세련된 방식으로 계산된 추정치와 비교할 때 차이가 크게 나더라도, 그가 책에서 내린 처방은 옳았다.《평화의 경제적 결과》에서 케인스가 전쟁의 참혹한 상처를 치유할 방안으로 그린 그림은 편협한 민족주의에 근거한 국가 간 경쟁 대신 상호 평등을 전제한 다자적 세계주의였다(케인스는 자신을 "영국인이기는 하나 스스로 유럽인이라고 느끼는 사람"으로 칭했다). 그러나 베르사유조약은 케인스의 희망과 기대와 다른 방향으로 진행되었다. 그리고 30년도 지나지 않아 세계는 또 다른 세계대전을 겪는다.

만일 베르사유조약이 케인스가 구상했던 바대로 진행되었다면 제2차세계대전이 발발하지 않았으리라 말하는 것은 책임감 없는 추측에 불과할 수 있다. 그런데 제2차세계대전 후 세계 정치·경제의 재편은 케인스가《평화의 경제적 결과》에서 펼쳤던 구상과 크게 다르지 않다. 미국은 '마셜 플랜(Marshall Plan)'을 통해 대규모로 유럽의 재건을 지원했고, 세계 금융 체제의 안정성을 보장하기 위해 '브레턴우즈 체제(Bretton Woods System)'를 확립했다(영국을 대표한 케인스는 브레턴우즈 체제를 수립하는 데 결정적인 역할을 했다. 그러나 국제 금융에서 지배력을 확립하려는 미국의 견제로 인해 브레턴우즈 체제는 케인스가 구상한 모습 그대로는 형성되지 못했다). 그리고 우리는 제2차세계대전 후 (적어도 1970년대 중반까지) 세계 경제가 자본주의의 황금기를 맞았다는 부인할 수 없는 역사적 사실을 알고 있다.

2008년 11월 역사상 최대 규모의 금융 위기가 발생한 지 6주에 들어선 시기에 영국 여왕 엘리자베스 2세는 경제학자들에게 "왜 아무도 이게 닥쳐오는지를 몰랐나요?"라고 질문을 던졌다. 그러나 답은 이미 거기에 있었다. 브레턴우즈 체제는 국가 간 낮은 자본 유동성, 엄격한 금융 규제, 그리고 금본위 제도에 근거해 미국과 달러화의 경제적·재정적 지위가 견고하게 보장될 때 제대로 작동할 수 있었다. 그러나 1973년 미국은 심각한 재정 위기에 직면하자 금본위 제도를 폐기하고 금과 달러화 사이의 가치를 더 이상 고정시키지 않기로 했다. 신자유주의의 확산과 더불어 1980년대에는 세계 금융시장에서 대규모 규제 완화가 진행되었다. 이런 상황의 전개는 케인스가 파리평화회의에서 성취하고자 했으나 실패한 후《평화의 경제적 결과》에서 펼쳐놓았던 구상, 그리고 제2차세계대전이 끝난 후에 (케인스가 원하던 바 그대로는 아니지만) 현실로 옮겨놓았던 구상에 정면으로 거스르는 것이었다. 1919년에 발간된 책이 100여 년이 지난 2024년 현재에도 현실적인 의의를 갖는 이유, 이 책이 지금도 우리의 관심을 요구하는 이유다.

케인스에게 라이벌 의식을 갖고 있던 조지프 슘페터(Joseph Schumpeter, 1883~1950)가 케인스의 경제이론에 비판적이었음은 널리 알려진 사실이다. 그러나 그런 슘페터도《평화의 경제적 결과》에 대해서는 존경과 인정의 평가를 내놓았다. 케인스가 1936년에 그의 대표작《고용, 이자 및 화폐에 관한 일반이론》을 쓰지 않았더라도 그는 "여전히《평화의 경제적 결과》를 쓴 저자로, 같은 통찰력을 지녔으나 용기는 상대적으로 덜한 사람 혹은 같은 용기를 지녔으나 통찰력은 상대적으로 덜한 사람이 침묵을 지키고 있을 때 일약 전 세계적인 명성을 얻은 저자로 기억되었을 것이다." 케인스가

1946년 사망하자 그를 기리며 쓴 조사에서도 슘페터는 《평화의 경제적 결과》에 대한 높은 평가를 빼놓을 수 없었다. "이 책은 한마디로 걸작이다. 실용적이지만 결코 경박하지 않은 지혜로 가득 차 있다. 가차 없는 논리를 구사하면서도 결코 마음이 차갑지 않다. 진정으로 인간적이면서도 감상에 치우치지 않는다. 모든 사실을 헛된 후회 속에서 보지 않으면서 절망에 빠져 다루지도 않는다. 합리적인 분석에 합리적인 조언을 더한 글이다. 그리고 이 책은 하나의 예술 작품이다. 형식과 재료가 서로 완벽하게 어울려 맞춰져 있다."

VI

이 해제를 작성하는 데 옮긴이는 다음 문헌에서 많은 도움을 받았다. 독자들이 이 문헌을 추가로 읽어 해제에 실은 내용 이상으로 《평화의 경제적 결과》 그리고 제1차세계대전과 베르사유조약에 관해 탐구하는 기회를 즐길 수 있길 바란다.

Clarke, Peter, *The Locomotive of War: Money, Empire, Power and Guilt*, New York and London: Bloomsbury Press, 2017.

Clavin, Patricia et al. eds., *Keynes's Economic Consequences of the Peace After 100 Years*, Cambridge: Cambridge University Press, 2023.

Cox, Michael, "Introduction by Michael Cox," in John Maynard

Keynes, *The Economic Consequences of the Peace: With a New Introduction by Michael Cox*, London: Palgrave Macmillan, 2019.

Dimand, Robert W., "One Hundred Years Ago: John Maynard Keynes's *The Economic Consequences of the Peace,*" *History of Economics Review*, Vol. 73, Iss. 1, pp. 1~13.

Lepper, Larry, *The Rhetorical Consequences of Mr. Keynes: Intellectuals and the Communication of Economic Ideas*, Ph.D. Thesis, Victoria University of Wellington, 2010.

MacMillan, Margaret, *Paris 1919: Six Months That Changed the World*, New York: Random House, 2001.

Mantoux, Étienne, *The Carthaginian Peace, Or the Economic Consequences of Mr. Keynes*, London: Oxford University Press, 1946.

Skidelsky, Robert. *John Maynard Keynes, 1883-1946: Economist, Philosopher, Statesman*, London: Penguin Books, 2003. [로버트 스키델스키,《존 메이너드 케인스: 경제학자, 철학자, 정치가》(전 2권), 고세훈 옮김, 후마니타스, 2009.]

Vicarelli, Fausto, *Keynes: The Instability of Capitalism*, Philadelphia: University of Pennsylvania Press, 1984.

존 메이너드 케인스 연보

1883년 6월 5일 영국 케임브리지의 중산층 가정에서 태어나다. 아버지 존 네빌 케인스는 케임브리지대학교 경제학 교수이자 행정가였으며, 그가 1890년에 출간한 《정치경제학의 범위와 방법(The Scope and Method of Political Economy)》은 경제학 방법론의 고전이다. 어머니 플로렌스 에이다 케인스는 사회개혁가로서, 케임브리지대학교의 최초 여성 칼리지인 뉴넘 칼리지에서 수학했고 케임브리지 최초의 여성 시의원을 역임했다. 케인스의 출생보다 앞선 3월 14일, 카를 마르크스가 런던에서 세상을 떠나다.

1892년 세인트페이스초등학교에 가다. 입학 전부터 수학에 재능을 보인 케인스는 학교에서 뛰어난 성적을 거둔다.

1897년 이튼칼리지에 왕실 장학생(King's Scholarship)으로 입학하다. 케인스는 수학, 고전문학, 역사에서 두각을 드러낸다.

1902년 케임브리지 킹스칼리지에 들어가다. 수학 성적으로 장학생이 된 케인스는 경제학계의 거두 앨프리드 마셜로부터 경제학자가 될 것을 제안받는다. 케임브리지 사도회(Cambridge Apostles) 등 학내 엘리트 클럽에서 활동한다. 케임브리지 사도회 활동은 이후 버지니아 울프, 레너드 울프, 버네사 벨, E. M. 포스터 등 문인, 화가의 모임으로 잘 알려진 블룸스베리 그룹(Bloomsbury Group) 활동으로 이어진다.

1904년 5월 수학 졸업자격시험(Mathematics Tripos)에서 1등급의 성적(Wrangler)으로 수학 학사 학위를 받다.

1906년 국가 행정직(Civil Service) 시험을 치르고 인도사무소(India Office)에서 일하다.

1908년 케임브리지로 돌아온 케인스는 앨프리드 마셜과 아서 세실 피구의 도움으로 경제학과 강의를 맡고 확률론을 연구하다.

평화의 경제적 결과

1909년   킹스칼리지 펠로(fellow)가 되다. 펠로십 논문으로 《확률론(A Treatise on Probability)》을 제출하다.

1913년   첫 저작 《인도의 통화와 금융(Indian Currency and Finance)》을 출간하다.

1914년   7월 28일 제1차세계대전이 발발하다. 케인스는 전쟁 발발 며칠 전에 정부 요청으로 런던을 방문, 정화(正貨; specie)의 지급을 미뤄야 한다는 은행들의 요구가 적절하지 않다고 당시 재무 장관이던 로이드 조지에게 조언한다. 9월 5일~14일에 제1차마른전투가 벌어지다. 10월 19일~11월 22일에 제1차이프르전투가 벌어지다.

1915년   1월 재무성에 들어가 영국과 연합국 사이의 신용과 희소한 통화의 취득에 관한 규약을 설계하다. 4월 22일~5월 25일에 제2차이프르전투가 벌어지다.

1916년   2월 21일~12월 18일에 베르됭전투가 벌어지다. 7월 1일~11월 18일에 솜전투가 벌어지다.

1917년   러시아에서 3월 8일~16일에 2월혁명이, 11월 7일에 10월혁명이 일어나다(명칭은 율리우스력 기준). 4월 2일 미국이 동맹국에 선전포고를 하다. 케인스는 전쟁 기간에 수행한 역할을 인정받아 바스 기사 훈장(Most Honourable Order of the Bath)을 받는다.

1918년   3월 3일 러시아와 독일이 브레스트-리토프스크조약을 체결하다. 그 뒤 러시아는 내전에 돌입한다. 7월 15일~18일에 제2차마른전투가 벌어지다. 10월 독일의 킬(Kiel)에서 수병들이 봉기하다. 11월 9일 독일에서 공화국이 선포되다. 11월 11일 연합국과 독일이 휴전협정을 맺다.

1919년   1월 5일~12일 독일에서 스파르타쿠스 봉기가 일어나다. 1월 18일 파리평화회의가 열리고 6월 28일 베르사유조약이 체결되다. 독일(바이마르공화국)은 막대한 배상금과 영토 상실, 패전국에 불리한 관세 조항을 받아들여야 했다. 재무성 공식 대표로서 회의에 참석한 케인스는 6월 사임 후 12월에 파리평화회의의 실태와 베르사유조약의 문제점을 짚은 《평화의 경제적 결과》를 출간한다.

1921년   3월 고지 실레시아에서 주민 투표가 실시되지만 분쟁이 그치지 않다. 케인스는 1909년의 킹스칼리지 펠로십 논문을 발전시켜 출간하다.

1922년   4월 16일 독일과 소비에트 러시아가 라팔로조약을 체결하면서 활로를 모색하다. 5월 폴란드가 국제연맹의 제네바합의를 통해 고지 실레시아의 주요 산업 지역을 확보하다. 12월 30일 볼셰비키가 소비에트연방의 건국을 선언하다. 그해 말 독일이 디폴트 상태에 빠지다. 케인스는 《조약의 개정(A Revision of the Treaty)》을 통해 독일의 배상금을 감축해야 한다고 거듭한다.

1923년 1월 11일 프랑스와 벨기에가 독일의 배상금 지급 연체를 빌미로 루르 지역을 점령하다. 11월 8일 국가사회주의독일노동자당(나치당)을 비롯한 극우 세력이 뮌헨 봉기를 일으키다. 케인스는 《화폐개혁론(A Tract on Monetary Reform)》을 출간해 잉글랜드은행의 전후(戰後) 통화정책을 비판한다.

1924년 1월 24일 블라디미르 레닌이 세상을 떠나다.

1925년 1월 독일과 폴란드 사이에서 무역 분쟁이 벌어지다. 7월 아돌프 히틀러가 《나의 투쟁(Mein Kampf)》을 출간한다. 10월 독일이 연합국 및 폴란드·체코슬로바키아와 로카르노조약을 체결해 국경 문제를 잠시 일단락 짓다. 재무 장관이던 윈스턴 처칠이 금본위제에 바탕을 둔 통화정책을 고집하자, 케인스는 《처칠 씨의 경제적 결과(The Economic Consequences of Mr. Churchill)》를 출간해 비판한다. 러시아 출신 발레리나인 리디아 로포코바와 결혼하다.

1929년 10월 미국 주식시장의 폭락을 시작으로 대공황이 본격화되다.

1930년 《화폐론(A Treatise on Money)》(전 2권)을 출간하다. 여기서 케인스는 투자가 완전고용 저축에 자동적으로 조정된다고 주장하는(달리 말하면, 화폐이자율이 자연이자율에 자동적으로 조정된다고 주장하는) 정통 고전파 이론('재무성 견해[Treasury View]')을 비판하면서, 화폐이자율을 자연이자율에 일치시키기 위한 방편으로 화폐금융정책의 필요성을 주장한다.

1931년 11월 경제평론 모음집 《설득을 위한 에세이 모음(Essays in Persuasion)》을 출간하다.

1933년 1월 30일 히틀러가 독일 수상 자리에 오르면서 나치의 시대가 열리다. 케인스는 《번영을 위한 수단(The Means to Prosperity)》을 출간, 재정지출에 따른 승수효과(multiplier effect)를 제시함으로써 경기부양책을 본격적으로 제안한다. 미국 대통령 프랭클린 D. 루스벨트가 대표하는 뉴딜연합을 통해 국가 재건 프로젝트로서 뉴딜정책이 실행된다. 11월에는 여러 인물의 전기를 모은 《전기 에세이 모음(Essays in Biography)》을 출간하다.

1935년 3월 16일 히틀러가 베르사유조약 파기를 선언하다. 10월 3일 이탈리아가 에티오피아를 침공하다.

1936년 3월 7일 독일군이 라인란트에 주둔함으로써 사실상 재무장을 선언하다. 케인스는 주저 《고용, 이자 및 화폐에 관한 일반이론(The General Theory of Employment, Interest and Money)》을 출간한다. 1930년의 《화폐론》과 달리 자연이자율의 존재 자체를 부정하고 대안으로 '유효수요(effective demand) 이론'을 주장한다. 유효수요 이론에 따르면, 화폐이자율은 민간의 '유동성 선호(liquidity preference)'에 근거해 우선적으로 결정되고 그에 따라 투자가 결정되며 이에 맞춰 저축이 조정된다. 이때 노동의 완전고용이 보장되지 않으므로, 완전고용을 위해서는 정부의 적극적인 재정정책이 필요하다. 《일반이론》은 이후 전개되는 현대 거시경제학 논의의 구심점이 된다.

1937년　7월 7일 일본이 중일전쟁을 일으키다.

1938년　3월 13일 독일이 오스트리아 합병을 선언하다. 9월 17일 독일이 체코슬로바키아령 주데텐란트에서 저강도 전쟁을 수행하다. 분쟁을 중지하고 평화를 유지한다는 명목으로 9월 30일 영국, 프랑스, 독일, 이탈리아가 뮌헨 협정을 체결하다.

1939년　3월 독일이 체코슬로바키아를 사실상 합병하다. 8월 23일 독일과 소비에트연방이 독소불가침조약(몰로토프-리벤트로프조약)을 체결하다. 9월 1일에는 독일이, 9월 17일에는 소비에트연방이 폴란드를 침공하면서 제2차세계대전이 발발하다.

1940년　5월 독일이 프랑스를 비롯한 서유럽 일대의 점령에 성공하다. 7월부터 10월까지 독일은 영국 본토에 대규모 공중전을 감행하지만, 치명적인 타격을 입히는 데 실패하다. 케인스는 《전비를 어떻게 조달할 것인가(How to Pay for the War)》를 출간, 전시 체제의 국민경제 운용을 논하다.

1941년　6월 22일 독일이 소비에트연방을 침공하다. 12월 7일 일본이 진주만을 공습함으로써 미국이 본격적으로 참전하다.

1942년　7월 17일 스탈린그라드전투가 시작되다. 케인스는 같은 달 틸턴 남작(Baron Keynes, of Tilton, in the County of Sussex)으로 공표되고 자유당 소속으로 상원 의원이 되다.

1943년　1월 14일~26일 카사블랑카 회담이 열리고 추축국의 무조건 항복 방침을 정하다. 2월 2일 소비에트연방군이 스탈린그라드전투에서 승리를 확보하다. 7월 10일 영·미 연합군이 시칠리아 상륙작전을 수행하다. 11월 22일~26일 카이로 회담이, 11월 28일~12월 1일 테헤란 회담이 열리다.

1944년　6월 30일 영·미 연합군이 노르망디 상륙작전을 개시하다. 7월 1일~22일 미국 뉴햄프셔주 브레턴우즈에서 국제연합 통화 및 금융 회의(브레턴우즈 회의)가 열리다. 케인스는 영국 대표단 수장이자 세계은행 설립위원회 의장으로서 회의에 참석, 전후 세계의 통화 및 자유무역 체제를 재건하는 데 상당한 영향을 미친다. 회의 결과 국제부흥개발은행(International Bank for Reconstruction and Development, IBRD. 현 세계은행[World Bank])과 국제통화기금(International Monetary Fund, IMF) 등이 창설되었고, 이때 형성된 전후 상업 및 금융 체제는 브레턴우즈 체제라 불린다. 케인스는 베르사유 체제의 불완전한 평화를 반복하지 않고자 과도한 무역 적자/흑자를 피하는 국가에 큰 인센티브를 부여하는 체제(방코르 계정[Bancor]과 국제청산연방[International Clearing Union])를 구상했지만, 미국 주도 체제를 구축하는 쪽으로 타협한다.

1945년   2월 4일~11일 얄타 회담이 열리다. 5월 8일 독일이 항복하다. 7월 17일~8월 2일 포츠담 회담이 열리다. 미국이 8월 6일 히로시마에, 8월 9일 나가사키에 원자폭탄을 투하하다. 소비에트연방군이 8월 9일 만주 전략공세작전을 실시하다. 8월 15일 히로히토 천황이 방송으로 항복을 천명하다. 9월 2일 일본이 공식적으로 항복하다.

1946년   4월 21일 서식스주 틸턴에서 세상을 떠나다.

평화의 경제적 결과

찾아보기

평화의 경제적 결과

평화의 경제적 결과

1판 1쇄 발행일 2024년 11월 25일

지은이 존 메이너드 케인스
옮긴이 박만섭

발행인 김학원
발행처 (주)휴머니스트출판그룹
출판등록 제313-2007-000007호(2007년 1월 5일)
주소 (03991) 서울시 마포구 동교로23길 76(연남동)
전화 02-335-4422 **팩스** 02-334-3427
저자·독자 서비스 humanist@humanistbooks.com
홈페이지 www.humanistbooks.com
유튜브 youtube.com/user/humanistma **포스트** post.naver.com/hmcv
페이스북 facebook.com/hmcv2001 **인스타그램** @humanist_insta

편집주간 황서현 **편집** 김주원 임미영 최현경 **디자인** 차민지
조판 홍영사 **용지** 화인페이퍼 **인쇄** 청아디앤피 **제본** 민성사

ⓒ 박만섭, 2024

ISBN 979-11-7087-275-7 03340